HANDBUCH
DER ENGLISCH-AMERIKANISCHEN KULTUR
HERAUSGEGEBEN VON WILHELM DIBELIUS

DIE ENGLISCHE WIRTSCHAFT

VON

PROF. DR. HERMANN LEVY
(TECHNISCHE HOCHSCHULE BERLIN)

SPRINGER FACHMEDIEN WIESBADEN GMBH 1922

ISBN 978-3-663-15546-1 ISBN 978-3-663-16118-9 (eBook)
DOI 10.1007/978-3-663-16118-9

Inhaltsverzeichnis.

I. Grundlagen der englischen Wirtschaftsentwicklung.

1. Territorium und Volkscharakter.

Literatur: A. Hettner, Englands Weltherrschaft. 1915. — Eduard Meyer, England. 1915. — Gustav Schmoller, Grundriß der Volkswirtschaftslehre. 1908. S. 157 ff. — v. Schulze-Gaevernitz, Britischer Imperialismus und englischer Freihandel. 1906 und neue Auflage. — Hermann Levy, Soziologische Studien über das englische Volk. 1920. — J. E. Th. Rogers, The industrial and commercial History of England. 1892. — Smiles, The Hugenots. 1889. — Hermann Levy, Die Grundlagen des ökonomischen Liberalismus in der Geschichte der englischen Volkswirtschaft. 1912. — Sir W. Temple, Observations upon the United Provinces of the Netherlands. 1693. — Matthew Arnold, Culture and Anarchy. 1869. — C. F. G. Masterman, The Condition of England. 1911. — Laveleye, Protestantism and Catholicism in their bearing upon the Liberty and Prosperity of Nations. 1875. — J. St. Rowntree, Quakerism. 1859. — E. Troeltsch, Die Soziallehren der christlichen Kirchen und Gruppen. 1912. — Max Weber, Die protestantische Ethik und der Geist des Kapitalismus. Archiv für Sozialwissenschaft 1905/06, Bd. XX und XXI.

Die eigentümliche Lage der britischen Inseln, welche der fachmännische Geograph als randständige Kontinentalinseln auf der Nordwestseite Europas bezeichnet, hat sich mit der besonderen Eigenart des Volkscharakters der Bewohner zu einer wirtschaftlichen Synthese vereinigt, auf welcher heute ein gut Teil der ökonomischen Vormachtstellung Großbritanniens beruht.

Die geographische Lage Englands als ein dem westeuropäischen Kontinente vorgelagertes, von ihm durch das Meer getrenntes, aber doch geographisch zugehöriges Inselreich hat vor allem darin einen entscheidenden Ausdruck gefunden, daß England zweimal im Laufe seiner modernen Entwicklung von dem größten Zerstörer wirtschaftlichen Gedeihens verschont blieb: dem Kriege. Seiner insularen Lage verdankt das Land, daß es Napoleon im Jahre 1806 wohl mit der Kontinentalsperre bedrohen konnte, die den Abstrom englischer Waren und den Zustrom ausländischer Einfuhren verhinderte, daß aber das englische Territorium, die englischen Fabriken und die englische Landwirtschaftlich von den zerstörenden Wirkungen des Krieges verschont blieben. Und ebenso ist in dem Weltkriege trotz der wirtschaftlich einschneidenden Wirkungen des U-Bootkrieges, von der Wirkung der Luftangriffe abgesehen, England dank seiner Lage zur See wiederum vor der Vernichtung seiner inneren Produktivmittel durch den Krieg bewahrt worden.

Was aber hat gegenüber diesen rein konservierenden Vorteilen seiner Lage England in positiv-entwicklungsmäßiger Hinsicht der Eigenart des Territoriums zu danken? Man weiß, daß die Anfänge des modernen Kapitalismus wesentlich bestimmt werden durch die Frage der Absatzmöglichkeiten auf weite Entfernungen. Solange die Verkehrsmittel zu Lande noch unvollkommen waren, konnten auf weite Entfernungen nur solche Güter in größerem Maße transportiert werden, die entweder einen besonderen Seltenheitswert besaßen und hochqualifizierte Waren darstellten, oder solche, für deren Transport besonders billige Verkehrsmöglichkeiten in Frage kamen. Da in früheren Jahrhunderten, noch stärker als heute, die Billigkeit des Wassertransportes gegenüber den Landtransporten in Wirksamkeit war, so mußte England für seine Ausfuhren von vornherein Vorteile gegenüber Ländern, wie etwa Deutschland, genießen, deren Produktionskräfte durch lange Landwege von den großen Absatzzentren entfernt lagen. Als Beispiel für die englische Entwicklung sei die Ausfuhr von Kohlen genannt, die, obschon gewiß kein hochwertiges Produkt, schon im 17. Jahrhundert ein starker Ausfuhrartikel der nordöstlichen Küste Englands wurden, so daß Sir William Petty in seiner politischen Arithmetik erklären konnte, die Franzosen könnten ohne England ebensowenig leben wie der Fisch ohne Wasser. Eine regelmäßige Kohlenflottille bewegte sich schon damals von Newcastle am Tyne nach der Nordwestküste Frankreichs.

Die Gunst dieser Verhältnisse wurde dadurch gefördert, daß die englische Küste fast überall tiefe Buchten, Flüsse und kanalartige Einschnitte aufweist, welche den Schiffen der See ein bequemes Eindringen in das Innere des Landes ermöglichen, im Gegensatz z. B. zu Frankreich, dessen Küsten den Typus der geschlossenen Flachküste oder geschlossenen Steilküste ohne Buchten tragen. „Wenn man Englands und Frankreichs Bedeutung zur See verglichen hat", so meint Alfred Hettner in seinem ausgezeichneten Buche über England, „hat man diesen Unterschied oft nicht genügend berücksichtigt und die geringere Bedeutung Frankreichs zu sehr dem Volkscharakter statt der Landesnatur zugeschrieben."

Aber nicht nur die Beschaffenheit des Territoriums in seinen Peripherien, sondern auch seine wirtschaftlichen Vorzüge im Innern waren von besonderer Gunst. Jahrhunderte hindurch konnte England als das reichste Kohlenland der Welt gelten, und auch hier wieder bestand der besondere Vorzug darin, daß in seinem Territorium die Kohlenschätze nicht auf bestimmten Punkten, lokal begrenzt, konzentriert waren (man denke an Deutschland: Oberschlesien und Rheinland oder an die Vereinigten Staaten von Amerika mit West-Pennsylvanien), sondern daß das Kohlenvorkommen in wirtschaftlich und technisch gleich günstiger Weise sich auf fast alle Gegenden des Inselreiches, ebensosehr auf die Nordostküste und auf die Grafschaften Cumberland oder auf Schottland oder Wales und auch auf den Süden erstreckte. Damit war die Möglichkeit gegeben, daß für das Entstehen frühzeitiger Industrien, zu einer Zeit noch primitiver Verkehrsverhältnisse, die Kohlenfrage gelöst war, da das Problem einer teuren Heranschaffung des billigeren Brennstoffes nicht bestand. Daß demgegenüber die Spärlichkeit der Wälder, die noch dazu einem ungeordneten Verbrauch anheimfielen, von geringerem Nachteil war, als es in andern Ländern der Fall gewesen wäre, liegt auf der Hand. Nicht minder reich war England an Erzen. Während die Kupfer-, Blei- und Zinnerzlager von Cornwall und Devonshire heute nur noch eine legendäre Bedeutung besitzen, spielten sie noch zu Ende des 18. Jahrhunderts eine hervorragende Rolle. Die Vormachtstellung Englands im Eisenerzbergbau aber ist erst durch die Entwicklung der skandinavischen und spanischen hochwertigen Eisenerze und durch das Aufkommen des Thomas-Prozesses in der Eisenindustrie, welcher die Aufbereitung minderwertiger phosphorreicher Erze ermöglichte, stärker zurückgedrängt worden. Im ganzen 19. Jahrhundert stand der englische Eisenerzbergbau an führender Stelle. Wen anders wohl als England konnte der deutsche Dichter meinen, wenn er schrieb:

> Wo das Eisen wächst in der Erde Schacht,
> da erwachsen der Menschheit Gebieter.

Die Beschaffenheit des englischen Bodens und seine Ausnutzungsfähigkeit für die Landwirtschaft ist starken Veränderungen wirtschaftlicher Art unterworfen gewesen, wie ja überhaupt der Reichtum der Ackerkrume in ganz anderer Weise von der Betätigung des Menschen abhängt als der im Erdinnern stabilisierte und unveränderliche Besitz der Mineralien. Im allgemeinen scheint das englische Klima und die englische Bodenbeschaffenheit weit mehr der Weidewirtschaft als dem Ackerbau die günstigsten Voraussetzungen zu bieten. Wenn auch, je nach der Konjunktur der Preis- und Produktionsverhältnisse, in Zwischenräumen von Jahrhunderten, aber auch von Jahrzehnten, weite Weideflächen aufgepflügt und dann wieder weite Ackerflächen zu Weiden niedergelegt wurden, so scheinen doch die bleibenden Vorbedingungen und vor allem die natürlichen Vorbedingungen immer wieder der Weide- und Viehwirtschaft zuzuneigen. Dies trifft ganz besonders zu, wenn man, von dem immerhin noch getreidereichen Osten und Nordosten mit seinen großen Ackerbauflächen ausgehend, nach dem Nordwesten und Südwesten des Inselreiches wandert, um schließlich in das völlig grünende Wales zu gelangen. Auch statistisch läßt sich die zunehmende Weidewirtschaft, je weiter sich die englischen Grafschaften nach Westen bewegen, ohne weiteres feststellen.

Man vergesse bei der kurzen Skizzierung des englischen Territoriums auch niemals den besonderen Vorzug klimatischer Art, die Feuchtigkeit, welche noch heute den Textilfabriken Manchesters und seiner Umgebung jenes durch künstliche Mittel nicht nachahmbare Element liefert, auf welchem sich die Vormachtstellung der feinen englischen Garne aufgebaut hat. Genug der Momente, welche die rein territoriale Gunst des englischen Wirtschaftsgebietes erklären.

Eine oft gebrauchte, aber in der Generalisierung recht unfertige Analogie ist es, aus der insularen Lage des Landes nun auch ein ganzes Schema von englischen Charaktereigenschaften herleiten zu wollen. Dies hat u. a. auch Gustav v. Schmoller getan, dem freilich nachzurühmen ist, daß er in seinem Grundriß der allgemeinen Volkswirtschaftslehre als einer der ersten den Versuch macht, den Wirtschaftsmenschen nicht als eine allgemeine Erscheinung, sondern nach ethnographischen Verschiedenheiten wiederzugeben. Aber auch er beginnt seine Beschreibung mit den insularen Merkmalen des Engländers. Da heißt es u. a.: „Die insulare Lage und eine politische und wirtschaftliche Entwicklung ohnegleichen haben dem Engländer den festen, in sich geschlossenen Nationalcharakter gegeben. Sichere Entschlossenheit, nüchterne Tatkraft, derbes Willensvermögen herrschen vor. Stolz und gleichgültig gegen andere verfolgt der Engländer seine Wege; schwerfällig, würdig, kurz und kalt geht er der Arbeit, der Politik, dem Ernst des Lebens nach; er läßt Welt und Menschen an sich kommen, brutalisiert und mißhandelt die schwächeren Rassen und Klassen, aber zu Hause ist er in Familie und Gemeinde edel, pflichttreu, hochherzig." Versucht man hingegen den wirtschaftlichen Lebenshabitus des Engländers etwas tiefer zu fassen, so wird man an zwei sehr heterogene Charaktereigenschaften des englischen Volkes zu denken haben, die immer wieder allen fremden Besuchern des Inselreiches ohne weiteres auffallen. Man erinnere sich z. B. an die Reisebilder von Heinrich Heine, in denen er in geistreicher Weise Stutzköpfe und Kavaliere, ausschweifende Sitten auf der einen Seite und Puritanertum auf der andern Seite einander gegenüberstellt.

Diese Dualität existiert noch heute in dem „merry old England" mit seinen Falstaff- und Pickwickier-Typen einerseits und seinen sittenstrengen, nur der Arbeit, dem Geschäft und daneben dem gemäßigten Sport huldigenden Menschenmassen. Es ist von Wichtigkeit, dem historischen Aufbau dieser zwiefachen Natur nachzugehen.

Sicherlich befand sich zu Anfang des 17. Jahrhunderts England noch in einem Zustande der Vorherrschaft jenes soeben angedeuteten merry old England-Typus. Selbst die höchsten Kreise der englischen Gesellschaft bieten in damaliger Zeit noch dieses Bild. Hören wir Macaulay in seiner englischen Geschichte über den Landedelmann jener Zeit: „Viele Gutsherren hatten eine Erziehung genossen, welche sich wenig von der ihres Hausgesindes unterschied, der Erbe eines Gutes verlebte seine Kindheit und Jugend auf seinem Familiensitze, häufig unter Vormündern, welche nicht besser waren als Stallknechte und Wildhüter. Sein hauptsächlichstes und ernstestes Geschäft war die Sorge für sein Besitztum, er untersuchte Kornproben, befühlte Ferkel und schloß am Markttage beim Bierkruge Geschäfte ab mit Ochsen- und Hopfenhändlern. Seine Vergnügungen bestanden hauptsächlich in ländlichen Belustigungen, seine Sinnlichkeit war nicht verfeinert, seine Schwüre, rohen Scherze, gemeinen Schimpfworte kamen im breitesten Akzent der Provinz über seine Lippen. Selten tat ein Gentleman vom Lande einen Blick in die große Welt, und was er davon sah, war mehr geeignet, seinen Verstand zu verwirren als zu erleuchten."

Diesem Typus des merry old England tritt nun seit der Mitte des 17. Jahrhunderts der moderne englische „homo oeconomicus" entgegen. Es ist charakteristisch für diese Entwicklung, daß englische Schriftsteller ihren Landsleuten jenen neuen Wirtschaftstypus auf dem Hintergrunde anderer Nationen vor Augen stellen. So z. B. Sir William Temple, wenn er den Engländern den holländischen Wirtschaftsmenschen beschreibt, der sich durch seine Nüchternheit, Geradheit und Ehrlichkeit auszeichnet und vor allem „durch die allgemeine Hinneigung, die jedermann zum Geschäfte fühle". Die Engländer hatten bald Gelegenheit, diesen Typus des modernen Wirtschaftsmenschen selbst kennen zu lernen, indem sie seit den Zeiten der Königin Elisabeth, vor allem aber seit Cromwell, ein großes Aufnahmereservoir religiöser Flüchtlinge protestantischer Konfession wurden. Diese Flüchtlinge zeichneten sich nach übereinstimmenden englischen Quellen durch eine allgemeine Arbeitsfreudigkeit aus, welche nicht durch grobe Exzesse, Verschwendungssucht u. dgl. in ihren Wirkungen beeinträchtigt wurde. „Ehrlich wie ein Hugenotte", wurde, wie Smiles, der spätere Chronist jener Emigranten, mitteilt, ein geflügeltes Wort. Was die Engländer noch im 17. Jahrhundert an Holländern, Franzosen und Flamländern bewundern, haben sie dann im Laufe des 18. Jahrhunderts selbst so stark erworben, daß es darum andern Nationen zum Leitsatz zu werden scheint. „Es gibt hier", so heißt es in den Reisebriefen des skandinavischen Schriftstellers von Taube im Jahre 1770, „Heuchler, Betrüger, Geizige. Hinterlistige wie anderwärts, aber der größte Haufen ist ehrlich und redlich, und ohne irgendeine Nation zu beleidigen, wollte ich in Gefahr oder bedenklichen Umständen, wenn ich mich einem Unbekannten anvertrauen müßte, dem Engländer den Vorzug geben." Und hieran anschließend beschreibt der Verfasser, wie mit jener Ehrlichkeit eine gewisse, kaufmännische Zurückhaltung, die Scheu vor vielen Beteuerungen und Worten verbunden sei, wie in England das Hin- und Herfeilschen mit all seinen Nebenumständen nicht bestehe, sondern das System des „festen Preises" herrsche, wie selbst die in andern Ländern so übel berüchtigten jüdischen Kaufleute in England sich an strenge Geschäftsgrundsätze halten müßten und in jeder Weise versuchten, sich den englischen Geschäftssitten anzupassen.

Ein eigentümlicher Prozeß hat sich in dem Lebenshabitus des Engländers seit dem 17. Jahrhundert vollzogen und ihn geradezu zu einem wirtschaftlichen Idealtypus des modernen Kapitalismus gemacht. Dieser Prozeß bedeutet gewissermaßen eine ethische Ausgleichung seiner von Natur zum Exzeß neigenden Veranlagung. Denn vergessen wir nicht, daß auch das 18. Jahrhundert in England neben aller wirtschaftlicher Disziplin in den höheren Klassen ein Leben von einer kaum dagewesenen Leichtigkeit und Verworfenheit der Sitten aufwies, wie z. B. aus den Bilderreihen des Hogarth oder Bunbury auf das deutlichste hervorgeht. Die Ethisierung des englischen Lebens seit dem 17. Jahrhundert war jedoch geeignet, diesen Verhältnissen und Zuständen die notwendigen Fesseln anzulegen. Diese Ethisierung wiederum geht, wie heute durch die geschichtliche Sozialwissenschaft einwandfrei erwiesen ist, auf bestimmte religiöse Strömungen zurück, die man im allgemeinen mit dem Namen des „Puritanismus" zusammenfaßt, indem dieser Begriff alle jene Sekten und Untersekten aufnimmt, welche von der ursprünglichen Landeskirche abwichen und das Bestreben zeigten, auf rein kalvinistische Auffassungen von der Religion, der Moral und der Ethik zurückzugehen. Von jeher aber bis auf den heutigen Tag hat das englische Volk eine so starke Beeinflussung durch religiöses Denken in seinem weltlichen Handeln gezeigt, daß dieser Puritanismus weit über das religiöse Gebiet hinaus den Charakter des modernen Engländers geprägt hat. Hierbei steht es zweifellos fest, daß jene puritanischen Anschauungen von Anfang an gerade von den wirtschaftlich am stärksten interessierten Kreisen, insbesondere der Mittelklasse, aufgenommen wurden, während Hochadel und höhere Gesellschaft von jeher, wie auch heute noch, in stärkerem Maße den katholisierenden Auffassungen der Staatskirche zuneigten.

Worin äußert sich der Einfluß jener puritanischen Lehren, deren Bedeutung für den äußeren Lebenshabitus des Engländers schon Laveleye in seiner Schrift über die Einflüsse des Katholizismus auf das wirtschaftliche Leben, etwas später Matthew Arnold, Max Weber, Ernst Troeltsch und andere dargelegt haben? Um es kurz zu sagen: Der Puritanismus oder die Religiosität des nonkonformistischen Englands rühmt sich, auf die ursprünglichen Lehren Kalvins von der Gnadenwahl des Menschen zurückzugehen. Nach dieser Lehre sind ursprünglich alle Menschen von Gott verdammt. Durch die besondere Erwählung und Berufung (call) werden einzelne Menschen aus der Verdammnis erhoben, sie erlangen durch die Gnadenwahl die Heilsgewißheit, die sie von den Verstoßenen trennt. Diese Prädestinationslehre bedeutet jedoch keineswegs, daß nun der einzelne Erwählte etwa seine Heilsgewißheit machtlos und sorglos besitzen könne. Im Gegenteil, wie bei Troeltsch sehr ausführlich nachgelesen werden kann, gerade der Gedanke, daß der Einzelne die absolute Heilsgewißheit besitze, diente dazu, ihn zum Werkzeug des Berufes zu machen, seine Zwecke der Heiligung durch Arbeit und Kampf zu verwirklichen oder aber danach zu streben, sie sich durch die Werke als den Zwecken (nicht Mitteln) des Gnadenstandes zu sichern. Der Einzelne glaubte sich vor Gott nicht „durch" sein Leben, sondern „in" seinem Leben, nicht per vocationem, sondern in vocatione gerechtfertigt. Aus der religiösen Auffassung von der Berufung entsprang die außerordentliche Bedeutung, welche nunmehr dem Beruf und seinen Erfolgen, als dem sichtbaren Ergebnis der Erwählung, beigegeben wurde. Hatten die katholische Kirche und auch noch der katholisierende Kalvinismus der englischen Staatskirche die wirtschaftliche Tätigkeit des Menschen und seinem damit zusammenhängenden Beruf mehr oder weniger als ein notwendiges Übel betrachtet, das den einzelnen Menschen in seiner religiösen Spannkraft belaste, so erhob der Puritanismus die Wirtschaftstätigkeit des Menschen auf den Altar der religiösen Verehrung, selbstverständlich immer unter der Einschränkung, daß der wirtschaftliche Mensch sich ehrlichen und anständigen Normen unterwerfe. Arbeit, Gelderwerb, Reichtumsvermehrung wurden die sichtbaren Zeichen der göttlichen Gnade. In seiner Schrift über die Quäker meinte im Jahre 1859 Rowntree, selbst der Vertreter einer bekannten Nonkonformisten-Familie: „Wahre Frömmigkeit begünstigt den Erfolg des Kaufmanns, da sie seine Integrität sicherstellt und Gewohnheiten der Vorsicht und der Vorsorge in ihm großzieht — Dinge, welche wichtig sind, wenn man dasjenige Vertrauen in der Handelswelt genießen will, welches die beständige Anhäufung von Kapital erfordert." (Vgl. Quakerism. London 1859.) Eine wahre Fundgrube für Betrachtungen der Wirtschaftsethik auf religiöser Basis ist das bekannte Christian Directory von Baxter, das zum großen Teil Antworten an fragende Gemeindemitglieder darstellte. „Arbeite, um Reichtum für Gott zu erwerben", so heißt es z. B. dort. Oder an einer anderen Stelle: „Wenn euch Gott einen Weg zeigt, auf welchem ihr rechtmäßig mehr verdienen könnt als auf einem andern, und ihr weist ihn zurück und wählt einen weniger gewinnbringenden Weg, so kreuzt ihr eines der Ziele eurer Berufung (Calling)."

Diese religiös-ethische Fundierung des Berufes und Arbeitsbegriffes hatte naturgemäß außerordentliche Bedeutung für den ganzen wirtschaftlichen Habitus des Engländers. Zunächst nach einer negativen Seite hin. Der Puritanismus bekämpfte bewußt alle nichtwirtschaftlichen Betätigungen des englischen Volkes. Er wandte sich mit heftigster Strenge gegen den übertriebenen Sport, besonders die sportlichen Ausschweifungen, wie sie z. B. unter dem Regime des anglikanischen Königs Karls I. und seinen Beratern einen üblen Ruf erhalten hatten. (Besonders beliebt waren widerliche Bärenjagden und Hahnenkämpfe.) Charakteristisch ist, daß in einer frühzeitigen englischen Schrift die Sitte des Karnevals bekämpft wird, weil es doch unsinnig sei, sich eine Erholung von der Arbeit durch ein derartiges Treiben schaffen zu wollen, während doch gerade die Arbeit und eine ihr entsprechende regelmäßige und gesunde Erholung für den Menschen nicht eine Bürde, sondern höchstes Glück zu bedeuten habe. Aus dieser Anschauung heraus ergibt sich noch heute die eigenartige Stellung des Engländers zur Kunst, der in dieser im allgemeinen wohl eine angenehme Zerstreuungsmöglichkeit, Erheiterung und Erholung betrachtet, sie aber niemals in den Rahmen eines eigentlichen Selbstzweckes menschlicher Tätigkeit zu spannen vermag. Der schon erwähnte Rowntree schreibt in seinem Quäkerbuch: „Die Frage der Künste wurde entmutigt und die Reize der Wissenschaft und freien Literatur in dem ersten Jahrhundert der Gesellschaft der Freunde wenig anerkannt. An die Stelle aller solcher Beschäftigungen sollte die Wissenschaft vom Handel treten, Reisen in ferne Länder u. dgl." Als positives Ergebnis der puritanischen Berufsethik tritt neben die Abwehr dieser ökonomischen Ablenkungen die Herausbildung fester wirtschaftlicher Grundsätze. Die puritanische Wirtschaftsethik schlägt eine Verbindung zwischen Religiosität und Geschäftstüchtigkeit. Charakteristisch ist z. B. im 18. Jahrhundert das häufige Erscheinen von Büchern, die sich betiteln: „Der religiöse Weber", oder: „Der religiöse Kaufmann" u. dgl. Ein Vorkämpfer der Notwendigkeit, das wirtschaftliche Leben mit religiösen Grundsätzen zu durchtränken, andererseits aber die Religiosität den materiellen Bedürfnissen des Lebens anzupassen, ist u. a. Defoe gewesen. In diesem Zusammenhang wird gepredigt: Anständigkeit und Ehrlichkeit im Geschäft, genaue und wahrheitsgetreue Buchführung, dagegen Mißtrauen gegenüber Fremden, wie überhaupt der Grundsatz, daß man sich allein am besten vertraue, ein Grundsatz, der wiederum tief verankert ist in den genuinen Lehren des Kalvinismus, der den Einzelnen und sein Gewissen in unmittelbare Vertrauensbeziehung zu seinem Gotte setzt.

Eine Fülle neuerer Quellenforschungen hat ergeben, daß tatsächlich derjenige Teil der englischen Bevölkerung, der im 17. und 18. Jahrhundert am stärksten an den kapitalistischen Fortschritten des Inselreiches mitwirkte, nonkonformistisch oder puritanisch war. Der berühmteste englische Wirtschaftshistoriker, Rogers, schreibt z. B., daß die gewaltigen Summen, die nach dem Brande Londons zu Ende des 17. Jahrhunderts aufgebracht wurden, in erster Linie von den Puritanern stammten. „Sie waren die Leute, die das Geld sparten, von dem nicht nur die Stadt aufgebaut, sondern auch die Revolution ermöglicht wurde." Die geschichtlichen Namen der Bank von England sind voll von berühmten Dissentern, und die größte Konkurrenzgesellschaft der Ostindischen Kompanie Hollands war eine Gründung Londoner Nonkonformisten. Ein anderer englischer Wirtschaftshistoriker, Ashley, hat nachgewiesen, wie stark die Reichtumsentwicklung von Birmingham von dem Dissentertum beeinflußt wurde. Umgekehrt ist es auch bezeichnend, daß immer wieder in älteren Schriften darauf hingewiesen wird, daß der Kernpunkt der erwerbenden Klassen puritanisch sei. So schreibt im Jahre 1719 ein Schriftsteller namens Wood in seiner „Abhandlung über den Handel": „Diejenigen, welche von der Landeskirche abweichen, gehören zumeist den niedrigen Klassen an: es sind Mechaniker, Handwerker, Manufakturbesitzer." Und er schätzte deren Zahl in Handel und Gewerbe so hoch, daß er den hochkirchlichen Grundbesitzern, welche gegen diese Klasse verhetzt seien, die ärgsten Verluste prophezeit, wenn sie so töricht wären, den Dissentern das Leben zu erschweren. „Die puritanische Bewegung", so schreibt wiederum Rogers, „war ausgesprochenermaßen eine solche der Mittelklasse, und zwar der Kaufleute in den Städten und der Bauern auf dem Lande". Auch für die Erkenntnis der heutigen Struktur der englischen Gesellschaft ist diese Genesis der modernen englischen Mittelklasse beachtenswert.

Man kennt in Deutschland wohl einen Mittelstand, dessen Interessen zumeist eine ganz bestimmte wirtschaftliche Umgrenzung und sogar eine parteipolitische Vertretung aufweisen, dagegen gibt es in Deutschland nicht eine Mittelklasse von so starker Homogenität wie in England. Unterschiede in der Art der Bildung und Ausbildung der Mittelklasse, wie wir sie in Deutschland haben, scheinen in England fortzufallen. Es handelt sich um einen breiten einheitlichen Volkskomplex, der sich von dem arbeitenden Proletariat nach unten und von der Landaristokratie und städtischen oberen Gesellschaft nach oben absondert. Diese Dreiteilung der Gesellschaft ist für England so charakteristisch, daß sie in allen soziologischen Schriften immer wiederkehrt. Wir finden sie schon bei Benjamin Disraeli in seinen Romanen, dann etwa ein Vierteljahrhundert später in den politischen Schriften von Matthew Arnold, der die englische Bevölkerung in „Barbaren", „Philister" und den „Pöbel" einteilt, wir finden dieselbe Dreiteilung in einer neueren Schrift des bekannten Engländers Masterman, der in seinem Buche vom Jahre 1911 die oberste Klasse als „Eroberer", die Mittelklasse als „Vorstädter" und die Arbeiterklasse als „Masse" bezeichnet. Die Mittelklasse führt er mit den Worten ein: „Sie ist ein typisches Produkt Englands und Amerikas, jener Nationen, welche am wesentlichsten dazu beigetragen haben, Geschäft, Handel und Finanz an die Leistungen von Gewerbe und Landwirtschaft anzugliedern."

Darin gerade besteht der Unterschied der englischen Mittelklasse von dem deutschen Mittelstand: daß dieser durchaus traditionalistisch orientiert ist und in dem Festhalten an einem überkommenen Lebensstandard, sogar mit zünftlerischen Mitteln, sein Ziel erblickt, während die englische Mittelklasse durchaus auf den kapitalistischen Entwicklungsprozeß eingestellt ist, und zwar nicht nur von diesem ergriffen wird, sondern als höchstes Ziel des Einzelnen den Übergang aus der Mittelschicht in die obere Klasse, die Society, betrachtet. Bezeichnend aber ist, daß alle jene genannten und viele andere Schriftsteller, wie z. B. auch Oskar Wilde, schon in den Beiwörtern, die sie dem Mittelstande Englands geben, das Philiströse, Spießbürgerliche, Vorstädtisch-Begrenzte zum Ausdruck bringen. Auch hier sind wiederum die Anknüpfungspunkte an den puritanischen Lebenshabitus und seine Auswirkungen auf das Erwerbsleben gegeben. Arbeitsam, sparsam, sauber und anständig, aber auch ungeheuer nüchtern, farb- und freudlos zieht sich das Leben der englischen Mittelklasse hin. Immer wieder wird von den englischen Schriftstellern selbst das Freudlose dieses Daseins hervorgehoben, dessen Subjekte in der Woche in vollgepfropften Zügen in die City fahren, um zu gleicher Stunde und gleicher Minute Tag für Tag wieder hinauszuströmen in ein Meer von gleichgebauten Straßen mit gleichgebauten Häusern, die alle einen für deutsche Begriffe recht erheblichen Komfort, aber eben einen durchaus einheitlichen und dadurch eintönigen Komfort aufweisen; mit Vergnügungen, die in einem langweiligen englischen Sonntage, einem bigotten Kirchgange, einigen week-end-Ferien im Sommer oder einer acht- bis vierzehntägigen Cooks-Tour nach der Schweiz, im Winter aus einigen konventionellen Theaterbesuchen von Stücken, die man „gesehen haben muß", bestehen, und daneben ein geradezu ungeheuerliches Interesse für Sport jeglicher Art, von dem die Mittelklasse zwar nur wenig versteht, aber an dem sie um so mehr interessiert zu sein vorgibt. Hören wir einen Engländer, der sein Land wie wenige kennt, selber, den schon erwähnten Masterman: „Viele Schriftsteller, die eine genaue Kenntnis des suburbanen und provinzialen Mittelklassentums Englands besitzen, haben versucht, dasselbe wahrheitsgetreu und wohlwollend zu schildern, als der aufrichtige Ausdruck einer bestimmten Zivilisation. Aber trotz aller Anstrengung ist dem Gesamteindruck das Gefühl eines Mangels verblieben. Nicht etwa der Mangel individueller Befriedigung dieser Klasse, nicht der Mangel ihrer körperlichen und verstandesmäßigen Fortentwicklung, als vielmehr der Mangel an Interessen, an Idealen. Von dem Teufel der Armut befreit, „ist die Seele leer geblieben, ausgekehrt und gesäubert, wartend für andere Insassen. Die Mittelklasse, leer an Intelligenz, humorlos in ihrer täglichen Beschäftigung, zeigt als einzigen Ehrgeiz eine Sehnsucht nach Reichtum und sozialem Aufstieg. Geschieden von den gesunden Beschäftigungen der Handfertigkeit und der Beschäftigung in freier Luft, absorbiert während des ganzen Tages in gestopften Büroräumen, immer rechnend oder Briefe schreibend, jeder eine Einheit einer großen Menge, welche von der Wirklichkeit des Lebens in eine künstliche City-Atmosphäre entrückt ist, erscheint ihnen das Universum nur in dem Jubel über einen bezahlten Sportsman oder dem Witz eines Preisrätselratens oder in der maßlosen Frivolität und Unbildung der Variétéwelt oder des gelben Journalismus, und mit dem besten Willen der Welt kommt man zuletzt zu einem trostlosen Resultat, zu einer Empörung gegenüber einem Leben, welches trotz aller seiner Energie und Genugtuung irgendwie dabei jenen Geschmack, jenen Reiz, jene innere Glut des Erlebens verloren hat, welche allein dem menschlichen Leben Wert zu geben vermag."

Die bürgerliche Berufsethik des Engländers, welche heute ihren soziologischen Ausdruck am stärksten in der soeben skizzierten Struktur der Mittelklasse findet, ist selbstverständlich in früheren Jahrhunderten weit einflußreicher für die Herausbildung des Wirtschaftssubjektes gewesen, als es heute, in einer Zeit des Verblassens religiöser Momente, erscheinen muß. Die Verquickung der Religion mit den nüchternen Fragen der Wirtschaft, bei gleichzeitiger Vernachlässigung der metaphysischen, überweltlichen und rein philosophischen Probleme, verhinderten in England die Ablenkung des Wirtschaftssubjektes von seinen materiellen Aufgaben durch unökonomische Probleme, wie es z. B. in Frankreich zu Ende des 18. Jahrhunderts der Fall war. Die geruhige Beschäftigung mit den Fragen der Ethik und der Sittenmoral war jedenfalls der wirtschaftlichen Betätigung weit zuträglicher als die leidenschaftlichen Kämpfe um das Naturrecht, die ursprüngliche Freiheit der Menschen und die Berechtigung des Staates. Gleichzeitig wirkte naturgemäß die puritanisch-individualistische Wirtschaftsethik auch auf die Fragen der Erziehung ein, die für die Fortbildung der Produktivität eine so außerordentliche Rolle spielen. Während zwar einerseits, bis auf den heutigen Tag, in England ein merkwürdiges konservatives Festhalten an einem scholastisch-humanistischen Bildungsgang veralteter Art vorherrscht, ist andererseits von jeher, da wo es sich nicht um diese Bildungsgebiete handelt, das Prinzip eines möglichst freien, das Individuum zur Arbeit, zum Geschäftssinn und zum Fortkommen in der Welt entwickelnden Unterrichtssystems vorherrschend gewesen. Auch hier: keine Belastung mit metaphysischen Problemen, kein Sichverlieren in wissenschaftlichen Abstraktionen, sondern eine frühzeitige Erziehung des Menschen zu den Problemen seines künftigen Berufes, also in erster Linie des Geschäfts. Es ist bezeichnend, daß in einem Gutachten vom Jahre 1916, in welchem 36 der hervorragendsten Gelehrten ihre Erfahrungen darlegten, ausgeführt wurde, daß nicht ein einziger Vertreter der Naturwissenschaften an den 35 hauptsächlichsten public schools Englands tätig sei.

Sehr interessant sagt Windelband über die pädagogischen Grundgedanken bei Locke: „Der Gedanke einer freien Entwicklung bildet ihre Grundlage, und alle jene Forderungen der Selbsttätigkeit, des spielenden Lernens, der freien Leibesübung, der anschaulichen Form des theoretischen Unterrichts, der Berücksichtigung der individuellen Eigentümlichkeiten sind in Lockes kernigen 'Gedanken über Erziehung' zusammengedrängt." Daher auch die langwierige Antipathie des Engländers gegen technische und gar Handelshochschulen, denen immer wieder der Vorteil eines praktischen „von der Pike auf Dienens" in der Fabrik oder auf dem Kontorschemel im Wettbewerb mit andern als bei weitem erwünschter hingestellt wurde. Der systematischen Erlernung wird die praktische individuelle Erfahrung als der bessere Lehrmeister gegenübergestellt. So kommt es, daß ein guter Kenner sowohl Englands wie Deutschlands, Lord Haldane, in einer Rede vor Studenten einmal sagen konnte: „Der Engländer handelt der Vorstellung nach, der Deutsche dem Begriffe nach. Der Engländer hat weniger oft als der Deutsche ein abstraktes Prinzip in seinem Kopfe oder irgendeinen Plan, ehe er loslegt. Teils ist dies so aus reiner Gewohnheit, teils entspricht es seiner Lebensart. Es ist jedenfalls die Folge seines ihm eigentümlichenIndividualismus, und die Erfahrung hat gelehrt, daß häufig hieraus eine Kraftquelle wird. Oft aber wird dies auch zur Schwäche. Er findet dauernd seinen Weg mit Hindernissen besetzt, die er vielleicht hätte vorhersehen können. Erst wägen, dann wagen, ist eine Maxime, die so wertvoll ist, daß man sie in der Praxis nicht vernachlässigen darf.

Mag sie auch manchmal die Tat dieser Welt des zufälligen und unvorhersehbaren Lebens lähmen, diejenigen, welche sie beherzigen, wissen wenigstens, wo sie stehen, wenn auch nicht immer, wohin sie treiben."

Aus dieser Struktur und Schulung des Engländers erklären sich zu einem guten Teil seine in der modernen Wirtschaftsgeschichte erstaunlichen Erfolge in überseeischen Ländern. Gerade hier, in unzivilisierten Gegenden, hat der Engländer diejenigen Eigenschaften mitgebracht, die für den Kolonisator unumgänglich sind: die absolute Geistesgegenwart in schwierigen Lagen, den eisernen Willen, die Einrichtungen des Mutterlandes auf das unzivilisierte Land zu verpflanzen, und unerhörte Zähigkeit am Festhalten dieser Ziele. Nur diese Eigenschaften erklären die Anglisierung aller überseeischen Gebiete, in denen die Engländer Fuß faßten oder ihren Einfluß durch Protektorate geltend machen konnten. Gerade hieraus erklärt sich, als Gegenprobe, auch der vielfach in der Weltwirtschaft der letzten Jahrzehnte sich vermindernde Einfluß der Engländer. Denn in dem Maße, wie die Zivilisation fortschritt, der Kreis der noch völlig barbarischen Gebiete sich verkleinerte, demgegenüber die überseeischen Gebiete ihren eigenen National- und Wirtschaftscharakter entwickelten, mußten selbst die Vorzüge des wirtschaftlichen Eroberers gegenüber den Vorzügen des sich den vorhandenen Vorbedingungen anpassenden Kaufmanns zurücktreten. Gerade aber diese Eigenschaften weltwirtschaftlicher Anpassung hatte das englische Erziehungssystem nicht in dem Maße gelehrt, wie es individuelle Tüchtigkeit, Geistesgegenwart und Kolonisationstalent zu fördern versuchte. Schon die Vernachlässigung des Erlernens fremder Sprachen, die der koloniale Eroberer nicht benötigte, machte sich in den letzten 40—50 Jahren für die englische Außenwirtschaft unangenehm fühlbar. Man mußte, wie gerade in amtlichen Berichten der letzten Jahre, z. B. in einem solchen vom Jahre 1918, ausdrücklich hervorgehoben wurde, sich auf die die einheimische Sprache beherrschenden Zwischenhändler verlassen, während andere, sprachkundigere Nationen, wie z. B. die Deutschen, ihr Geschäft ohne derartige Zwischenglieder in überseeischen Ländern besorgen konnten. Es wurde in jenem Bericht, der sich mit der „Handels- und Industriepolitik nach dem Kriege" befaßte, ausdrücklich hervorgehoben, daß z. B. in China die Deutschen den Handel nach dem Innern verpflanzt hätten, anstatt ihn wie die Engländer nur an den Küsten zu betreiben und sich der einheimischen Zwischenhändler für die Bearbeitung des Binnenmarktes zu bedienen. Ebenso ist häufig in amtlichen englischen Berichten darüber geklagt worden, daß die englischen Fabrikanten es nicht verstünden, sich den Bedürfnissen des Auslandes nach bestimmten Warengattungen anzupassen. Solange die englische Ware die überseeischen Märkte beherrschte, konnte man die Bedingungen leicht diktieren. Dies wurde in dem Augenblick anders, in welchem auch andere Nationen als Konkurrenten auf fernen Märkten auftraten. So schreibt ein bekannter englischer Schriftsteller, Mr. Dawson, in seinem Buch über die „Evolution des modernen Deutschlands“: „Der deutsche Kaufmann erwartet nicht, daß der Ausländer seine Sprache perfekt spricht; er redet zu ihm vielmehr in seiner eigenen Sprache (wenn auch manchmal mit recht merkwürdigen Akzenten), paßt ihm die Gewichte, die Währung usw. an, und wenn dennoch die Briefe nicht den gewünschten Erfolg haben, so geht er selber hin oder sendet jemanden, der im Auslande für ihn das Geschäft abschließt.“

So bleibt zu erkennen, daß auch die so eindeutig bestimmbare, historisch so klar erwachsene wirtschaftliche Struktur des Engländers nicht für alle Zeiten den Bedürfnissen wirtschaftlicher Betätigung entspricht. Auch hier gibt es keine absolute Richtschnur für die beste Beschaffenheit des wirtschaftlichen Subjektes. Diese ist vielmehr von den Anforderungen der Zeit, der Art und Entwicklung des Absatzes und der Produktionsverhältnisse in der Welt abhängig. In Zeiten primärer kapitalistischer Entwicklungen, in denen Ellbogenfreiheit und individualistischer Geist zur Gebärung werdender Verhältnisse unbedingt nötig waren, haben die Engländer außerordentliche Leistungen aufgewiesen. Sie waren die großen Erfinder in einer Zeit, da das Erfinden stärker eine Sache des Experimentierens und des praktischen Ausprobierens als der systematischen Wissenschaftlichkeit war. Sie brachten die gewaltigen Neuerer in der Textilindustrie, z. B. einen Cartwright, oder in der Eisenindustrie einen Bessemer und Thomas-Gilchrist, sie brachten einen Watt und Stephenson hervor, sie bauten die ersten Dampfschiffe, sie verwandelten die Holzschiffe in die Stahlriesen der Gegenwart, aber als diese Entwicklung des ersten Jahrhunderts nie dagewesener Umwälzungen vorüber war, als es sich darum handelte, das Gegebene organisatorisch aufzubauen und systematisch zu nutzen, da begannen für den Engländer Schwierigkeiten, denen er seiner ganzen Veranlagung, Schulung und Disziplin nach nicht voll gewachsen war. Daher die immer wiederkehrende Klage der berufensten englischen Volkswirte vor dem Kriege, daß die Engländer altmodisch würden, und der Ruf nach organisatorischer, ja akademischer Erneuerung.

Der Krieg, der die gesamte wirtschaftliche Welt um Jahrzehnte zurückgerissen hat und zunächst eine Desorganisation ohnegleichen schuf, hat die Probleme einer wirtschaftlich-pädagogischen Erneuerung des Engländers selbstverständlich zurückgedrängt. Sie können und werden erst wieder entstehen, wenn die heutige weltwirtschaftliche Desorganisation sich löst und die Zustände und die Wettbewerbsverhältnisse unter den Nationen eintreten, wie sie vor dem Weltkriege waren. Denn das, was die Engländer für die moderne Wirtschaft mitbrachten, und das, was ihnen nach ihren eigenen Bekenntnissen als ein gewaltiger Mangel ihrer wirtschaftlichen Persönlichkeit erschien, wird beides von den materiellen Rückschlägen und einer momentanen Erschütterung der weltwirtschaftlichen Entwicklung im Grunde und auf die Dauer nicht berührt.

2. Die Anfänge des modernen Reichtums.

Literatur: Hermann Levy, Monopole, Kartelle und Trusts, dargestellt an der Entwicklung in Großbritannien. 1912. — Cunningham, The Growth of english Industry. 1907. — Unwin, Industrial Organisation. 1904. — Macaulay, Critical and Historical Essays. 1852. — H. Hyde Price, The english Patents of Monopoly. 1906. — Social England, ed. Traill Vol. IV. 1903. — Tucker, A brief Essay on Trade. 1753. — Dazu die in Kapitel 1 genannten Schriften von Rogers, Smiles, Temple, Levy.

Man verbindet im allgemeinen den Einsatzpunkt der modernen Reichtumsentwicklung Englands mit der großen Epoche der Königin Elisabeth. Sicherlich ist diese Zeit nach vielen zivilisatorischen Richtungen hin, ganz besonders aber für die nationale Erstarkung und Geschlossenheit Englands von weittragendem Einfluß gewesen. Wirtschaftlich aber war sie nicht grundlegend. England bleibt bis in das 17. Jahrhundert hinein ein Land, das wohl Gewerbe und Handel, Fertigfabrikation und Ausfuhr neben bloßer Landwirtschaft und Selbstversorgung anstrebt, jedoch gerade unter den Nachfolgern der Elisabeth, Jakob und Karl I., noch keineswegs erreicht hat. Sowohl Schriften aus dem Anfang des 17. Jahrhunderts — wie die von Wheeler, „A Treatise on Commerce" (1601) — wie die bedeutsamen historisch-statistischen Forschungen von Rogers erweisen, daß in jener Zeit noch im wesentlichen Rohstoffe (Wolle, Metalle) und Halbfabrikate (ungefärbte Stoffe) ausgeführt wurden, während man im Bezuge von fertigen Waren, wie etwa gefärbten Tuchen, Stoffen, Messingwaren, Holzwaren, Spitzen usw., ganz von der Einfuhr aus Flandern, Deutschland, Italien und den nordischen Ländern abhing. Daher denn auch unter den Stuarts die vielen, meist vergeblichen „Projekte" großer Magnaten und Günstlinge des Hofes, solche Industrien in England einzubürgern oder durch entsprechend neue Erfindungen (Patente) zu ersetzen. (U. a. spottet schon der Literat Ben Jonson in seinem The Devil is an Ass 1616 darüber.)

Der eigentliche Aufschwung des modern-wirtschaftlichen, vor allem also des industriellen und für den Weltmarkt — soweit schon damals ein solcher in Frage kam — arbeitenden Englands, beginnt erst seit der

Mitte des 17. Jahrhunderts, nachdem das autokratische Regiment der Stuarts durch die Ära Cromwell abgelöst ist. Während Rogers von der Zeit „der letzten 50 Jahre des 16. bis zu den ersten 40 Jahren des 17. Jahrhunderts“ sagt, „es gäbe keine Periode der englischen Geschichte, in welcher die Engländer ärmer und weniger unternehmungslustig gewesen wären“, konstatiert er die „erste Bewegung englischer Gewerbe- und Handelsaktivität“ unter dem Protektorate Cromwells.

Die Ursachen hierfür dürfen nicht auf ein einheitliches Schema zurückgeführt werden. Es handelte sich um eine Vielheit von Faktoren. Die ganze, früher geschilderte, heute so entwickelte wirtschaftliche Prädisposition des Engländers war zum Beginn des 17. Jahrhunderts noch nicht zur Entfaltung gelangt. Ohne diese Arbeitsemsigkeit war aber auch an eine Begründung der heißersehnten Fertigindustrien nicht zu denken. Daher die allgemeine Bewunderung, die man den so anders gearteten Refugiés entgegenbrachte.

Diese nun haben jene Epoche in zweifacher Weise bereichert, indem sie einerseits einen anders gearteten, schon früher beschriebenen „Geist“ der Wirtschaftlichkeit, zweitens aber eine große Reihe wirklich bedeutsamer Fertigkeiten und Kenntnisse mitbrachten und einbürgerten. Hatte unter dem Regime Karls I. und seines geistlichen Beraters, des Erzbischofs Laud, geradezu eine Fremdenverfolgung eingesetzt, so wurde unter Cromwell die Toleranz, übrigens auch gegenüber den Juden, die sich zum ersten Male wieder seit Jahrhunderten in England aufhalten durften, aufs Panier erhoben. In Colchester, Canterbury, Southampton, Maidstone bildeten sich ganze Gemeinden protestantischer Refugiés, die diese und andere Orte „zu Geschäftszentren“ der Nation machten, wie Manley im Jahre 1669 schreiben konnte. „Pioniere der gelernten Arbeit“ nannte sie später Smiles; und wie viele noch heute echt englische Fabrikationen verdanken ihren Ursprung diesen Einwanderern. So: die Wolltuchfärberei, die ein Flamländer mitbrachte, die Kalikodruckerei, die ein exilierter Franzose einführte, die Seidenfabrikation, die zuerst in Canterbury begonnen wurde, die Herstellung von Glasplatten, die keramische Industrie, die, wie später Josiah Wedgwood erzählt hat, von Holländern gezeigt wurde, die Herstellung der Pendeluhren, die Fabrikation feiner Papiersorten usw., ja auch die Landwirtschaft profitierte, indem die Holländer die moderne Drainage zuerst auf den feuchten Böden und Sümpfen von Lincolnshire erprobten.

Neben diese, von Ausländern verpflanzten Industrien trat dann auch gegen Ende des Jahrhunderts eine Anzahl von Gewerben, die auf englische Initiative zurückzuführen waren, wie denn überhaupt mit dem einmal erwachten Impuls zur ökonomischen Produktivität sich nunmehr der Schaffensdrang in ganz England regte. Eine der ältesten Industrien des Inselreichs, der Zinnbergbau, der sich seit den Zeiten der Elisabeth beständig verringert hatte, nahm seit dem Commonwealth wieder einen rührigen Aufschwung, und die Anfänge des im 18. Jahrhunderts so rasch sich entfaltenden Kupferbergbaues datierten aus dem Ende des 17. Jahrhunderts.

Freilich, die persönliche Ertüchtigung des Engländers im 17. Jahrhundert ist nicht das einzige Moment, das den wirtschaftlichen Aufstieg gerade seit Cromwells Zeiten erklärt.

Hinzu kommen politische und wirtschaftspolitische Momente. Der Zusammenbruch des Stuartschen Regimes (das übrigens nach der Restauration und unter der Regierung Karls und Jakobs II. niemals in gleicher Schärfe aufleben konnte) bedeutete einmal eine wesentliche Beruhigung des gesamten Wirtschaftslebens durch den Fortfall der dauernden Behinderung, Verfolgung und Beängstigung gerade der tüchtigsten Geschäftsleute, nämlich der Puritaner, und zweitens eine Befreiung von allen möglichen hemmenden Fesseln, die die Krone in ihrer selbstsüchtigen Politik dem Wirtschaftsleben angelegt hatte. Was das erste Moment angeht, so sei vor allem daran erinnert, daß mit der Hinrichtung Karls I. im Jahre 1641 die berüchtigten Sondergerichte beseitigt wurden, vor allem die Sternenkammer und der Court of High Commission, die ohne Rücksicht auf das gemeine Recht und die Beschlüsse des Parlaments Verhaftungen, jahrelange Einkerkerungen und Todesstrafen verhängen durften. Da diese Instanzen auch in das wirtschaftliche Leben eingriffen, ganz besonders, wenn es sich um Gegner des anglikanischen Regimes handelte, so wurde erst durch ihre Beseitigung eine eigentliche Beruhigung und die so notwendige Rechtssicherheit im englischen Wirtschaftsleben hergestellt. Fast ebenso bedeutsam war der Fortschritt der religiösen Toleranz, der endgültig in der Toleranzakte vom Jahre 1689 seinen Abschluß fand. Bis dahin hatten religiöse Verfolgungen den Einzelnen in seiner Arbeitsausübung gehindert, sein Vermögen und seine Familie bedroht und in reaktionären Epochen oder Zwischenstadien — wie unter den späteren Stuarts — tüchtige Elemente außer Landes getrieben. Und gerade die Nonkonformisten waren, wie Sir William Petty gegen Ende des 17. Jahrhunderts auseinandersetzte, in allen Ländern, vor allem aber in England, die fleißigsten und vermöglichsten Wirtschaftler. Hierbei muß stets bedacht werden, welche starke Rolle noch im Leben des Einzelnen das religiöse Bekenntnis ausmachte, so daß die meisten ohne weiteres bereit waren, ihre nackten ökonomischen Interessen, ihre Existenz und ihre Geschäftlichkeit der Aufrechterhaltung und Durchkämpfung religiöser Ideale zu opfern. Was hier die Religionsfreiheit bedeutete, ist ohne weiteres klar. Einsichtige Engländer, wie z. B. Sir William Temple, hatten ihren Landsleuten dies am Beispiel Hollands drastisch genug erläutert.

In einem gewissen Zusammenhang mit dem Fall der rechtlichen Beschränkungen stand dann auch der ganze, die Cromwellsche Ära durchwehende Geist des Liberalismus, so vor allem die Durchsetzung einer Gleichberechtigung und Gleichbeachtung aller Bürger vor dem Staate und den öffentlichen Einrichtungen. Das Resultat ist schon im 18. Jahrhundert: daß England gegenüber der übrigen Welt als das „freieste Land“ der Welt gelten kann. Interessant ist ein Vergleich, den gerade unter diesen Gesichtspunkten des bürgerlichen Gleichwertes Josiah Tucker gegen Mitte des 18. Jahrhunderts zwischen England und Frankreich zieht. „England erfreut sich eines sichtbaren Vorteils gegenüber Frankreich dadurch, daß das ganze Volk im Handel beschäftigt sein könnte, ohne daß hierdurch irgendwelche Verachtung seinen Familien erwachsen würde. Der Beruf eines Kaufmanns gilt als geradeso ehrenvoll wie der eines Offiziers, und niemand braucht, wenn er reich geworden ist, den Handel zu verlassen, um als Gentleman respektiert zu werden.“ Demgegenüber in Frankreich: „Man verachtet den Bourgeois, d. h. den Kaufmann oder Händler. Dieser sucht, wenn er reich wird, einen so entehrenden Beruf zu verlassen, in welchem sein Reichtum ihn nicht vor Beschimpfung und Verachtung bewahren kann. Daher ist er ehrgeizig, seine Familie in den Adelsstand erhoben zu sehen, verläßt das Geschäft, sobald er kann, und erzieht seine Söhne zur militärischen Beschäftigung oder kauft sich ein Amt in den Staats- oder Rechtsbehörden, das ihm den Adel verleiht.“ Vergißt man in diesem Zusammenhang nicht, daß auch die Preßfreiheit, an deren Erkämpfung, nach Macaulay, die Persönlichkeit Miltons einen hervorragenden Anteil hatte, das Werk des Cromwellschen Liberalismus war, so wird man wohl begreifen, welche gewaltig befreienden Kräfte sich aus diesen wenigen Jahrzehnten des Umsturzes herauslösten und naturgemäß wie auf das öffentliche Leben überhaupt so auch mittelbar auf die gesamte Entfaltungsmöglichkeit und Atmosphäre der Wirtschaft wirkten.

Aber es gab auch eine unmittelbare Wirkung, die das Wirtschaftsleben Englands aus der Entstehung des ökonomischen Liberalismus zog. Mit dem Erstarken des Parlaments, dem Siege desselben über die Prärogative der Krone und der ihr nahestehenden Staatskirche in rechtlichen Angelegenheiten fiel auch die Einrichtung der Monopole, die unter Karl I. besonders eine mächtige Entwicklung genommen hatten. Die Geldnot, in der Karl sich beständig befunden hatte, war die Veranlassung für ihn gewesen, Projektenmacher, wie man sie nannte, mit der ausschließlichen Bewirtschaftung ganzer Industriezweige zu privilegieren, ja sich selbst an solchen gelegentlich finanziell zu interessieren. Teils handelt es sich dabei um Privilegierung schon bestehender Gewerbe, wobei dann die Zünfte der leidende Teil waren, oder um eine Monopolorganisation des Bergbaus, wobei die Krone alte Eigentums- und Vorkaufsrechte geltend zu machen suchte, dann auch wieder um die Patentierung neuer Erfindungen und Fabrikationsmethoden, denen meist Höflinge nahestanden, eine Patentierung, die dazu benutzt wurde, bereits bewährte Gewerbe zu unterdrücken. Hand in Hand mit diesem Monopolsystem ging eine stark schutzzöllnerische Handelspolitik, eine Unterdrückung der Einfuhr billiger Artikel zugunsten der Monopolinhaber und damit eine Verteuerung vieler notwendiger Waren für das gemeine Volk. Dieses System der Aussaugung und Begünstigung erregte den Unwillen weitester Volkskreise auf das stärkste. Vergeblich hatte das Parlament schon in den Jahren 1597 und 1601 und später durch das Anti-Monopolstatut im Jahre 1624 gegen die Monopole protestiert. Es nahmen unter Karl die Monopole so überhand, daß im Jahre 1640 ein Mitglied des Unterhauses, Sir J. Colepepper, in einer berühmt gewordenen Rede von den Monopolisten sagen konnte: „Diese Leute haben sich wie die Frösche in Ägypten in unseren Häusern eingenistet, und kaum haben wir einen Raum frei, in dem sie nicht sind. Sie essen unsere Suppe, sie nippen von unseren Tellern und sitzen an unserem Feuer (Kohlenmonopol!); wir finden sie im Farbentopf, in der Waschschüssel (Seifenpatente) und Puderbüchse; sie leisten dem Diener in seiner Kammer Gesellschaft, sie haben uns vom Kopf bis zum Fuß ihre Zeichen und Siegel aufgedrückt."

So war es dann eine entscheidende wirtschaftspolitische Neuerung, daß mit dem Sturze Karls alle Monopole für aufgehoben erklärt wurden und am 21. Januar 1641 Monopolisten aus dem Parlamente geworfen wurden. Nach einem Rückschlage unter den späteren Stuarts wurde im Jahre 1689 durch die Bill of Rights die Möglichkeit der Monopolgewährung völlig beseitigt und im 18. Jahrhundert auch in der Praxis der Fortbestand irgendwelcher derartiger Organisationen der entstehenden kapitalistischen Industrie verhindert. Nur noch lokale Monopole, welche auf Gilde- oder Korporationsrechten beruhten und mit den bedeutenden nationalen Industrie- und Bergbaumonopolen der Stuarts nichts gemein hatten, konnten in der Folgezeit fortbestehen, oder solche, die das Parlament durch Gesetz gestattete. Der lange Kampf aber gegen die früheren monopolistischen Bedrückungen der Wirtschaft hatte im englischen Volk ein — noch heute bestehendes — so lebhaftes Empfinden gegen irgendwelche derartige Sonderbegünstigungen einzelner Erwerbstreibender wachgerufen, daß das Parlament niemals mehr in der Lage war, irgendwelche nennenswerte Privilegien monopolhafter Art zu gewähren.

Man vergegenwärtige sich, was diese Errungenschaft bedeutete. Es war damit einer der wichtigsten Teile der Gewerbefreiheit für England in einer Zeit erreicht, in welcher andere Länder noch tief in der gebundenen gewerblichen Wirtschaftsweise steckten. Freilich bestanden auch in England noch die Zünfte, die an sich einen monopolistischen Charakter trugen. Allein diese umfaßten nicht die neuerblühende frühkapitalistische Industrie und sie erstreckten sich nicht auf die einheitliche Regelung ganzer Industriezweige, sondern waren lokal begrenzt. Dazu kam, daß die wirtschaftliche Machtsphäre der englischen Zünfte an sich schon im 18. Jahrhundert stark verblaßt war. Die freiheitliche Ordnung der Industrie, wie sie durch die Beseitigung des Monopolsystems und des im 17. Jahrhundert als „free Trade" bezeichneten Systems des ungebundenen Wettbewerbs eingeführt worden war, bildete geradezu die Voraussetzung des modernen Kapitalismus in England. Während in Frankreich die „Königlichen Fabriken" oder „Manufakturen" bis tief ins 18. Jahrhundert fortbestanden, während in Deutschland das „Konzessionssystem" und die „privilegierten Kaufleute" noch bis an die Schwelle des neuen Jahrhunderts und im Bergbau sogar die Monopolorganisation auf Grund von Regalrechten und unter Anwendung des sogenannten „Direktionsprinzipes" weit in das 19. Jahrhundert hinein bestanden, konnte sich die englische Industrie schon seit dem Ende des 17. Jahrhunderts völlig frei entfalten.

Nun steckte freilich der englische Kapitalismus zu der Zeit, als jene Gewerbefreiheit erkämpft wurde, noch in den Anfängen. Er blühte zunächst nur im Bergbau und in den verlegten Industrien, in welchen kapitalistische Geldgeber es verstanden hatten, die zünftlerischen Kleingewerblichen zu mehr oder weniger abhängigen Lohnempfängern herabzudrücken, endlich auch in allen neu aufkommenden oder technisch verbesserten Gewerben, wie z. B. der Glasindustrie, der Drahtfabrikation, der Alaungewinnung usw., die von den Begründern oder den Besitzern der neuen Verfahren zumeist von vornherein auf kapitalistischer Grundlage in Manufakturen oder Einheitsbetrieben geleitet wurden. Für die sonstigen Industriezweige, vor allem das Textilgewerbe. welche zum Teil handwerksmäßig, zum Teil sogar im Landwirtschaftsbetriebe durchgeführt wurden, setzte der kapitalistische Umschwung erst mit der industriellen Revolution zu Mitte des 18. Jahrhunderts ein und steigerte sich dann mit der Ersetzung der Hand durch Maschinenarbeit und der Anwendung der Dampfkraft auf den Industriebetrieb rapide. Diese Periode aber, die zwischen 1750 und 1800 liegt, und die großen mechanischen und technischen Erfindungen des Arkwright.

Hargreaves und Crompton in der Spinnerei, des John Kay in der Weberei, die Dampfmaschine des James Watt (1768—92) und die Ausdehnung der Koks-Hochöfen (erste Anfänge schon 1709) sowie eine Verbesserung der gesamten Eisenerzeugung brachte, fand das Feld der individuellen Betätigung in England frei. Niemand konnte mit Hilfe von Privilegien oder Monopolen das Aufkommen gesunder Konkurrenzunternehmungen lahmlegen, keine merkantilistische Bürokratie, wie sie im Rheinland noch bis in das 19. Jahrhundert fortbestand und das Aufkommen der Aktiengesellschaften bekämpfte, konnte sich dem Gründungsgeschäft entgegenstellen, und das alte Lehrlingsgesetz der Königin Elisabeth, zwar auf dem Papier noch bestehend, bot den Zünften keine praktische Handhabe mehr, das Aufkommen von Manufakturen und Fabriken mit ungelernten und im Wochendienst beschäftigten Arbeitern zugunsten der alten herkömmlichen Betriebs- und Fabrikationsweise wirksam zu behindern. Damit wurde die so viel früher, und unter so anderen Verhältnissen erkämpfte, „Gewerbefreiheit" der frühkapitalistischen Industrie ein Eckpfeiler für den raschen Aufbau der nunmehr ganz neuer technischer Methoden und wirtschaftlicher Betriebsformen sich bedienenden englischen Großindustrie des 18. Jahrhunderts.

Die „Gewerbefreiheit" war freilich nur der eine Ausdruck der wirtschaftspolitischen Befreiung, welche England im 18. Jahrhundert empfänglicher und befähigter für die Entfaltung moderner Wirtschaft machte, als es in irgendeinem anderen Kulturland der Fall war. Hinzuzurechnen ist alles sonstige an modernen Errungenschaften, was das Inselreich schon frühzeitig aufzuweisen hatte: so vor allem die frühzeitige Abgeschlossenheit des inneren Wirtschaftsgebietes als handelspolitische Einheit, die keine Zollschranken einzelner Staaten und Stätchen, keine Akzisen und Schlagbäume der Städte mehr kannte. Das „Vereinigte Königreich" von England, Schottland und Irland hatte schon im 18. Jahrhundert jene zollpolitische Einheitlichkeit erreicht, für die ein Friedrich List zu Anfang des 19. Jahrhunderts für das deutsche Wirtschaftsgebiet die ersten Grundsteine legte, während erst mit der Gründung des Deutschen Reiches diese langersehnte Entwicklung gegenüber der zersplitternden Kleinstaaterei zu vollem Ausdruck kam. Man bedenke ferner, daß die englische Landwirtschaft des 18. Jahrhunderts keine Leibeigenschaft oder Hörigkeitsverhältnisse mehr kannte, sondern nur freie Bauern oder kapitalistische Pächter, und daß damit jene Grundlage selbsttätiger Entfaltung der produktiven Kräfte des einzelnen Wirtschafters gegeben war, um derentwillen Friedrich der Große sich — nur mit geteiltem Erfolge — um die Befreiung der Gutshörigen und die Auflösung der Grundherrschaft bemühte.

Welchen Anteil diese Momente der fortschrittlichen inneren Verfassung, verbunden mit der Entstehung des früher geschilderten modern-geschäftlichen homo oeconomicus, auf die eigentliche Reichtumsbildung in England hatten, läßt sich natürlich nicht feststellen. Schon deshalb nicht, weil, ganz abgesehen von dem Mangel an Statistik irgendwelcher Art, den Quellen der sich rasch steigernden inneren Produktivität der Zuwachs an Reichtümern durch den Außenhandel, insbesondere durch die ständige Vermehrung kolonialen Besitzes, sich zugesellte. Während noch zu Anfang des 17. Jahrhunderts die Entwicklung der Kolonialgesellschaften Englands sich in den ersten Anfängen befindet und die Gründung und Fortführung der Ostindischen Kompagnie unter dem Drucke des holländischen Konkurrenzunternehmens zu scheitern droht, beginnt seit der Mitte des 17. Jahrhunderts und dann in rapider Fortentwicklung die gewaltigste koloniale Expansion, welche die moderne Welt gesehen hat. Einige wichtige Etappen seien genannt: die Erwerbung der bisher holländischen Insel St. Helena im Jahre 1650, der Erwerb von Jamaika 1655, die Niederlassung der Puritaner in Massachusetts als der Beginn der englischen Herrschaft an der amerikanischen Ostküste, der Friede von Utrecht 1713, in welchem Frankreich Neuschottland, Neufundland und die Hudsonbailänder, Spanien St. Christoph und Gibraltar an England abtreten mußten, die Abtretung Kanadas an England im Jahre 1761, der Verzicht Frankreichs auf seine Kolonien in Indien im Jahre 1763 und damit der Beginn der unumschränkten Vorherrschaft der Briten in Ostasien, endlich in den 80er Jahren die Festsetzung der Engländer in Sierra Leone an der Westküste Afrikas, in Botany Bay an der Ostküste Australiens und in Penang. Rasch geht dann die Entwicklung weiter: Ceylon, ein Teil von Guyana, Trinidad, Malta, Kapland und Mauritius sind gegen Ende des 18. oder zu Beginn des 19. Jahrhunderts bereits im britischen Besitze. Mit der Erweiterung des Kolonialbesitzes wächst auch die englische Flotte rapide. Auch hier sind wieder die Jahrzehnte zu Ende des 17. Jahrhunderts bahnbrechend. Von 1660 bis 1688 wächst allein die Tonnenzahl englischer Schiffe von 95 000 auf 190 000. Im Jahre 1803 besaß England bereits über 20 000 Fahrzeuge.

Bekanntlich sind sowohl diese Fortschritte in der Schiffahrt wie in der kolonialen Expansion nicht unter liberalistischen Wirtschaftsmethoden erreicht worden, wie sie die englische Binnenwirtschaft seit Cromwell kennzeichnen. Im Gegenteil. Für die Schiffahrt galt bis in das 19. Jahrhundert hinein die Navigationsakte von 1651, deren endgültige Abschaffung erst in das Jahr 1854 fällt, jenes Gesetzes, welches der englischen Schiffahrt, und zwar sowohl der Übersee- wie der Küstenschiffahrt, ein Monopol sicherte, indem die Einfuhr kolonialer

Erzeugnisse nur auf englischen Schiffen, diejenige europäischer Güter, um anderen Nationen den Zwischenhandel zu nehmen, nur auf englischen oder Schiffen des Ursprungslandes erlaubt wurde und die Fischerei und der Küstenhandel ausschließlich englischen Fahrzeugen vorbehalten blieb. Für die Kolonien selbst galt das System des kolonialen Handelsmonopols, das dem Mutterlande die ausschließlichen Gewinne an der Ausfuhr kolonialer Erzeugnisse einerseits und der Ausbeutung kolonialen Landes als Konsumenten andererseits sicherstellen sollte. Die Kolonien wurden gezwungen, ihre Erzeugnisse ausschließlich an das Mutterland abzusetzen, das diese entweder selbst verarbeitete oder bei der Wiederausfuhr sich durch Ausfuhrzölle Gewinne an dem Vermittlergeschäft sicherte, während andererseits die Einfuhr nichtenglischer Erzeugnisse in den Kolonien verboten blieb. Auch dieses System hielt sich in seinen prinzipiellen Bestandteilen bis in das 19. Jahrhundert, nämlich bis zur Einführung des Freihandels im Jahre 1846, wenn auch nicht in der soeben angedeuteten krassen Form, so doch in einer Form differentieller Zolltarife, die den Handel zwischen Mutterland und Kolonien zwangläufig beeinflußten. Die wichtigste und zunächst ertragreichste Kolonie, die heutigen Vereinigten Staaten von Amerika, war freilich dem britischen Weltreiche, nicht zuletzt durch seine handelspolitische Tyrannei, seit dem Jahre 1783 verloren gegangen, eine Warnung, die jedoch kaum das System gegenüber den anderen kolonialen Gebieten Englands berührte, ebenso wie die theoretischen Auseinandersetzungen Adam Smiths gegen die Schädlichkeit des kolonialen Handelsmonopols dieses nicht zu Fall bringen konnten.

Es ist heute vielfach betont worden, daß die nunmehr freie und handelsautonome Entwicklung vieler englischer Kolonien den Reichtum und die Produktivität derselben so viel rascher gesteigert habe, als es unter einem System des künstlichen Monopolzwanges hätte geschehen können und daß damit letzten Endes auch das Mutterland den größten Vorteil aus seinen Besitzungen und Protektoraten gezogen habe. Mag dies zugegeben werden. Bestehen bleibt für die Anfänge des britischen Reichtums die Tatsache, daß auch unter der autokratisch-egoistischen Kolonialverwaltung des 17. und 18. Jahrhunderts die Kolonien einen unermeßlichen Fundus unmittelbarer und mittelbarer Wirtschaftswerte für das Mutterland geliefert haben, dem sie Rohstoffe, Metalle, Gewürze und vieles andere abgaben, und damit die Konkurrenzfähigkeit des Mutterlandes auf dem Weltmarkt gegenüber anderen Ländern steigerten, welche diese erst von England zu beziehen hatten, indem sie ferner einen Absatzmarkt für englische Erzeugnisse aller Art bildeten, als Auswandererreservoir dienten und indirekt das englische Warenvermittlergeschäft und die englische Schiffahrt in Gang hielten, Vorteile, die auch das schlechteste System der Wirtschaftspolitik nicht annullieren konnte.

So kann das britische Inselreich gegen Ende des 18. Jahrhunderts den Anspruch erheben, das freieste, in Wirtschaft, Technik, Schiffahrt und Handel vorgeschrittenste und vermutlich auch das reichste Land der Welt geworden zu sein. Dieser Tatbestand kommt in zeitgenössischen Schriften des Auslandes unverhohlen, wenn auch schon frühzeitig mit nicht immer freundlichen Hinweisen auf den Geist des „Shopkeeper-Volkes", zum Ausdruck. Besonders frappierend wirkt auf den ausländischen Besucher des 18. Jahrhunderts die Stadt London, welche sich zu der ersten Weltstadt entwickelt und schon damals ein Gepräge zeigt, das in seiner ganzen kommerziellen Eigenart ebenso verblüffend wirkt wie heute noch. Erstaunt schreibt ein Verfasser in seinen „Beiträgen zur Kenntnis Großbritanniens vom Jahre 1779": „Die Straßen von London sind täglich so voll, und viele, die in den Gassen laufen, scheinen ihren Kopf so voller Geschäfte zu haben, daß es einem Fremden sonderbar vorkommen muß, solche Menge stets in Bewegung zu sehen. Wer das Getümmel in den Gassen Londons, die volkreichen Heerstraßen und die Eilfertigkeit sieht, mit welcher jeder seinen Weg beschleunigt, sollte denken, es könnte keine geschäftigere und unruhigere Nation sein als die englische." Und ähnlich war es in den provinziellen Großstädten. Als Hutton, der Chronist Birminghams, im Jahre 1741 zum ersten Male die Stadt betrat, überraschte ihn, wie er selbst mitgeteilt hat, der Ort selbst, „aber noch mehr die Einwohnerschaft. Das waren Leute, wie ich sie nie gesehen hatte! Sie besaßen eine Lebhaftigkeit, wie ich sie nicht für möglich gehalten hätte. Jeder einzelne Schritt in den Straßen zeugte von Lebendigkeit." Und das wurde zu einer Zeit geschrieben, als es noch keine Eisenbahnen und Autos, keine Straßen- und Untergrundbahnen, keine breiten Avenuen und keine modernen Büropaläste gab. Der Mikrokosmos städtisch-agglomerierter Emsigkeit und Angespanntheit war bereits vorhanden, alles noch Kommende nur die technische Steigerung und Verbreiterung desselben zu dem heutigen Makrokosmos der Weltzentrale. Und diese wiederum war von jeher der zusammengepreßte Ausdruck des Reichtums britischer Weltmacht.

3. Die wirtschaftlichen Ideen.

Literatur: Georg Jellinek, Die Erklärung der Menschen- und Bürgerrechte. 1904. — Windelband, Geschichte der neueren Philosophie. 1907. — Kennedy, English Taxation 1640—1799. 1913. — A. Held, Zwei Bücher zur sozialen Geschichte Englands. 1881. — W. Hasbach, Untersuchungen über Adam Smith. 1891. — v. Schulze-Gaevernitz, Carlyle. 1907. — Außerdem die früher genannten

Schriften von M. Arnold, Troeltsch, Levy (Ökonomischer Liberalismus), Weber und Schulze-Gaevernitz (Britischer Imperalismus).

Das englische Wirtschaftszeitalter, von dem man sicherlich seit dem Protektorate Cromwells zu sprechen berechtigt ist, hat wie alle großen Epochen irgendeines menschlichen Tätigkeitsgebietes auch seine Ideengeschichte gehabt.

Die wirtschaftliche Idee, welche nunmehr schon Jahrhunderte den wesentlichsten Untergrund des ökonomischen Denkens in England bildet, wächst ursprünglich aus drei Strömungen heraus, welche zunächst mit dem Wirtschaftsleben nur mittelbare Beziehungen haben, wie denn überhaupt stets zu beachten ist, daß noch im ganzen 17. Jahrhundert das wirtschaftliche Element im englischen Staatskörper an Bedeutung hinter den Fragen der Politik, des Rechts, der Verfassung und der Konfession völlig zurücktritt. Die Idee ist diejenige von der möglichst ungestörten wirtschaftlichen Entfaltung des Einzelnen. Die Strömungen, aus welchen sie zunächst herauswächst, sind einmal rechtlicher, zweitens religiöser und drittens philosophischer Natur.

Unzweifelhaft hat der Kampf gegen die geistliche Bedrückung im 17. Jahrhundert, die Befreiung des Einzelnen von der Glaubens- und Konfessionstyrannei nicht nur, wie Jellinek schon ausgeführt hat, den politischen und staatsrechtlichen, sondern auch den frühzeitigen wirtschaftlichen Independentismus des Engländers erzeugt. Wie aber die beiden Prinzipien des „Kongregationalismus" auf kirchlichem Gebiete und der „Volkssouveränität" auf politischem Gebiete beide aus dem gleichen Kampfe des Einzelnen gegen die obrigkeitliche Beschränkung hervorgingen, so entwickelt sich auch parallel hierzu eine ökonomische Freiheitsidee. Es kommt hinzu, daß gerade der echte Kalvinismus mit seiner betonten Selbstverantwortlichkeit des Einzelnen, seiner Glorifizierung des Arbeits- und Berufserfolges als Zeichen der individuellen Erwählung, diesem Individualismus von vornherein besonders günstig war. So bilden die Independenten und die Puritaner im allgemeinen die geistigen Träger auch der modernen englischen Wirtschaftsidee. Der populäre Begriff der persönlichen Freiheit, der zu Anfang des 17. Jahrhunderts in erster Linie als der einer Nichteinmischung des Staates in Religionssachen gegolten hatte, wird allmählich auf das stärkste auf wirtschaftliche und wirtschaftspolitische Fragen ausgedehnt. Er erklärt das frühzeitige antimonopolistische Wirtschaftsempfinden des englischen Volkes, das Verständnis für den Wettbewerb, die Bekämpfung der Zünfte; er erklärt aber gleichzeitig den lange anhaltenden Kampf gegen die Arbeiterverbände, die ebenfalls als eine Behinderung der individuellen Freiheit aufgefaßt wurden, bis man im Jahre 1824 bei Einführung der Koalitionsfreiheit die notwendige Konsequenz zog, daß auch der freiwillige Zusammenschluß der Einzelnen unter den Begriff der Entschließungsfreiheit falle. In dem Maße, wie man, stark unterstützt von der puritanischen Berufsethik, das Individuum von allen Fesseln zu befreien suchte, glaubte man nun aber auch diesem Gefühl der Selbstverantwortung das Schicksal des Individuums anvertrauen zu dürfen. Daher war die puritanische Wirtschaft im heutigen Sinne ausgesprochen unsozial.

Die Armut wurde in dem gleichen Maße als das Symbol göttlicher Verwerfung erklärt, wie der rechtmäßige Gewinn und Reichtum als ein Zeichen der Begnadung galt. Hart und unerbittlich will der Puritaner gegen Arme und Arbeitslose vorgehen. „Das Gesetz Gottes", so schreibt einmal Samuel Hartlib, ein Freund und Gesinnungsgenosse Miltons, „besagt: Wer nicht arbeiten will, soll auch nichts essen. Das wäre die rechte Züchtigung für faule Leute, daß man sie nicht essen ließe, ehe sie gearbeitet haben." An Stelle einer unter den Stuarts und ihren geistlichen Beratern ausgebauten Armenfürsorge, die auf dem berühmten Armengesetz der Elisabeth vom Jahre 1601 fußte, trat seit Cromwell eine eigentliche Fürsorge nur für Waisen, Witwen und Krüppel, während im übrigen das System der Arbeitshäuser eingeführt wurde. Diese sollten den angeblich „Arbeitsscheuen" durch ein abschreckend hartes Leben wieder der selbständigen Arbeit zuführen. Aus den gleichen Anschauungen heraus war man auch geneigt, sich einer Steigerung der Löhne zu widersetzen, indem man die Theorie aufstellte, daß hohe Löhne nur zu einer unnötigen Verschwendungs- und Genußsucht der ärmeren Klassen führen würden, eine Lehre, die vielleicht für gewisse stark in der Zivilisation zurückgebliebene Gegenden der Wirtschaft gelten mochten, sicherlich aber für diejenigen Volksschichten, die von dem modernen Kapitalismus erfaßt wurden, nicht mehr in Betracht kam. Man glaubte aber noch während des ganzen 18. Jahrhunderts mit Bestimmtheit, daß hohe Löhne dem Fleiß abträglich seien, und bekämpfte sie, weil man alles wirtschaftspolitische Denken in den ausschließlichen Gedanken einer möglichst intensiven Steigerung der persönlichen Arbeitsleistung preßte.

Bekämpfte man den „Aufwand" der ärmeren Klassen, so war man andererseits geneigt, den rasch steigenden Aufwand der mittleren und höheren Kreise anzuerkennen. Es ergab sich ohne weiteres aus den ethischen Grundsätzen der Zeit und wiederum aus der Anerkennung des Wirtschaftlichen als höhere Segnung, daß man den wachsenden Wohlstand der begüterten Schichten als eine besondere Wohltat empfand. Die Philosophie des 18. Jahrhunderts unterstützte diese Meinung. Hume war es besonders, der in seinen politischen Diskursen zu Mitte des 18. Jahrhunderts in einer recht kasuistischen Betrachtung zwischen dem „unschuldigen“ und „lasterhaften“ Luxus unterschied, aber doch zu dem Resultate gelangte, daß jede Luxusausgabe wieder Arbeit schaffe, während ohne Aufwand die Lust zur Arbeit verloren gehe. So erklärt auch Windelband bei Darlegung des „selfish System“ und den aus ihm hervorgegangenen Lehren: „Das ergab eine bequeme Moral. Je mehr es gerade die Stände der höheren Gesellschaft waren, in denen diese Betrachtungen mit Vorliebe gelesen und besprochen wurden, um so mehr kam die Neigung auf, den Lebensgenuß, dessen man sich hier erfreute, unter der Form eines philosophischen Systems zu rechtfertigen.“ Auf diesem Wege war es denn wohl auch möglich, den steigenden Aufwand und die wachsende Verwöhnung breiter Kreise mit den Prinzipien altpuritanischer Einfachheit und Sparsamkeit in einen harmonischen Einklang zu bringen, indem man diesen Luxus eben als volkswirtschaftliche, natürliche und unumgängliche Notwendigkeit hinstellte. Diese Anschauung wird auch dadurch nicht entkräftet, daß im Laufe des 18. Jahrhunderts die Aufwand- und Luxussteuern an Ausbreitung gewannen. Im Gegenteil. Wie neuerdings Kennedy in einer sehr gründlichen Studie nachgewiesen hat, waren gerade bei diesen Steuern unternehmermäßig-individualistische Gesichtspunkte des Gesetzgebers maßgebend gewesen: die Abneigung vor direkten Steuern, die die Vermögenden getroffen hätten, die Furcht, daß Steuern auf notwendige Konsumgüter zu einer Erhöhung der Löhne und damit der Produktionskosten für den Unternehmer führen würden, und endlich die Meinung, daß jede Aufwandsteuer im Grunde fakultativ sei, daß also jeder Einzelne ihr freiwillig durch Beschränkung des Aufwandes entgehen könne; dies aber gebe ihnen den Charakter eines der individuellen Freiheit angepaßten Steuersystems. Man erkennt, wie auf allen Gebieten der Wirtschaft die gleichen Grundgedanken einer möglichsten Freisetzung der persönlichen Beweglichkeit und eine möglichste Einstellung der Politik und Gesetze auf die Hebung des Einzelnen zum Durchbruch kamen und der gesamten Wirtschaftsperiode das Gepräge gaben.

Auch die eigentliche Philosophie stand diesen Gedanken nahe, indem sie sich teils den Bedürfnissen der Zeit in ihren Darlegungen anpaßte, teils darüber hinaus die Entwicklung mit zu beeinflussen suchte. Schon seit Hobbes sehen wir den Einzug der Eigennutzlehre, dieser Quintessenz des Individualismus, die an Stelle der teleologischen Betrachtungsweise der Dinge, wie etwa bei Bacon, tritt. Der Staat erscheint als atomistischer Mechanismus: „Seine Elemente sind die Menschen, von denen jeder das Recht seiner Selbstsucht geltend zu machen sucht, und der Staat selbst ist nur das System, in welchem die Mächte des menschlichen Egoismus sich gegenseitig stützen und tragen.“ (Windelband.) Wie verschieden nun auch die Konsequenzen sein mochten, die hieraus gezogen wurden — ganz andere bei Locke z. B. wie bei Hobbes —, ob man jenen Zustand optimistisch oder pessimistisch im Sinne eines Kampfes aller gegen alle deutete, die Anerkennung des egoistischen Triebes selbst als Ausgangspunkt sowohl staatsrechtlicher wie eben auch wirtschaftlicher Betrachtungen bleibt fest bestehen. An Stelle des mittelalterlich-katholischen Gedankens, daß der einzelne Mensch sich einreiht in den von göttlichen Zwecken getragenen Weltorganismus und den Zwecken desselben systematisch unterworfen werden müßte, tritt nun überall die rein naturalistisch-kausale Betrachtung des Einzelnen als einer „Lebensmaschine", die ungehindert und nach dem natürlichen Gesetze vom „verständigen Eigennutze" (reasonable selfinterest) zu funktionieren habe. Eine Regelung seitens des Staates soll sich, wie es schon bei Locke ausgesprochen wird, nur auf den Schutz von Leben, Freiheit, Unverletzlichkeit des Körpers und des Eigentums an Gütern erstrecken, im übrigen soll das freie Walten der „Natur" den für alle beteiligten Staatsbürger ersprießlichen Zustand herbeiführen. Diese Lehre, welche den eigentlichen Zweck der Weltordnung in ein indifferentes Dunkel rückte und dafür die allgemeine „Glückseligkeit", gemessen an der Quantität des Wohlbefindens (vgl. Windelband), zum Kernpunkt der Lebensweisheit machte, ist auf das gesamte englische Denken bis auf den heutigen Tag von höchstem Einfluß gewesen. Indem man die egoistischen Triebe des Menschen, soweit sie den Forderungen der Moral genügten, als den Ausgangspunkt, die Erfolge dieses verständigen Egoismus als den Inbegriff des zu erreichenden Wohlbefindens, sowohl für den Einzelnen wie für die Gesamtheit und das Volksganze, ansah, bahnte man dem utilistischen Charakter, den heute noch das englische Volk aufweist, einen breiten und angenehmen Pfad.

Aus jener Glückseligkeitslehre erwuchs im 18. Jahrhundert einerseits der ästhetische Epikureismus, dessen Hauptwortführer Shaftesbury war, und der Eudämonismus, den man auch als Utilismus bezeichnet, der in Bentham und seinen Jüngern die größten Triumphe feierte. Eigenartig ist es, daß also von zwei an sich heterogenen Richtungen, der puritanischen einerseits und der moralphilosophischen andererseits, das Streben nach Vermögen und Genuß, innerhalb der sogenannten „berechtigten" Grenzen der Moral, des Rechts und der Sitte, unterstützt wurde. Mit Recht kritisiert Windelband jenen Utilismus der Philosophie und Wirtschaftsphilosophie dahin, daß er sich ausschließlich auf die Förderung von Lust und die Vermeidung von Unlust beschränkte: „Er erkauft sein demokratisches Eintreten für die Förderung der Nebenmenschen durch den Verzicht auf höhere Güter, welche von dem Hin und Her der Lust und Unlust, von dieser ganzen Lustkrämerei, diesem Tauschgeschäft der Begierden nicht getroffen werden und eine höhere Lebensregion darstellen."

Diesen verflachenden Einfluß des rein wirtschaftlichen Denkens und Weltbewertens haben aber auch Engländer bis auf den heutigen Tag gegeißelt. Der bekannte Schriftsteller, Politiker und Schulmann Matthew Arnold hat in den 70er und 80er Jahren des 19. Jahrhunderts eine Reihe von Schriften verfaßt, von denen das Buch „Kultur und Anarchie" am bekanntesten wurde, in denen er aus eben jenen puritanischen und utilistischen Einflüssen die geistige Struktur der englischen Mittelklasse erklärt und sie in ihrem soziologischen Habitus einer schneidenden Kritik unterwirft. Er versucht, den Begriff des Wohlstandes, der Prosperity, seiner englischen Überwertung zu entkleiden, ihm einen tieferen Sinn zu geben, als es ganz besonders in der Blütezeit des Manchesterliberalismus Mode geworden war. Charakteristisch für seine Gedankengänge ist der folgende Passus: „Unsere Kohle, so sagen tausend Leute, ist die wirkliche Basis unserer nationalen Größe. Wenn unsere Kohle versiegt, so ist Englands Größe dahin. Was aber ist Größe? — so fragt uns die Kultur. Würde England morgen vom Meere verschlungen, was würde in 100 Jahren am stärksten das Zeugnis gewesener Größe an sich tragen — das England der letzten zwanzig Jahre oder das England der Elisabeth, jener Zeit wundervoller geistiger Anstrengung, als unsere Kohle und unsere gewerbliche Tätigkeit, die auf der Kohle beruht, so wenig entwickelt war?"

Aus den Gedankengängen der Moralphilosophie des 18. Jahrhunderts und des aus ihr sich ergebenden wirtschaftlichen Weltbildes erwächst der Anfang der englischen Nationalökonomie, die ja überhaupt der Anfang aller Nationalökonomie wurde und als solche das Beiwort der klassischen Nationalökonomie erworben hat. Ihr Begründer, Adam Smith, kam selbst, wie seine erste Schrift über die „Moral Sentiments" aus dem Jahre 1759 bekundet, aus den Reihen der englischen Moralisten. Sein nationalökonomisches Werk aus dem Jahre 1776 „Inquiry into the Nature and Causes of the Wealth of Nations", kurz „Der Reichtum der Nationen" genannt, ist ohne diesen Hintergrund gar nicht zu bewerten, da es sonst als eine rein begriffliche Studie der wirtschaftlichen Phänomene der Zeit erscheinen würde. In Wirklichkeit ist es die Anwendung der philosophischen Zeitlehren auf das wirtschaftliche Gebiet, freilich mit einer viel klügeren und vor allem systematischeren Durchleuchtung, als es bisher bei den sogenannten politischen Arithmetikern, wie etwa Petty, Child, Tucker oder auch Sir James Stewart der Fall gewesen war. Ausgangspunkt ist gleich zu Anfang des Werkes die Lehre vom Wettbewerb als der stimulierenden Kraft aller wirtschaftlichen Zivilisation und Arbeitssteigerung, das verständige, richtig beschränkte Selbstinteresse ist die Sprungfeder des wirtschaftlichen wie sozialen Mechanismus, aus dem sich Arbeitstrieb, Spartrieb, Kapitalbildung, Arbeitsteilung und Tausch erklären. Das Streben nach dem größtmöglichen Gewinn ist das beherrschende Prinzip aller Völker und Menschen ohne Unterscheidung, wie denn überhaupt von einem ganz abstrakten einheitlichen, nicht durch historische oder soziologische Unterschiede differenzierten „Menschen" ausgegangen wird. Das freie Spiel der Kräfte, der „natürliche", wieder abstrakt gedachte Zustand des Menschen gewährt am sichersten den wirtschaftlichen Erfolg jedes Einzelnen und, da das Ganze lediglich als eine Summierung einzelner Teile — mechanistisch-atomistische Weltanschauung — aufgefaßt wird, auch die größte Glückseligkeit der Gesamtheit. Daher wird auf allen Gebieten, zum Teil auch im Anschluß an ihm wohlvertraute Lehren der französischen Physiokraten, von Adam Smith die möglichste Ungebundenheit, die staatliche Nichteinmischung, die Beseitigung aller noch bestehenden Fesseln einer bürokratisch-merkantilistischen Wirtschaftsordrnung, wie etwa des Lehrlingsgesetzes der Elisabeth oder lokaler Zünfte, verlangt.

Was aber für die Summe der Individuen im Staate Geltung haben sollte, konnte unter den Staaten selbst nicht minder vorteilhaft sein. So war es nur ein Schritt, das Prinzip des freien Wettbewerbs auch auf den Verkehr der Länder untereinander auszudehnen und neben dem „free trade" im Innern auch den Freihandel in der Außenhandelspolitik und Behandlung der Kolonien zu fordern. Überzeugt von der Anschauung, daß der verständige Eigennutz des einzelnen Wirtschafters die Verwirklichung der natürlichen Wohlfahrt der Gesellschaft bedeute, hatte schon Hume gepredigt, daß das Wohlergehen eines einzelnen Landes im Interesse aller anderen Länder liegen müsse, daß sich z. B. die Engländer über das Gedeihen Frankreichs nicht nur „menschlich", sondern als Engländer freuen sollten. Adam Smith gab diesen Gedankengängen das greifbare, anscheinend empirisch gewonnene Format, indem er in seiner Freihandelslehre zum Beweis stellte, daß jedes Land nur dasjenige selbst erzeugen solle, was es billiger als andere Länder erzeuge und im übrigen von fremden Ländern im Interesse seiner Konsumenten und damit auch wieder seiner Produktivkraft die billigeren Waren einführen solle. Dabei ist sein Kampf gegen die merkantilistische Lehre von der Handelsbilanz, der falschen Vorstellung von der Notwendigkeit einer sogenannten aktiven oder „günstigen" Handelsbilanz, sein Argument gegen die Überschätzung des Vorrats an Gold und Geld, seine heftige Polemik gegen die Unnatur der kolonialen Handelspolitik Englands, seine ins einzelne gehende Kritik an hohen Einfuhrzöllen,

Ausfuhrprämien und Ausfuhrverboten von genialer Schärfe des Denkens, welche die philosophisch anfechtbaren Grundzüge der liberalen Lehre mit ihren verschwommenen Begriffen der „Natur" und des „freien Spiels der Kräfte" reichlich wettmacht.

Der „Reichtum der Nationen" bildet nun den Grundstein zum weiteren Aufbau einer Nationalökonomie, welche, die staats- und sozialphilosophischen Grundzüge dieses Werkes mehr und mehr als gegeben hinnehmend und sie allmählich als Selbstverständlichkeit verwertend, den Einzelproblemen der modernen Volkswirtschaft ihre ganze Beachtung zuwendet. Dahin gehört, wenn man von kleinen Geistern wie Mc. Culloch absieht und Robert Malthus und seinen bevölkerungspolitischen Kreis als einen besonderen Einzelfall hinnimmt, vor allem David Ricardo, dessen Principles of Political Economy vom Jahre 1817 (deutsch 1837) die berühmt gewordenen Lehren von der Grund- und Differenzialrente entwickelten und den Kern vieler später von der theoretischen Sozialpolitik übernommenen Betrachtungen über Arbeit, Lohn und Kapital enthielten, während er die Freihandelslehre des Adam Smith noch besonders zuspitzte, indem er den Austausch der Güter stets nur auf die von jedem Lande am billigsten hergestellten Waren beschränkt wissen wollte. Es folgt nun eine wirkliche Blütezeit der Nationalökonomie: zu den theoretischen Lehrern, vor allem dem scharfdenkenden John St. Mill (Principles of Political Economy 1847) und dem späteren Jevons (Political Economy 1877) gesellen sich Praktiker aus allen möglichen Gebieten und Wirtschaftspolitiker, denen die gewaltigen handelspolitischen Kämpfe um Freihandel oder Schutzzoll Gelegenheit zu nationalökonomischen Erörterungen geben. Die erste dickbändige „Geschichte der Preise" wird von Thomas Tooke und William Newmarch 1838—57 verfaßt, George R. Porter bringt 1836—43 seinen „Progress of the Nation", das erste großangelegte statistische Werk über die tatsächliche Entwicklung des englischen Reichtums, heraus. Auch Großunternehmer beginnen mit einflußreichen Abhandlungen, wie z. B. Lord Brassey, der seine Erfahrungen als Großingenieur in der ganzen Welt in „Work and Wages" (1872) niederlegt und mit einer besonderen Lohntheorie versieht.

Daneben beginnt schon frühzeitig eine sozialistisch-sozialreformerische Literatur, die sich stärker als eine Reaktion gegen die sichtbaren Auswüchse des laissez-faire auf sozialem Gebiete darstellt, als daß sie — wie etwa später in Deutschland unter Marx — ein grundsätzlich revolutionäres System der Volkswirtschaftslehre entwickelt. Dahin gehören einerseits die Vertreter der christlich-sozialreformerischen Richtung, die sich bewußt gegen den Manchesterliberalismus und die Benthamsche Utilitätslehre richtet, wie vor allem Carlyle, Kingsley und der praktische Sozialpolitiker Lord Shaftesbury, andererseits einige dem heutigen Sozialismus als Verteilungslehre engverwandte Schriften wie die von Robert Owen, The new moral World von 1820, die Principles of Distribution of Wealth von William Thompson aus dem Jahre 1824 und die weit spätere Schrift von H. Ch. Carey, Principles of Social Science. (1858/59.) War in England die Wirkungssphäre rein sozialistischer oder gar deutsch-sozialdemokratischer Ideen während des ganzen 19. Jahrhunderts auf einen kleinen, der eigentlichen Arbeiterbewegung fernstehenden Kreis beschränkt, während diese selbst in den gewerkschaftlichen und genossenschaftlichen Ideen den Schwerpunkt ihrer Aufgaben sah, so ist es natürlich, daß die nationalökonomische Literatur an Autoren eines eigentlichen radikalen Sozialismus arm blieb. Einige Vertreter der im Jahre 1890 gegründeten Fabian Society, die radikalere Ziele verfolgt, wie vor allem Sidney und Beatrice Webb, das sozialistische Ehepaar, machen hiervon eine Ausnahme, aber auch ihre Schriften, wie z. B. Industrial Democracy (1897) oder Local Government (1906—08) treten lediglich für eine intensive Umformung des sozialen Lebens zugunsten der Arbeiterschaft auf demokratisch-selbstverwaltungsgemäßer Basis ein, nicht für eine Revolutionierung des Wirtschaftsapparates unter Beseitigung der kapitalistischen Triebkräfte.

Was die heutige zünftige Nationalökonomie Englands angeht, so steht sie längst nicht mehr auf der Höhe ihrer Begründer, die in der „klassischen" Nationalökonomie eine sicherlich einseitige, zum großen Teil fiktive, aus willkürlichen Prämissen abstrahierte Lehre schufen, aber doch den Anstoß zum systematischen Durchdenken jedes einzelnen ökonomischen Phänomens gab, eines Durchdenkens, das zunächst wohl wirklich am besten in einer abstrakten, isolierenden Form vor sich ging. Die Grundbegriffe der Nationalökonomie von Alfred Marshall (Principles of Economics 1890) sind nicht viel mehr als eine gründliche, aber eklektische Darstellung der bekannten oder umstrittenen Wirtschaftserscheinungen und ökonomischen Theorien, dem alle Jugendfrische fehlt. Von Deutschland her übernahm man das Studium der geschichtlichen Lehren der Wirtschaft, welche die klassische Nationalökonomie höchstens illustrativ genutzt hatte. James Th. Rogers, William Cunningham und W. J. Ashley und neben ihnen manch fleißiger Geschichts-Monograph lieferten wertvolle Beiträge, während zwei andere jüngere Zweige der Volkswirtschaftslehre, die theoretische Grenznutzenlehre (österreichischer und amerikanischer Provenienz) und die Soziologie kaum einen selbständigen Vertreter in England fanden.

So kann man noch heute sagen, daß die große Epoche der englischen Nationalökonomie in die Zeit vom ausgehenden 18. Jahrhundert bis in das letzte Drittel des 19. Jahrhunderts fällt, in welchem sie den wirtschaftlichen Fortschritt des erblühenden Kapitalismus, die auf freier Arbeitsteilung, gleiches Recht und möglichst unbehinderter Entfaltung des Wettbewerbs aufgebaute Struktur einer triebkräftigen Volkswirtschaft erklärte und zu befördern suchte. Als diese Entwicklung in England mit den 90er Jahren ihren Abschluß erreichte und Probleme der Organisation, der sozialen Verteilung, der Sozialpolitik und Sozialversicherung, der gemeinsamen Unternehmerorganisation und der wieder stärker benötigten behördlichen Regelung auf allen Gebieten einsetzten, wozu sich von neuem der Ruf nach einer Änderung der freihändlerischen Handelspolitik gesellte, konnte auch die Ära der bisherigen nationalökonomischen Denkweise, die als spezifisch englische Schule fast ein Jahrhundert lang der volkswirtschaftliche Lehrmeister der Welt gewesen war, als abgeschlossen gelten.

II. England als Handelsmacht.

4. Anfang und Ende der englischen Schutzzölle.

Literatur: G. R. Porter, The Progress of the Nation. 1851. — Th. Tooke und W. Newmarch, A History of Princes. 1838. Deutsch: Die Geschichte und Bestimmung der Preise. 1862. — J. E. Th. Rogers, Work and Wages. 1885. — J. Anderson, An Enquiry into the Nature of the Corn Laws. 1777, übersetzt in: Drei Schriften über Korngesetze und Grundrente. 1893. — Hermann Levy, Die Not der englischen Landwirte zur Zeit der hohen Getreidezölle. 1902. — W. Hasbach, Die englischen Landarbeiter. 1894. — R. E. Prothero, The Pioneers and Progress of English Farming. 1888. — Harriett Martineau, History of England. Vol. I. 1849. — F. Engels, Die Lage der arbeitenden Klassen in England. 1845. — Dunkley, The Charter of the Nations. 1854.

Die Einführung des Freihandels, für die Adam Smith 70 Jahre, ehe sie verwirklicht wurde, mit allen ihm verfügbaren Mitteln der Überredung gekämpft hatte, bedeutet für die gesamte Wirtschaftsentwicklung Englands den wichtigsten Meilenstein auf dem Wege des Aufstiegs. Hieran können weder schutzzöllnerische Theorien noch die an sich richtige Argumentation, daß die Handelspolitik für die grundlegenden Entwicklungskräfte der Länder nur von sekundärer Bedeutung sei, nur eine partielle Komponente derselben darstelle, einen Zweifel aufkommen lassen. Mag man im Sombartschen Sinne den Einfluß der Wirtschaftspolitik gegenüber der lapidaren Gewalt des Kapitalismus nur als „hemmend" oder „fördernd" betrachten, im Rahmen dieser Wirtschaftspolitik selbst, und zwar in ihren mittelbaren Einflüssen auf die verschiedensten, zunächst mit dem Handel nicht verknüpften Gebiete der Wirtschaft, wie z. B. der Agrarpolitik oder der Organisation der Industrie, war die Gestaltung der englischen Handelspolitik, der Übergang vom Schutzzoll zum absoluten Freihandel, von grundlegender Bedeutung.

Kaum hat es auch in der modernen Wirtschaftsgeschichte eine Entwicklung gegeben, die vielseitiger und dramatischer verlaufen ist, als die Geschichte des Anfangs und Endes der englischen Schutzzölle. Die Vorgeschichte derselben führt in die Zeit der Kontinentalsperre zurück, die Napoleon im Jahre 1806 über England verhängte, ohne zu ahnen, daß diese Maßnahme weit über den von ihm gesteckten Rahmen hinaus die wirtschaftliche Lage Englands beeinflussen würde. Dieses war seit dem Ende des 18. Jahrhunderts in die Entwicklung hineingeraten, die wir heute als den Übergang vom überwiegenden Agrar- zum überwiegenden Industriestaat zu bezeichnen pflegen. Im Jahre 1811 waren nurmehr 35,2% aller großbritannischen Familien an der Landwirtschaft, dagegen schon 44,4% an Handel und Industrie interessiert. Die ständige Vergrößerung der großen Städte, die rasch sich steigernde, von den Agrarschriftstellern, aber auch von sozialpolitisch Denkenden stark bejammerte „Landflucht" — man denke an Goldsmiths „Deserted Village" (1770) — bewirkte bald eine Abhängigkeit breiter Schichten von der auswärtigen Nahrungsmittelversorgung, die sich zunächst in Perioden, schlechter heimischer Ernten fühlbar machte. Die kriegerischen Wirren mit Frankreich behinderten nun aber seit den 90er Jahren die Zufuhr, und als Napoleons Absperrungsmaßnahmen einsetzten und zum Unglück Englands diese Jahre mit einer Reihe von Mißwachsjahren zusammenfielen, da erlebte man eine bisher nicht dagewesene Hausse der schon seit dem Ende des Jahrhunderts stark gestiegenen Preise aller agrarischen Produkte, besonders des Weizens, der schon damals in ausschließlicher Weise die Brotversorgung des englischen Volkes ausmachte.

Die Folge war zweierlei: erstens eine ständig wachsende Inangriffnahme des Anbaues schlechter, bisher unter niedrigeren Preisen als unrentabel betrachteten Böden, die, wenn auch noch so kostspielige Urbarmachung von Ödland, Heiden und Sumpfgebieten, die Verwandlung schlechter Weiden in Ackerland und die Vornahme teurer Meliorationen der bereits bebauten Gelände zur Erzielung größerer Roherträge. Zweitens: eine ganz gewaltige Steigerung der Pachtrenten, wobei zu bemerken ist, daß in England nur noch Reste eines alten Bauernstandes bestanden, die große Masse des Grund und Bodens schon damals als Großgrundbesitz unter dem Pachtsystem bewirtschaftet wurde. Der Getreidebau, der Erwerb von Land, das Pachten eines Gutes wurde angesichts der immer weiter steigenden Preise die beste Kapitalanlage, der sich, zumal die Industrie infolge des behinderten Exportes daniederlag, Persönlichkeiten aller Kreise zuwandten. Die Pachtrenten stiegen gegenüber den 70er Jahren des 18. Jahrhunderts um das oft Vier- und Fünffache, allgemein um 100—200%. Während die große Masse des Volkes an den Folgen der Nahrungsmittelknappheit zu verelenden schien und sich vielfach spärlichen Surrogaten zuwenden mußte, die Armenhäuser sich überfüllten und besondere Unterstützungen (Allowancesystem) von enormen Gesamtsummen verausgabt wurden, prosperierten alle besitzenden ländlichen Kreise, die sich rechtzeitig genug an der Grundrente interessiert hatten. Die Wohlhabenheit der Grundrentenempfänger stand, wie wir es außer in vielen Fachschriften unter anderem auch bei Byron in seinem „Zeitalter von Bronze“, diesem scharfen Spottgedicht, nachlesen können, in einem schreienden Gegensatz zu der Lage der konsumierenden Massen. Erst mit dem Sturze Napoleons im Jahre 1813 und dem baldigen Abbruch der Kontinentalsperre schien sich das Bild ändern zu wollen.

Die nunmehr den Agrarinteressen „drohende“ freie Einfuhr ausländischen Getreides gefährdete mit einem Schlage die Höhe der Renten und die unter dem Beginn hoher Preise vorgenommenen Kapitalisierungen des Bodens. Es blieb nur ein Ausweg, um die gemachten Aufwendungen, die teuer arbeitenden, schlechteren Bodenbonitäten und die aufgepflügten, für den Ackerbau nicht prädestinierten Weiden rentabel zu erhalten: die künstliche Fortführung der während des französischen Krieges herrschenden Verhältnisse durch Einführung entsprechend hoher Schutzzölle. Der Kampf um dieselben entbrannte im Jahre 1815. Es nutzte nichts, daß die großen Städte gegen dieselben viele Protestkundgebungen veranstalteten, daß geistvolle Nationalökonomen, wie vor allem David Ricardo in seinem Pamphlet über die „Corn Laws“ (Getreidezölle) die Bedenklichkeit der künstlichen Verteuerung und des Schutzes der Differential-Bodenrrente darlegten, — wie die sehr machtvolle und berühmt gewordene Denkschrift der Kaufleute von Manchester aus dem Jahre 1822 (seitdem „Manchester“-Leute) verpufften alle diese Widerstände gegenüber der starken politischen Macht, welche die Landlords in beiden Häusern des Parlaments besaßen. Argumente von einer Katastrophe der englischen Landwirtschaft, einer damit in einem künftigen Kriege gefährdeten Versorgung des Inselreiches und der dadurch unbedingt erforderlichen Aufrechterhaltung des jetzigen Anbaustatus von Brot- und Futtergetreide wirkten auch auf diejenigen, die nicht in Form von Pachtrenten an den Zöllen interessiert waren, überzeugend. So wurde die viel umstrittene „Kornbill“ von 1815, die in den 20er und 30er Jahren manche Variation erfuhr, — vor allem in Gestalt der sogenannten gleitenden Zollskala, die die Zölle nach der Höhe der Inlandspreise variierte — durchgebracht.

Der Erfolg entsprach nicht den Erwartungen. Nicht einmal für die Landwirtschaft war die Zeit der hohen Getreidezölle eine Periode des Wohlstandes. Im Gegenteil, nicht weniger als fünf Untersuchungsausschüsse parlamentarischer Natur tagten in jener Epoche, um festzustellen, weshalb die englischen Landwirte trotz der für sie geschaffenen Schutzzölle beständig notleidend waren. Das Resultat, zu welchem die umfangreichen Sachverständigenvernehmungen derselben kamen, war das folgende: die Schutzzölle vermochten nur in Jahren der Mißernte die Preise wirklich auf der erwünschten Höhe zu halten. In solchen Jahren war die Lage der Landwirte entsprechend günstig. In Jahren guter heimischer Ernten dagegen drückte das Angebot der heimischen Erzeugung die Preise weit unter das Niveau der napoleonischen Preise herab, die man durch die Zölle hatte festhalten wollen, und vereitelte so das Ziel des Gesetzgebers und seiner Schützlinge.

Waren aber die Wirkungen selbst für diejenigen Kreise, denen zu Liebe die Zölle eingeführt worden waren, keine günstigen, so wirkten sie geradezu katastrophal auf die sonstigen Interessensphären der englischen Volkswirtschaft. Die Zeiten der hohen Getreidepreise und der schlechten Ernten waren regelmäßig Perioden einschneidender Industrie- und Handelskrisen, über deren Einzelheiten man in der früher erwähnten statistischen Arbeit von Porter, aber auch in einer großen Reihe anderer Schriften jener Zeit das Nähere nachlesen kann. Die Jahre 1817—18, 1825, 1829—32 und 1839—45 sind in der modernen Wirtschaftsgeschichte Englands notorische Krisenjahre, die bisher in gleicher Intensität nicht wiedergekehrt sind. Die Zusammenhänge zwischen der bedenklichen Industrielage und den Getreidezöllen sind vor allem darin zu suchen, daß die Verteuerung der Ernährung bei gleichzeitig nicht entsprechend steigenden Löhnen — wofür ebenfalls aus der Lohnstatistik Belege vorliegen — einen naturgemäßen Rückgang des Konsums gewerblicher Waren herbeiführte. Die gelähmte Kaufkraft der Massen kam aber sofort in einer Verringerung der industriellen Beschäftigung, in Absatzstockungen, Arbeitslosigkeit und Verelendung zum Ausdruck. Dazu kam, daß auch das Ausland keinen Ersatz für den beschränkten Inlandskonsum bot.

Nach dem Fortfall der Kontinentalsperre hatte man in den Ländern des westeuropäischen Kontinents mit Recht die Befüchtung, daß auf die „Invasion der französischen Truppen die Invasion der englischen Waren" folgen werde. Als nun die Engländer ihrerseits durch Zollschranken den Absatz fremder Nahrungsmittel und Rohstoffe versperrten, beantworteten die Länder mit jungaufblühender Industrie, wie z. B. Deutschland, diese Handelspolitik mit entsprechenden Zöllen auf englische Waren. Bald bewahrheitete sich in England das alte, von Quesnay geprägte und von Adam Smith richtig bewertete Wort: daß kein Land auf die Dauer verkaufen könne, ohne auch zu kaufen. In seinem Absatz auf fremden Märkten behindert, mußte England zeitweilig seine notwendigen Einkäufe anstatt mit Waren mit Gold bezahlen, während seine Industrie unter mangelnder Beschäftigung litt.

Die Lage der Arbeiter war erschreckend. Wir haben Beschreibungen derselben von Engels aus dem Jahre 1845 (Die Lage der arbeitenden Klassen in England) und von dem Engländer Laing (National Distress 1844), die an Deutlichkeit nichts übrig lassen, obschon freilich der sozialistische Engels das Elend weniger auf die Einwirkungen der Getreidezölle als auf diejenigen der kapitalistischen Wirtschaftsordnung zurückführt. Harriet Martineau, die Geschichtschreiberin, Spencer Walpole, Brentano und andere haben in speziellen Erörterungen breites Material über das damalige Los der Arbeiterklasse gesammelt. Selbst wenn man mit berücksichtigt, daß die noch unkontrollierte Kinderarbeit und der noch völlig mangelnde Arbeiterschutz in Gruben und Fabriken wesentlich dazu beitrug, das Elend zu verschärfen, so bleiben doch genug Tatsachen bestehen, die aus dem durch die Zollpolitik geschaffenen Nahrungsmittelelend erklärlich sind und gerade zu den krassesten Schäden jener Zeit, den Seuchen, der Unterernährung und den damit zusammenhängenden moralischen Degenerationserscheinungen führten.

Um so unbegreiflicher erscheint es, daß die englischen Arbeiter der Bewegung gegen die Getreidezölle so lange fremd, ja ablehnend gegenüberstanden. Diese wuchs nämlich nicht aus den unteren Schichten, sondern aus den Kreisen einiger Fabrikanten heraus, die zu Ende der 30er Jahre die Anti-Corn-Law League gründeten und zunächst geradezu mit der Gegnerschaft der Arbeiter zu kämpfen hatten. In der Arbeiterschaft war der Gedanke eingewurzelt, daß hohe Nahrungsmittelpreise hohe Löhne, tiefe Nahrungsmittelpreise ein Sinken des Lohnniveaus bedeute, eine Vorstellung, welche durch die deduktiven Theorien der klassischen Nationalökonomie, nämlich die Lehre vom Lohnfonds und der später als „ehernes Lohngesetz" formulierten Anschauung von der gleichförmigen Übereinstimmung der Löhne mit dem Existenzminimum, bekräftigt wurde. So erblickten zunächst die Arbeiter in der Antikornzollbewegung nur eine unternehmermäßige Agitation zur Steigerung der kapitalistischen Gewinne. Erst als in den 40er Jahren die Not immer größer wurde und die Löhne in eine immer größere und sichtbarere Diskrepanz zu den Ernährungspreisen gerieten, gewann die von Richard Cobden und John Bright glänzend organisierte und mit einer idealen Begeisterung geführte Liga Anhänger in der breiten Volksmasse. Sie gewann aber ihren einflußreichsten Befürworter in dem Premierminister Sir Robert Peel, der noch im Jahre 1842 von den Tories zur Aufrechterhaltung der Getreidezölle gewählt worden war und im Jahre 1845 angesichts der drohenden Mißernte der irischen Kartoffeln, die nachgerade das letzte Subsistenzmittel der hungernden Bevölkerung geworden waren, die Getreidezölle nicht länger verteidigen zu können glaubte. Der handelspolitische Umschwung Peels ist eine der großen politischen Denkwürdigkeiten der englischen Geschichte der Neuzeit geworden. Im Jahre 1846 ging England zum System des absoluten Freihandels über. Gegenüber den Kolonien kam dies, wie schon erwähnt, dadurch zum Ausdruck, daß alle differentiellen Zollsätze beseitigt wurden und die Kolonien die handelspolitische Autonomie erhielten.

Bekanntlich hatte die Einführung des Freihandels seine Fernwirkungen auf die gesamte Handelspolitik Westeuropas. Die Mächtigkeit der von Cobden geleiteten Bewegung führte zu einem Meinungsaustausch zwischen ihm und Napoleon III. und einem Einschwenken Frankreichs in ein freihändlerisches Fahrwasser, das nun auch die Nachbarstaaten beeinflußte. Erst in den 70er Jahren kam wieder eine neue schutzzöllnerische Bewegung zum Durchbruch, die auf das Erstarken der überseeischen Getreidekonkurrenz zurückzuführen war, aber in England keinen Boden fand. Hier hatten die trüben Erfahrungen der 30jährigen Hochschutzzollperiode ein freihändlerisches Volksempfinden geschaffen, das nicht wieder verwischbar schien. Vor allem wurde dieses auch fortwährend durch die aufwärtssteigende Linie des gesamten englischen Reichtums und die stetige Besserung der sozialen Verhältnisse in einer Weise bekräftigt, die einer Änderung des handelspolitischen Systems zunächst jeden Boden entzog.

5. Der britische Aufstieg.

Literatur: Statesman's Yearbook. 1916. — Statistical Abstract for the United Kingdom. 1917. — v. Schulze-Gaevernitz, Britischer Imperalismus. — Jastrow, Der englische Reichtum und seine Quellen, in „Das englische Gesicht" 1915. — A. L. Bowley, Wages in the United Kingdom. 1900. — C. v. Tyszka, Das weltwirtschaftliche Problem der modernen Industriestaaten. 1916.

Welchen speziellen Anteil die Einführung des Freihandels an dem raschen Emporblühen der englischen Volkswirtschaft seit 1846 hatte, wird niemals exakt festzustellen sein. Denn es ist zweifellos verfehlt, wenn man diesen Aufstieg auf das ausschließliche Konto des handelspolitischen Systems setzt. Vorsichtiger und richtiger schon ist es. wenn man sich mit der Feststellung begnügt, daß der seit der Mitte des 19. Jahrhundert so gewaltige Aufschwung aller Zweige des wirtschaftlichen Lebens in England jedenfalls unter der Herrschaft des viel umstrittenen Systems des Freihandels geschah und dieses also, ganz gleich welchen speziellen und unmittelbaren Einfluß es auf die einzelnen Zweige der Wirtschaft übte, als Ganzes einen unleugbaren Erfolg darstellt.

In den letzten Jahren vor Ausbruch des Weltkrieges hatte der englische Außenhandel, nach dem Kopf der Bevölkerung berechnet, von neuem nicht unerheblich zugenommen, so daß man sagen konnte, daß ein jeder englische Bürger in immer steigendem Maße an Ein- und Ausfuhr beteiligt war. Im Jahre 1907 fielen auf jeden Kopf £ 9 14 sh und 10 d an Ausfuhrwert, im Jahre 1913 dagegen: £ 11 9 sh 10 d. Bei der Nettoeinfuhr betrugen diese Ziffern £ 12 13 sh 3 d und £ 14 8 sh 5 d, bei der Bruttoeinfuhr: £ 14 15 sh 4 d und £ 16 16 sh 4 d.

In einzelnen großen Gruppen baut sich das Bild der Einfuhr und Ausfuhr Englands auf. Nahrungsmittel und Rohstoffe industrieller Natur sind die Haupteinfuhrartikel. Unter den Nahrungsmitteln steht im Jahre 1913 Weizen und Weizenmehl mit einem Einfuhrwert von allein über 50 Millionen £ im Vordergrund; von Nordamerika und Kanada, Rußland, Argentinien, Australien und Indien pflegte das Brotgetreide in einem ununterbrochenen Strome, aber im Laufe des Jahres je nach der Erntesaison aus den verschiedensten Gegenden, in die englischen Häfen zu gelangen. Speck und Gefrierfleisch aus Australien, Holland und Dänemark, Butter, Früchte (vor allem Orangen, Bananen, Rosinen und getrocknetes Obst) schließen sich an, gewichtige Posten bilden die Einfuhren von Tee und Zucker, den England überhaupt nicht erzeugt und auch wohl kaum erzeugen wird. Unter den eingeführten Rohstoffen sind die wichtigsten: Rohbaumwolle (allein für 70 Millionen £), Holz aller Art, vor allem auch Grubenholz aus Skandinavien, Kanada, Finnland und Westfrankreich, Schafwolle, Gummi, Ölsaaten, Eisenerz, letzteres aus Spanien und Schweden, Petroleum, fast ausschließlich aus Amerika, und Flachs und Jute. In der Ausfuhr nimmt die Textilindustrie die bei weitem überragende Rolle ein: für fast 100 Millionen £ gehen im Jahre 1913 Stückwaren der Baumwollbranche hinaus, Garne und Wollwaren, Kammgarnstoffe und Phantasieartikel reihen sich an. Die Eisen- und Stahlindustrie liefert 54,2 Mill. £ der Ausfuhr, nur eine Ausnahme von der Regel der Fabrikatausfuhr macht der Export von Kohle, der im Jahre 1913 nicht weniger als 50,7 Millionen £ repräsentierte. Daneben eine große Zahl von Ausfuhrwaren, deren Ziffern jene Höhe nicht annähernd erreichen, die aber doch als Ganzes die britische Ausfuhr stark anschwellen lassen, wie z. B. diejenige von Maschinen, Motoren, Automobilen, Getränken, Lederwaren, Papier usw.

In späteren Darlegungen über die englische Industrie und die Agrarwirtschaft wird Gelegenheit geboten sein, die besondere Beeinflussung dieser Gebiete durch den Freihandel, ihren Aufschwung unter demselben oder ihre Anpassung an denselben, darzulegen. Die machtvolle Entwicklung der eigentlichen Interessensphäre der Handelspolitik, des Außenhandels nämlich, erscheint zunächst als das wichtigste Zeugnis für den raschen wirtschaftlichen Aufstieg Englands in der zweiten Hälfte des 19. Jahrhunderts. Denn das Volumen des Außenhandels ist gleichzeitig der Gradmesser gewesen für die wachsende Kaufkraft der Massen, wie sie in den Einfuhrziffern für Nahrungsmittel zum Ausdruck kam, und die steigende Aufnahmefähigkeit der englischen, weiterverarbeitenden Industrie für überseeische Rohstoffe, andererseits für die beherrschende Stellung Englands als Beschicker des Weltmarktes und als Warenvermittler für die ganze Welt, wenn man die Ausfuhrseite der Handelsbilanz vor Augen hat.

Die Einfuhr nach England ist seit der Mitte des 19. Jahrhunderts von ca. 122 Millionen £ auf nicht weniger als 611 Millionen £ im Durchschnitt der Jahre 1910/14 (Nettoeinfuhr) gestiegen. Die Ausfuhr, die im Jahre 1848 erst 52,8 Millionen £ betragen hatte, auf 474 Millionen £ im Durchschnitt der Jahre 1910/14. Einzelne Ausfuhrzweige illustrieren in markanter Weise den Aufschwung gerade nach Einführung des Freihandelssystems, das sowohl die Kaufkraft der Massen im Innern hob, wie es andererseits das Ausland, welches Nahrungsmittel und Rohstoffe lieferte, zum begierigen Kunden englischer Fabrikate machte. An Baumwollwaren waren in der Zeit von 1823—42 im ganzen 10 184 000 Yards ausgeführt worden, in den 20 Jahren von 1843—62 wurden 33 076 000 Yards exportiert. Der Gesamtwert der Textilienausfuhr (aus Baumwolle, Wolle und Leinen), der zu Ende der 20er Jahre 25 Millionen betragen hatte, hob sich gegen Ende der 50er Jahre bis auf 70 und in den letzten Jahren vor dem Weltkrieg bis auf 166 Millionen £. Die Zahl der Baumwollspindeln war von 28 Millionen Spindeln auf 55,6 Millionen Spindeln in der Zeit von 1856 bis 1909 gestiegen. Die Ausfuhr von Maschinen, die im Jahre 1850 erst 1 042 000 £ betragen hatte, betrug schon 1870 fast 6, im Jahre 1911 dagegen über 30 Millionen £. Beispiele ähnlicher Art lassen sich natürlich für eine große Anzahl anderer Ausfuhrzweige beibringen.

Die Handelsbilanz Englands ist, wie die aller reichen Länder, stark passiv. Im Jahre 1913 betrug der Einfuhrüberschuß, d. h. die Differenz zwischen dem Werte der Nettoeinfuhr und der Ausfuhr heimischer Erzeugnisse ca. 135 Millionen £, also rund 2800 Millionen Goldmark. Diese Passivität der Handelsbilanz bedeutete jedoch keineswegs eine besondere Abhängigkeit Englands vom Auslande oder eine finanzielle Gefährdung. Während des Weltkrieges freilich verwandelte sich die normale Passivität der Handelsbilanz in eine Überpassivität, die die Höhe von 10—16 Milliarden Mark im Jahre erreichte, durch die Verteuerung der Einfuhr, die kriegsmäßige Verringerung der Ausfuhr hervorgerufen wurde und sicherlich, wenn sie als Dauerscheinung in die Friedenswirtschaft übernommen worden wäre, der englischen Volkswirtschaft den schwersten Schaden bereitet haben würde. Aber relativ schnell scheint sich eine normale Tendenz der Handelsbilanz wieder einzustellen. Eine Passivität, wie sie vor dem Kriege bestand, bedeutet auch hier nichts weiter, als daß die Handelsbilanz als solche nicht der ausschließliche Gradmesser der der englischen Volkswirtschaft zuströmenden Werte darstellt, vielmehr eine Ergänzung durch die sogenannten „invisible exports", die unsichtbaren Ausfuhren, erfordert, wie sie in der Zahlungsbilanz zum Ausdruck kommen.

Daher hat sich denn auch die englische Nationalökonomie mit den einzelnen Komponenten der Zahlungsbilanz reichlich beschäftigt. Vor allem ist an die gewaltigen Dienste zu erinnern, welche die englische Handelsflotte in der ganzen Welt anderen Nationen leistet, Dienste, welche diese Nationen in irgendeiner Form, also am zweckentsprechendsten durch Ausfuhr nach England oder Bezahlung Englands in Schecks, mit denen dieses wieder seine Lieferanten bezahlt, ausgleichen. Inwieweit in jedem einzelnen Einfuhrposten schon eine bezahlte englische Schiffsleistung steckt, läßt sich natürlich nur generell erkennen. Auch die englische Schiffahrt hat seit der Einführung des Freihandels gewaltige Fortschritte gemacht. Die Technik des Stahlschiffes, das an die Stelle des Holz- und Eisenschiffes trat, die Ausbreitung des Dampfers gegenüber dem Segelschiff — Momente, die geradezu den ursprünglich gut entwickelten Schiffsbau der Vereinigten Staaten lahm legten — fand in England den zunächst rührigsten Bahnbrecher, der in seiner bequem zur Küste gelegenen Kohle und in seiner altentwickelten Eisenindustrie neben hohen seemännischen Eigenschaften die besten Voraussetzungen für die Fortbildung der modernen Schiffahrt mitbrachte. Das Resultat ist: daß die englische Handelsflotte im Jahre 1913 mit 12,6 Millionen Netto-Registertonnen mehr als 41% der Welthandelsflotte besitzt, ein Bild, das sich erst nach dem Weltkriege durch den ungestüm vorwärtsdrängenden, in der Kriegszeit inszenierten Bau von Handelsschiffen in der Union zu verschieben scheint. Der Besitz umfangreicher Kohlenstationen in der ganzen Welt, die politische oder diplomatische Beherrschung der wichtigsten Durchgangsstraßen der Meere erleichterte dem englischen Schiffsverkehr die ständige Verbreiterung seiner dominierenden Stellung. (Man vergleiche eine sehr lehrreiche, auf geographisch-politischer Sachkenntnis aufgebaute Beschreibung bei Hettner a. a. O. in seinem Kapitel „Die Schiffahrt und die Seeherrschaft".) Hat England in den letzten Jahrzehnten vor dem Weltkrieg einen nicht unerheblichen Wettbewerb deutscher Handelsschiffahrt in der sogenannten Linienschiffahrt vorgefunden, der seiner bisherigen Monopolstellung einen gewaltigen Stoß zu versetzen drohte, so hat es andererseits in der Tramp-Schiffahrt, d. h. in den Fahrten ohne

Bindung an eine bestimmte Route (tramp = Vagabund) und im Zeitchartergeschäft bisher eine wirkliche Konkurrenz nicht erlebt. Und gerade diese Art der Schiffahrt schien in den letzten Jahren sich weit leichter dem englischen Geschäftssinn anzupassen als das Linien-Geschäft, das eine scharfe Durchorganisierung voraussetzte. Über den ganzen Erdball verteilt versieht die englische Handelsflotte zu einem großen Prozentsatz ihren Dienst, ohne je in das Mutterland zurückzukehren, von fremdem Land zu fremdem Land oder von Kolonie zu Kolonie. Aber die Reingewinne aus diesen geschäftlichen Leistungen fließen in irgendeiner Form den englischen Schiffahrtsgesellschaften in Liverpool oder Southampton, Cardiff oder Dublin oder den einzelnen Reedern zu und bereichern die jährliche Zahlungsbilanz. Ein amtliches englisches Blaubuch aus dem Jahre 1903 berechnete, daß der Reingewinn Englands aus Seefrachten allein 90 Millionen £ im Jahre ausmachte, während der gesamte Einfuhrüberschuß in der Zeit von 1893—1902 sich auf 161 Millionen £ belief. Und doch ist die Schiffahrt nur eine der Komponenten des unsichtbaren Exportes.

Vor allem kommen hinzu die Zinsbeträge und Dividenden, die England aus seinen Kapitalinvestitionen im Auslande bezieht. Schon Sir Louis Mallet schätzte dies Einkommen auf 100 Mill. £ jährlich im Jahre 1883/84. Sir Robert Giffen, Englands bekanntester moderner Statistiker, gab im Jahre 1898 eine vorsichtigere Schätzung mit 90 Millionen £, die Fabian Society im Jahre 1901/2 eine solche von 118 Millionen. Während sich in den Jahren von 1865—1898 das britische Volkseinkommen fast verdoppelt hat, hat sich „das Einkommen vom Auslande" in dieser Zeitspanne verneunfacht. Es ist dies das Zinseinkommen aus ausländischen Wertpapieren, welches in England zur Auszahlung gelangt.

Von größter Bedeutung ist drittens für die englische Zahlungsbilanz, daß die englische (insbesondere die Londoner) Bankwelt und Effektenbörse der ganzen Welt ihre Dienste leistet, ohne daß diese Kreditposten irgendwie als besondere Auslandsdienste zum Ausdruck kommen. London ist der Geld- und Valutamittelpunkt der Welt „Wo immer in der Welt für ein neues Unternehmen Mittel flüssig gemacht werden sollen," so schreibt Professor Jastrow, „wenn nicht ein besonderer Grund für einen anderen Platz spricht, so geht man damit nach London. Der billige Zinssatz auf dem geldflüssigen Markte gibt die Unterstufe ab, von der ab je nach der Kreditwürdigkeit der verschiedenen Länder oder Unternehmungen der Vermittler die Rate aufwärts bemessen kann." Schulze-Gaevernitz erinnert in diesem Zusammenhange daran, daß zwar das eigentliche Akzeptmonopol durch den Mark- und Frankenwechsel (vor dem Weltkriege, jetzt würde man sagen: den Dollarwechsel) durchbrochen ist, daß aber London noch immer weit bevorzugter Akzeptplatz ist und als solcher gewaltige Provisionen vom Auslande bezieht. Insbesondere herrscht das Pfund Sterling noch dort souverän, wo Länder mit minder stabiler Währung mit Europa in Verbindung treten. So wird z. B. der Chinese, der Tee nach Rußland oder Amerika, der Südamerikaner, der Wolle oder Kaffee nach Europa, der Italiener, der Schwefel nach Übersee verkauft, mit Pfundwechseln bezahlt. Via London entschädigten die Vereinigten Staaten Spanien für Kuba. Via London zahlte China die Kriegskosten an Japan, welches sein Londoner Guthaben wiederum größtenteils in der Gestalt in England gekaufter (unsichtbarer Export!) Panzerschiffe abhob.

Zu diesem wichtigen Posten der englischen Zahlungsbilanz kommen viertens eine Reihe von ähnlichen Gewinnen aus dem Auslandgeschäft der englischen Kaufleute, die sich außerhalb Englands aufhalten, die Einnahmen aus Filialen großer englischer Handels-, Industrie- und Versicherungsgesellschaften im Auslande, die Gründungs- und Kommissionsgewinne, endlich die Einnahmen der weltberühmten englischen Auktionen, soweit sie für fremde Rechnung vorgenommen werden. Ist doch England, und zwar besonders London, Manchester und Liverpolo, zu einem Weltauktionator für viele bedeutende Rohmaterialien und Kolonialprodukte geworden, eine Tatsache, die auf das engste mit der Bedeutung der englischen Schiffahrt, der günstigen geographischen Lage Englands, seiner ursprünglich beherrschenden Stellung als Abnehmer überseeischer Rohstoffe und Nahrungsmittel und seinem stabilisierten Währungssystem zusammenhängt. Auch hieraus fließen gewaltige Vermittlergewinne, die vom Auslande bezahlt werden, in die Taschen des britischen Kaufmanns.

Weniger wichtig erscheinen gegenüber diesen gewaltigen Summen, die aus den genannten Quellen fließen und die Zahlungsbilanz zugunsten Englands speisen, die Einnahmen aus dem Reiseverkehr, obschon naturgemäß der Verbrauch so vieler ausländischer Wirtschaftsbesucher dem englischen Geldbeutel im Jahresablauf nicht unbeträchtliche Summen einbringen mag. Dagegen ist noch am Schluß von Wichtigkeit die Erwähnung der Seekabel, die sich in England in monopolähnlicher Weise zu sichern verstand und deren Dienste, soweit sie von Ausländern in Anspruch genommen werden, ebenfalls die Zahlungsbilanz bereichern. Dadurch, daß England in überseeischen Gebieten fast stets der erste am Platze war, konnten sich die englischen Kabelgesellschaften das Recht ausbedingen, daß kein anderes Kabel gelegt werden dürfe. England ist auch durch seine natürliche geographische Lage wiederum der Ausgangspunkt der atlantischen Kabel, es hat in der ganzen Welt verstreut teils eigene Besitzungen, wenn auch teilweise nur auf kleinen Inseln, teils benutzt es das Gebiet ihm befreundet-untergebener Staaten, wie Portugals, in den Azoren, Madeira und Kapverde. So kommt es, daß sich das Kabelnetz Englands von einer Länge von 208000 km im Jahre 1898 bis 1913 auf 257800 km steigern konnte. In diesem Jahre beherrschte Großbritannien immer noch 50% des Weltkabelnetzes, was gegenüber 1898 freilich einen nicht unerheblichen Rückgang bedeutete, der auf das Hinzutreten Deutschlands und Amerikas, letzteres mit immerhin schon 19%, zurückzuführen war.

So haben wir in der Tat eine stattliche Anzahl von Momenten, welche es erklären, warum die Handelsbilanz Englands stark passiv sein muß, und welche zeigen, daß diese Passivität über und über dadurch gedeckt ist, daß Großbritannien das Welt-Gläubigerland ist, das jährlich in den verschiedensten Formen dem Auslande seine Dienste verkauft und es sich dadurch verschuldet.

Obschon, wie schon früher gesagt, weder Handels- noch Zahlungsbilanz ausschließliche Interpreten des Volksreichtums und seines Anwachsens sein können, so sind sie doch so mächtige Faktoren desselben, daß man in diesem Zusammenhange berechtigt ist, die Einkommensteigerung mit der Gunst der Zahlungsbilanz in Verbindung zu bringen. Nimmt man das Jahr 1861 als Ausgangspunkt, so betrug in diesem das eingeschätzte Einkommen des Vereinigten Königreiches nach den Angaben des Inland Revenue Department 311,8 Millionen £, im ersten Jahre des neuen Jahrhunderts war es auf 866,9 gestiegen, so daß auf den Kopf der Bevölkerung statt 10,7 £ jetzt 20,9 £ kamen. Im Jahre 1913 betrug die Ziffer 1167,1 Millionen £. Im gleichen Zusammenhang interessiert auch die Zunahme der Sparbank-Depositen. Das Guthaben der Depositäre betrug bei den Sparbanken der Postanstalten im Jahre 1901 140,3 Millionen £ und wuchs bis 1914 auf 190,3 Millionen; während im ersteren Jahre auf jeden Depositär £ 15 19 sh 16 d fielen, betrug diese Ziffer im Jahre 1914: £ 20 9 sh 8 d. So rundet sich das Gesamtbild der englischen Wohlstandsentwicklung, wie sie seit der Mitte des verflossenen Jahrhunderts vor sich gegangen ist, zu einem außerordentlich günstigen Ganzen, das zu den sogenannten „hungrigen Vierzigern" (hungry forties), welche der Einführung des Freihandels vorangingen, in einem auffallenden Gegensatz steht.

Wenn auch die soziale Lage der breiten Massen des englischen Volkes zu Beginn des Weltkrieges keineswegs als solche die wünschenswertesten Bedingungen aufwies, so war sie doch, verglichen mit den Zuständen zur Zeit der hohen Getreidezölle und ihrer Folgeerscheinungen, eine unvergleichlich glücklichere als damals. Sowohl der bekannte

Statistiker Bowley wie der als Agrarstatistiker bekannte A. Wilson-Fox (in einem Vortrag von der Royal Statistical Society im Jahre 1902) haben den Nachweis erbracht, daß seit den 40er Jahren die Löhne, auf dem Lande wie in den Städten, eine rasch steigende Tendenz aufwiesen, während die Lebensmittelpreise und die Preise der wichtigsten Verbrauchsgüter sich, langsamer oder schneller, durch die Möglichkeit der freien Einfuhr ermäßigten. Die damit sich ständig erweiternde Kaufkraft der Massen kam, wie wir bereits sahen, bis in die allerletzte Zeit in einer steigenden Einfuhrquote pro Kopf der Bevölkerung zum Ausdruck, obschon freilich zu berücksichtigen bleibt, daß vielfach die Einfuhr an die Stelle bisheriger heimischer Erzeugung getreten sein mochte oder daß dieselbe lediglich der wiederausführenden Weiterverarbeitung zufloß. Immerhin weisen doch die Ziffern der steigenden Löhne und sich verringernden Kosten der Lebenshaltung deutlich auf die Verbesserung des proletarischen Lebenshabitus. Daß der englische Arbeiter bei Beginn des Weltkrieges der besternährte Arbeiter der Welt war, kann sowohl auf Grund amtlicher englischer Untersuchungen zu Beginn des neuen Jahrhunderts wie auf Grund mannigfacher persönlicher Feststellungen als feststehend angenommen werden. Die Lebensweise des englischen Arbeiters, der gewohnt war, zweimal am Tage Fleisch, dazu des Morgens Speck, häufig Geflügel, das weißeste Brot, Milch und Rahm, Butter und Jam oder Marmelade, Eier und vorzüglichen Käse, frische Früchte aller Art und aller Jahreszeiten in reichlichen Quantitäten zu verzehren, ähnelte weit mehr derjenigen der begüterten Kreise des Kontinents als der Ernährung etwa des deutschen oder französischen Arbeiters, denn diese konnten die Belastung ihres Büdgets durch Nahrungsmittelzölle vielfach nur auf dem Wege großer Genügsamkeit oder sparsamerer Wirtschaftsmethoden und größerer Leistungsfähigkeit der Hausfrau, als es in England zu finden war, wettmachen. Beachtenswert bleibt endlich die im Laufe der zweiten Hälfte des 19. Jahrhunderts erkennbare Abnahme der englischen Armut. Die Zahl der öffentlich unterstützten Armen sank von 1054000 im Jahre 1861 auf 979000 im Jahre 1901 und betrug im Jahre 1913 nur 783916. Pro 1000 der Bevölkerung hatte die Ziffer im Jahre 1861 36 betragen, sank im Jahre 1901 auf 24, im Jahre 1913 auf 21,5. Also auch hier eine andauernde Besserung der Lage.

Die Kraftquelle, aus welcher heraus der hier geschilderte Aufstieg Englands als Handelsmacht vor sich gehen konnte, beruhte und ruht heute noch auf den Schultern seines großindustriellen Gewerbefleißes. Wie wesentlich auch die Rolle Englands als Warenvermittler, als Geldgeber und transozeanische Verkehrsmacht war und heute noch ist, aus diesen Quellen konnte man wohl Forderungen und Guthaben ansammeln, aber nicht die wachsende Bevölkerung ernähren, zumal als der Auswanderermarkt für überseeische Gebiete sich den ost- und südeuropäischen Menschenreservoiren zuwandte. Die Industrialisierung Englands, die heute so weit vorgeschritten ist, daß in England und Wales allein im Jahre 1911, dem letzten Zensusjahre, von 28,5 Millionen Menschen im Alter über 10 Jahren, 9,4 Millionen in der Industrie, 2,2 Millionen im Handel und nur 1,2 Millionen in Landwirtschaft und Fischerei beschäftigt waren, zwang und zwingt immer wieder dazu, den Voraussetzungen und Lebensmöglichkeiten der Industrie und ihrer Expansion die ernsteste Beachtung zu schenken.

III. Der englische Industriestaat und seine Probleme.

6. Entwicklung und Bedeutung der englischen Großindustrie.

Literatur: Hermann Levy, Monopole, Kartelle und Trusts. — Statesman's Yearbook, verschiedene Jahrgänge. — Berichte der Tariff Commission. 1905. — Final Report of the Committee on Commercial and Industrial Policy after the War. 1918. — Tyszka a. a. O.

Von den Rohstoffen, welche die englische Industrie benötigt, erzeugt das Inselreich nur zwei, welche ihrer Quantität und ihrem Werte nach in einem wirklich nennenswerten Verhältnis zu der Weiterverarbeitung stehen: Kohle und Eisenerz. Seine früheren metallischen Produktionen, wie den Kupferbergbau, die Zinkproduktion, die Zinnerzeugung (in Cornwall) und diejenige von Blei hat England im Laufe des letzten Jahrhunderts an ausländische, zum Teil überseeische Gebiete abgeben müssen. Kohle und Eisenerz dagegen haben noch heute eine Machtstellung im englischen Wirtschaftsgebiet.

Zwar hat der Absatz englischer Kohle seit einigen Jahrzehnten, wie schon der bekannte Kohlenmagnat D. A. Thomas (seit dem Weltkriege Lord Rhondda) im Jahre 1903 vor der englischen Statistischen Gesellschaft nachgewiesen hat, infolge der erweiterten Eigenproduktion überseeischer Länder (Indien, Japan) und der Konkurrenz anderer Lieferanten (Nordamerika), einen nicht unerheblichen Absatzmarkt im Auslande eingebüßt — allein, noch immer sind die Ziffern der Erzeugung bis zum Beginn des Krieges im Ansteigen begriffen. Und noch immer gibt es ausländische Märkte — wie Italien, Spanien und Südamerika —, auf denen englische Kohle, wenigstens bis zu einer bestimmten Preisgrenze, eine monopolistische Stellung besitzt. So ist es durchaus erklärlich, daß die Kohlenerzeugung Großbritanniens von 219 Millionen Tonnen im Jahre 1901 auf nicht weniger als 287 Millionen Tonnen im Jahre 1913 ansteigen konnte. Der Weltkrieg warf freilich durch die notwendig werdenden Aushebungen, die Stockung der Ausfuhr den Schiffsraummangel usw. die Produktion wieder stark zurück, so daß im Jahre 1919 die Ziffer auf 229 gesunken war. Im Weltbilde stand die britische Kohlengewinnung des Jahres 1913 an zweiter Stelle, überflügelt von den Vereinigten Staaten (mit 517 Millionen Tonnen), noch nicht ganz erreicht von der deutschen, die immerhin von 73 Millionen Tonnen im Jahre 1885 auf 278 Millionen Tonnen im Jahre 1913 gestiegen war. Von dem Wert von 135,2 Millionen £, welche nach einer amtlichen Schätzung im Jahre 1907 die Mineralproduktion Großbritanniens ausmachte, fielen allein 120,5 Millionen auf Kohle.

Der englische Eisenerzbergbau ist innerhalb der letzten 20 Jahre vor dem Weltkriege nur langsam und mit großer Unterbrechung fortgeschritten. Aber selbst seit jener Zeit, in der ihm Deutschland, Frankreich und Nordamerika den Rang streitig machten, hat er noch immer an vierter Stelle in der Weltproduktion gestanden, und zwar im Jahre 1913 mit 16,2 Millionen Tonnen gegenüber 35,9 in Deutschland, 21,5 in Frankreich und 62,9 in den Vereinigten Staaten. Im Vergleich zu der Vormachtstellung, die England noch im Laufe der zweiten Hälfte des 19. Jahrhunderts in der Eisen- und Stahlindustrie innegehabt hatte, ist dieses Zurückbleiben freilich nicht bedeutungslos. Die Ursache desselben ist lediglich darin zu suchen, daß England es vorzieht, die reichen und phosphorarmen Erze Spaniens und Schwedens einzuführen und sie im alten Bessemerverfahren und Siemens-Martinprozeß zu verhütten, anstatt den Thomasprozeß zu verwenden, mittels dessen es möglich wäre, auch die minderwertigeren Erze, die England noch besitzt, der Roheisenherstellung zuzuführen. So kommt es, daß von dem amtlich berechneten Eisenerzverbrauch Englands im Jahre 1907, der ca. 23 Millionen Tonnen betrug, nicht weniger als 7,6 Millionen aus fremden Erzen stammte. Da die Qualität der eingeführten Erze eine weit bessere ist als die der englischen, so trifft es nach Angabe von Sachverständigen wohl zu, daß 50% der Roheisenproduktion vor dem Kriege aus ausländischen Erzen hergestellt wird. Während des Krieges trat an England die Notwendigkeit heran, seine Eisenerzeugung aus eigenen Erzen, wenn irgend möglich, zu steigern. Gerade in dem Programm, das Lloyd-George als Abwehr gegen die Wirkungen des U-Bootkrieges entwickelte und durchzuführen suchte, lag eine möglichste Steigerung der heimischen Erzförderung. Aber die Resultate sind nicht die erwarteten gewesen. Betrug doch im Jahre 1918 die Eisenerzförderung mit 14,6 Millionen Tonnen sogar weniger als zu Beginn des Krieges.

Aber die rückläufige Entwicklung in der Eisenindustrie ist nicht beim Erzbergbau stehen geblieben. Auch in der Roheisen- und Stahlerzeugung trat England hinter Deutschland und Amerika. Hatte von

1880—1913 die amerikanische Roheisenerzeugung eine Steigerung von 3,8 auf 30,8 Millionen Tonnen, die deutsche (einschl. Luxemburg) eine solche von 2,7 auf 19,3 Millionen Tonnen aufzuweisen, so betrugen die englischen Ziffern 7,8 und 10,6 Millionen Tonnen, was einen Rückgang von 42,5% der Weltproduktion auf 13,2% bedeutete. Ein neuerer amtlicher Bericht aus dem Jahre 1918, der sich mit der „Handels- und Industriepolitik nach dem Kriege" befaßt und dessen Mitarbeiter und Unterzeichner u. a. Lord Rhondda, Lord Balfour, Sir Alfred Booth und viele hervorragende Sachverständige aus der Wirtschaftswelt waren, kam auf Grund seiner Feststellungen zu dem Resultat, daß die Ursachen des deutschen Vorsprungs einmal in der Jugendlichkeit der Eisenindustrie zu suchen ist, die eben deshalb moderner hätte ausgebaut werden können, zweitens aber in organisatorischen Vorzügen. „Die amerikanischen und deutschen Eisen- und Stahlindustrien," so heißt es wörtlich in diesem bemerkenswerten Bericht, „sind von relativ neuem Wachstum und sie sind durchweg auf einer großbetrieblichen Basis organisiert worden, während kleine Unternehmungen, die von Einzelunternehmern geleitet werden, fast unbekannt sind. Der Individualismus des britischen Charakters hat oft die Eisen- und Stahlindustriellen dazu geführt, lieber eine persönliche Kontrolle über kleine und relativ untaugliche Betriebe sich zu erhalten, als seine geistigen und materiellen Kräfte zum Wohle des Ganzen mit andern zu vereinigen. Die Industrie Deutschlands und Amerikas hat ihre Erzeugung auf einer außerordentlich breiten Betriebsbasis entwickelt und man ist bestrebt, große Mengen gleicher Qualität anstatt verschiedene Qualitäten herzustellen. Große technische Gehäuse, die sich speziell für billige Fabrikation eignen, sind hingesetzt worden. Dagegen bestand die Expansion bei uns in England lediglich in der Modernisierung und Erweiterung bereits bestehender Betriebe." Es wird darauf verwiesen, daß im Jahre 1915 die Roheisenerzeugung pro Hochofen in England zwischen 33 und 65000 Tonnen im Jahre schwankte, während die Amerikaner Ziffern von 80 bis 135000 Tonnen erreichen.

Die Stellung der englischen Eisenindustrie wird aber nicht nur durch ein relatives Zurückbleiben der Roherzeugung und Halbfabrikation gekennzeichnet, es ist bemerkenswert, daß selbst der englische Markt nicht mehr ausschließlich der englischen Fabrikation überlassen bleibt. Dies ist um so beachtenswerter, als die Ausfuhrziffern der letzten Zeit kein Nachlassen des britischen Exports von Roheisen, Stabeisen und verschiedenen anderen Halbfabrikaten zeigen, während andererseits die Einfuhr von Stahlingots, Blöcken und Knüppeln eine erhebliche Zunahme aufweist und die Gesamteinfuhr von Eisen- und Stahlerzeugnissen im Jahre 1913 nicht weniger als 2,2 Millionen Tonnen beträgt gegenüber nur 0,92 Millionen im Jahre 1901. Die Erklärung ist in einem Zusammenhange zu suchen, der eigentümlicherweise seit längerer Zeit für das Land des absoluten Freihandels charakteristisch geworden ist: daß es bestimmte Erzeugungen hochqualitativer Art aufrecht und exportfähig erhalten konnte, während es gleichzeitig billigere Qualitäten desselben Erzeugungsgebietes mehr oder weniger der ausländischen Konkurrenz preisgab, so daß man heute in der nackten Statistik häufig genug das Bild einer Ausfuhr und gleichzeitig einer Einfuhr von gleichscheinenden oder sehr ähnlichen Waren finden kann. Im übrigen hat natürlich die Einfuhr billigen deutschen und amerikanischen Stahls in halbverarbeiteter Form die Weiterverarbeitung in England ebenso begünstigt, wie sich die englischen Erzeuger solcher Erzeugnisse durch die Einfuhr beeinträchtigt fühlten. Ein Bericht des englischen Handelsamtes vom Jahre 1903 betonte ausdrücklich, daß die Einfuhr billigen Rohstahls die entsprechende Fabrikation in England in eine unangenehme Lage versetzt habe. „Dagegen", so hieß es weiter, „haben die Fabrikanten, welche Rohstahl verbrauchten und weiterverarbeiteten, den Überfluß billigen Stahls als einen Segen für ihr Geschäft betrachtet, und sie wären sicherlich zu bestimmten Zeiten in Schwierigkeiten geraten, hätten sie nicht auf die fremde Zufuhr rechnen können, um ihre Betriebe voll im Gang zu halten." Dasselbe bestätigte ein Jahr später manche Aussage vor der Chamberlainschen Tarifkommission. Eine Anzahl von Stahlindustriellen protestierte direkt gegen die Einführung eines Zollschutzes auf Rohmaterial, da ein solcher ihren Interessen nicht entsprechen würde. Im Jahre 1905 schrieb der bekannte Stahlindustrielle Sir Charles Maclaren in der technischen Beilage der Times: „Es muß zugegeben werden, daß unser Schiffs- und Maschinenbau in großem Maße die Gelegenheit benutzte, billiges Material einzuführen, womit Deutschland uns stets im Wettbewerb mit unseren eigenen Werken zu versorgen bereit ist. Stahlerzeuger in Sheffield und Middlesborough leiden zweifellos darunter, aber es unterliegt andererseits keinem Zweifel, daß Schiffseigentümer und Schiffsbauer, einschließlich der Fabrikanten von Schiffsmaschinen, dabei gewinnen." Ebenso hat ein wichtiger Zweig der englischen Stahlindustrie, die Weißblechindustrie von Wales, einen steigenden, von den Interessenten selbst bei jeder Gelegenheit hervorgehobenen Vorteil aus der Einfuhr billiger Platinen aus Deutschland und Amerika gezogen.

Inwieweit der englische Schiffsbau seine bis zu Beginn des Weltkrieges unbestrittene Vormachtstellung der Einfuhr billigen Materials zumindest „mit" verdankt (im Jahre 1912/13 waren 43% des verwendeten Stahls fremden Ursprungs), kann natürlich nicht festgestellt werden, bedeutungsvoll für seine Produktionskosten im Wettbewerb mit anderen Ländern ist sie jedenfalls gewesen. In der Geschichte des englischen Schiffsbaues, soweit sie neueren Datums ist, erscheint es bemerkenswert, daß derselbe seit den 80er Jahren, also zu einer Zeit. da die Stapelindustrien Englands bereits ihren Höhepunkt erreicht, ja teilweise schon überschritten hatten, in eine Periode erneuten Aufschwungs trat. Nach Schulze-Gaevernitz entfielen nicht weniger als 90% der Wegtdampferproduktion gegen Ausgang der 80er und zu Beginn der 90er Jahre auf englische Werften. Englands Dampferflotte wuchs damals um eine Viertelmillion im Jahresdurchschnitt. Daneben baute England an 100000 Dampfertonnen für das Ausland, welches außerdem 50—70000 Tonnen pro Jahr an älteren englischen Dampferbeständen kaufte. Zu Anfang des 20. Jahrhunderts, als die deutsche Werftindustrie schon kräftige Fortschritte aufzuweisen hatte, stammten von den 1—1½ Millionen Brutto-Registertonnen, um die sich die außerenglische Handelsflotte alljährlich vermehrte, wenn man den Ersatz der verlorenen und abgewrackten Schiffe nicht berücksichtigt, die Hälfte oder mehr noch immer von englischen Werften. Im Jahre 1913 endlich stand England mit einem Bau von 1,9 Millionen Brutto-Registertonnen (Handelsschiffe über 100 Tonnen) mit allein 58% des Weltschiffbaues immer noch an allererster Stelle. Die Ausfuhr betrug im Jahre 1913 nach mannigfachen Schwankungen der Vorjahre immer noch 482590 Schiffe, eine Ziffer, die in dem ganzen Zeitraum von 1901—1913 nur einmal — im Jahre 1907 — übertroffen worden war. Der Weltkrieg hat nun freilich das Bild recht wesentlich geändert. Die Vereinigten Staaten benutzten die Gelegenheit der hohen Frachten und die Erfordernisse der kriegerischen Transporte zum Ausbau eines Schiffsprogramms, das bald dahin zu führen scheint, daß die Union als ebenso großer Werftbesitzer und Schiffsproduzent wie England zu betrachten sein wird. Heute besitzt die Union statt 3 Millionen Tonnen Frachtraum (wie im Jahre 1914) 14 Millionen, die dem Überseeverkehr dienen, und die Gesamtflotte ist viermal größer als die deutsche vor dem Kriege. Ähnliches gilt für die Erweiterung der Werften in Japan. Hatten die Stapelläufe in den Vereinigten Staaten im Jahre 1913 nur 276000 Brutto-Registertonnen betragen, so beliefen sie sich im Jahre 1918 auf über drei Millionen. Japan baute statt nur 64000 Tonnen nunmehr fast eine halbe Million. Obschon im Jahre 1918 Deutschland so gut wie ganz als Schiffsbauer ausfiel, lieferte Großbritannien von der Gesamtheit der Stapelläufe von 5,4 Millionen Brutto-Registertonnen nurmehr 1,3 Millionen Brutto-Registertonnen!

Es wird sich natürlich erst in einigen Jahren zeigen können, wie dieser neue Wettbewerb gegenüber der alteingesessenen englischen Werftindustrie bestehen wird. Wenn neuerdings die englische Gesetzgebung auf dem Standpunkt steht, daß die Einfuhr billigen Auslandstahls unterbunden werden müsse, um die Stahlfabriken zu schützen, so stellt sie sich damit jedenfalls in einen Gegensatz zu der englischen Schiffsbauindustrie, und dieser Gegensatz wird um so eklatanter werden, je schneller die Stahlindustrie der Welt sich wieder von ihrer Kriegs-Desorganisation erholt. Daher bemerkt denn auch der genannte amtliche Bericht aus dem Jahre 1918 im Anschluß an die Frage des Dumping und seiner Verhinderung durch Zollzuschläge: „.... es ist von Wichtigkeit für den Schiffsbau sowohl wie für den Schiffseigentümer, daß man sie instandsetzt, ihre Eisen- und Stahlmengen ebenso billig zu kaufen wie ihre ausländischen Wettbewerber." Eine deutliche Rechtfertigung dafür, daß das vielgeschmähte Dumping deutscher Knüppel und Schiffsbleche vor dem Kriege nicht zum Schaden der englischen Industrie geschah, wenn man sie nicht vom Standpunkte einzelner Interessentenkreise betrachtete, sondern vom Standpunkte der allgemeinen Verbilligung der Fertigindustrien im Interesse der Gesamtheit! Und das gleiche gilt von der wallisischen Weißblechindustrie, welche ebenfalls während des Krieges ihren Vorrang an die amerikanische Union abtreten mußte und deren weiteres Wohlergehen nicht zuletzt von der Frage der billigen Eindeckung mit Halbfabrikaten abhängen wird.

Ähnlich wie im Schiffsbau lagen die Verhältnisse in der Maschinenindustrie. Auch hier haben wir einen Zweig der Eisenindustrie, von dem man sagen kann, daß er die verfeinerte Stufe derselben darstellt, auch hier die Entwicklung zum Übergang von den Rohprodukten und Halbfabrikaten zu der intensivsten Weiterverarbeitung. Und auch hier sehen wir Großbritannien vor dem Weltkriege trotz ausländischen Wettbewerbs auf einer Höhe des Erfolges. Die Ausfuhr von Maschinen aller Art stieg von einem Werte von 17,8 Millionen £ im Jahre 1901 auf nicht weniger als 37 Millionen £ im Jahre 1913, darunter waren die Hauptposten: Lokomotiven, Landwirtschaftsmaschinen, Kombustionsmaschinen, Dampfturbinen, Nähmaschinen und vor allem allein für 8,2 Millionen Textilmaschinen.

Neben der Eisen- und Stahlindustrie, die man mit Kohlenbergbau, Eisenerzgewinnung, Schiffs- und Maschinenbau als den einen gewaltigen Industriekomplex Großbritanniens bezeichnen kann, steht in ihren vielen Zweigen und Verzweigungen der heute wohl älteste englische Gewerbekomplex: die Textilindustrie. Sie umfaßt Spinnerei, Weberei, die hochwertige englische Bleicherei und Färberei, die Kalikodruckerei, die Herstellung von Wirk- und Phantasiewaren, die relativ unbedeutsamere Seidenindustrie und verschiedene mehr oder minder wichtige Neben- und Spezialbranchen.

Über die Geschichte der Textilindustrie in England und die Ausbreitung ihrer Ausfuhr haben wir bereits das Notwendigste gesagt. Dem gewaltigen Aufschwung derselben entspricht die heutige Basis der inländischen Erzeugung. Das Gesamtkapital, das in der englischen Textilindustrie investiert ist, wird auf 250 Millionen £ veranschlagt, zumindest 5 Millionen Menschen verdienen in ihr in normalen Zeiten ihren Lebensunterhalt. Das Gewicht der in der englischen Textilindustrie verbrauchten Rohmaterialien (Baumwolle, Wolle, Flachs), das in der Zeit von 1829/31 ca. 586 Millionen englische Pfund im Jahre betrug, war in der Zeit von 1911/13 im Jahresdurchschnitt auf 2880 Millionen gestiegen! Einen weiteren Beleg für die glanzvolle Entwicklung, zumindest eines Zweiges der Textilwirtschaft Englands, liefern die Ziffern der Spindelzahl. Dieselben betrugen im Jahre 1856 ca. 28 Millionen, 1890 ca. 43 Millionen, unmittelbar vor Ausbruch des Weltkrieges fast 56 Millionen. Mit dieser Spindelziffer stand England nicht nur allen Ländern weit voran, sondern übertraf die Spindelzahl von Nordamerika, Deutschland und Frankreich zusammengenommen noch um einige Millionen. Nach einer Statistik des Jahres 1905 besaß ferner Großbritannien 704000 Webstühle, während Deutschland ca. 211000 Amerika wohl ca. 600000 zu jener Zeit aufweisen konnte.

Es ist nicht erstaunlich, daß diese Ziffern der unleugbare Ausdruck einer stabilen Prosperität der englischen Textilgewerbe vor dem Kriege waren, wenn man dieselben als ein Ganzes betrachtet. Erst neuerdings ist dies wieder in dem schon angeführten Bericht aus dem Jahre 1918 zum Ausdruck gebracht worden. Dort heißt es über die Baumwollindustrie: „Alle Sachverständigengutachten, die wir erhalten haben, beweisen, daß die Stärke des britischen Baumwollgeschäftes, sowohl in Garnen wie in Tuchen, auf den im Wettbewerb stehenden Märkten so gut wie unverletzt ist, obschon sich bedeutende Veränderungen im Handel vollziehen." Von der Wollindustrie wurde gesagt, daß sie vor dem Kriege ein „noch nicht dagewesenes hohes Niveau" erreicht habe und daß die feineren Fabrikate „auf den heimischen und kolonialen Märkten" ihre Stellung behaupteten, während in fremden Ländern ihr Wettbewerb durch die dortigen Schutzzölle behindert sei. Über die Leinenindustrie hieß es, daß „hinsichtlich der Industrie als Ganzem sehr wenig ausländischer Wettbewerb" auf dem heimischen Markte fühlbar sei. Über die Strumpffabrikation aus Wolle und Kammgarn wurde festgestellt, daß „so gut wie kein fremder Wettbewerb" auf den heimischen Märkten bestehe, zumindest nicht in den „better quality goods". Dagegen machte sich eine lebhafte Konkurrenz in der Seidenindustrie fühlbar, besonders aus Frankreich und Deutschland, ebenso in der Juteindustrie, wo der indische Wettbewerb in billigen

Qualitäten immer lebhafter wurde, so daß sich die Hauptfabrikationsgebiete in Dundee den „hochwertigen Produktionen zuwandten, in welchen Kalkutta nicht konkurrenzfähig ist".

Die Stellung der englischen Textilindustrie vor dem Kriege war sowohl im allgemeinen wie im speziellen für die englischen Großgewerbe und ihre Weiterentwicklung charakteristisch. Im allgemeinen zeigte es sich, daß Industrien, welche wie diese auf einer langerprobten, durch einen alten Arbeiterstamm gewährleisteten Erfahrung aufgebaut waren und hochwertige Erzeugnisse herstellten, selbst von tüchtigen Neulingen nicht so leicht aus dem Felde zu schlagen waren, auch wenn man mitberücksichtigt, daß einzelne natürliche Vorteile, vor allem in der Garnherstellung das feuchte Klima, die Produktion Englands von vornherein begünstigten. Im speziellen sieht man gerade in diesem Industriekomplex den Vorgang einer sich nach Qualitätsgesichtspunkten höherentwickelnden Fabrikation, die überall, wo die Konkurrenz lebhafter wird, durch den Übergang zu besonders qualifizierten Erzeugnissen Bedrohungen des Marktes zu überwinden weiß. Hierbei ist aber gleichzeitig daran zu erinnern, daß gerade die Einfuhr billiger Artikel der gleichen Branche einerseits die Kaufkraft der heimischen Massen für die höherbewertete feinere Ware steigerte, die konkurrenzlos in englischen Händen blieb, während man andererseits den Schutzzöllen der ausländischen Märkte, denen man an sich machtlos gegenüberstand, nichts Besseres entgegensetzen konnte als eine dauernde Verbesserung der eigenen Ausfuhrwaren sowohl für gegnerische wie für dritte Märkte.

Wo diese Umwandlung oder Anpassung an die Bedürfnisse der Zeit nicht stattfanden, da sahen sich die englischen Industriellen in dem gleichen Maße bedrängt, wie andere konkurrenzfähig blieben. So stellt die genannte amtliche Untersuchung des Jahres 1918 z. B. fest, daß die Spitzenfabrikation von Plauen und Barmen die englische Ware „durch größeren Wechsel und größere Verschiedenartigkeit im Stil und in der Zeichnung" verdrängt habe, während in der Herstellung von Strümpfen und Handschuhen aus Baumwolle, von gewissen besonderen Färbereiverfahren abgesehen, der Erfolg Deutschlands „auf der Organisation des Betriebes beruhte, die verschiedene Werke für die Herstellung eines einzigen Artikels spezialisierte, so daß der britische Fabrikant, der im Kleinbetrieb produzierte", konkurrenzunfähig wurde. Dazu bemerkt der Bericht: „Eine auffallende Tatsache ist bei diesem Fabrikationszweig, daß während des Krieges die Einfuhr von Strumpfwaren aus Deutschland durch Bezüge aus den Vereinigten Staaten und Japan in noch viel größerem Maßstabe ersetzt wurde." Ein Beweis dafür, daß die Konkurrenz nicht in den häufig verdächtigten Methoden einer deutschen Schleuderausfuhr, sondern in der Schwäche des britischen Fabrikanten begründet lag! So wird es sich denn überhaupt in heutiger Zeit für Großbritannien mehr als je darum handeln, die Augen für die Verbesserung der heimischen Produktion offen zu halten. Denn der Krieg, der zunächst die Konkurrenzfähigkeit Deutschlands, des gefürchtetsten Wettbewerbers, stark abgeschnürt hat, ist überseeischen Ländern von Vorteil gewesen, indem zum Teil die Kriegsverhältnisse als solche die dortige Produktion für die Ententeländer stimulierten, zum Teil der Rückgang der englischen Ausfuhr während des Krieges und die Erhöhung der Seefrachten wie ein gewaltiger Schutzzoll auf die dortigen, noch jungen Industrien wirkten. So ist der oben erwähnte Fall der Strumpfwirkerei in noch wesentlicherem Maße für die ganze Baumwollindustrie zutreffend geworden, die heute die gesteigerte Konkurrenz Indiens, der Vereinigten Staaten und Japans auf dritten Märkten vorfindet, die alle in der Zeit nach 1914 ihre Textilindustrie wesentlich erweitern konnten.

Die in den beiden hier ausführlicher besprochenen Industriekomplexen erkennbare Tendenz einer Verfeinerung der Erzeugung, die dazu führte, daß Waren derselben Branche teils aus- teils eingeführt wurden, erstreckt sich auch auf andere, nicht so hervorragende Industrien wie die bisher genannten. So wurde z. B. vor dem Kriege Zement sowohl aus- wie eingeführt. Ausgeführt wurde der gute Portlandzement der berühmten Distrikte an Themse und Medway in Kent und Essex, den Sitzen der englischen Kalkgewinnung. Eingeführt wurde der sogenannte Naturzement, ein billigeres und minderwertigeres Produkt, das qualitativ gar nicht mit der englischen Ware konkurrieren konnte. Ebenso zeigt z. B. die Herstellung von Kabeln (d. h. Leitungsmaterialien aller Art, Starkstromkabel, Telephon- und Telegraphenkabel usw.) infolge ganz bestimmter Vorzüge der englischen Ware, die dem Bedürfnis tropischer Länder angepaßt ist, eine unbestrittene Stellung in der elektrischen Industrie, deren sonstige Zweige stark unter der Auslandskonkurrenz leiden. Ein letztes Beispiel: die Tapetenindustrie. Während einerseits auch hier eine lebhafte Einfuhr vor dem Kriege stattfand, wurden hochwertige Tapeten ausgeführt. Man konnte die qualitative Bedeutung der Ausfuhr daran erkennen, daß z. B. im Jahre 1908 England 19000 Cwts. Tapeten im Werte von 37000 £ aus Deutschland einführte, während der Gesamtexport mit 83000 Cwts., also dem zirka Vierfachen der Menge, den zirka sechsfachen Wertbetrag ausmachte.

Freilich gibt es oder gab es eine Reihe von Industrien, in denen man nicht von einer relativen oder absoluten Prosperität auf Grund marktgemäßer Anpassung oder einem erfolgreichen Bekämpfen ausländischer Konkurrenz sprechen konnte. Dahin gehört vor allem die

Elektrizitätsindustrie — mit Ausnahme der vorerwähnten Herstellung von Kabeln und Leitungsdrähten. Auch der Bericht von 1918 bezeichnet die Lage dieses Großgewerbes als „weit vom Wohlstande entfernt". Es wird angegeben, daß vor dem Kriege die Gesamterzeugung dieser Industrie in England 22,5 Millionen £ betrug, die Ausfuhr einen Wert von 7,5 Millionen aufwies. Die entsprechenden Ziffern für das Deutsche Reich wurden mit 60 Millionen £ und 15 Millionen angegeben. Dabei befanden sich die meisten großen Unternehmungen der elektrischen Industrie Englands unter fremder Kontrolle. Als Ursachen werden eine Fülle von Momenten angegeben, deren einzelne Erörterung hier zu weit führen würde, wie die hinderliche Gesetzgebung Englands auf diesem Gebiete, seine technische Rückständigkeit, die relativ geringe Arbeitsleistung in den Betrieben der Mangel eines Zusammenarbeitens zwischen Industrie und Bankkapital (wie in Deutschland). Jedenfalls fällt es auf, daß gerade Industriezweige neueren Datums und solche, in denen wissenschaftliche und technische Forschungen eine Rolle spielen, im modernen England auf schwankendem oder unrentablem Boden zu stehen pflegen. So auch die chemische Industrie. Auch hier betrug die Ausfuhr des Deutschen Reiches im Jahre 1912 genau das Doppelte der britischen. Der Wettbewerb machte sich jedoch nicht nur auf dritten Märkten, sondern auf das lebhafteste in England selbst fühlbar. Mit anerkennenswerter Offenheit und unter Fortlassung aller unsachgemäßer Angriffe auf deutsche Geschäfts- und Absatzmethoden erklärt der genannte amtliche Bericht von 1918: „Die vorherrschende Stellung Deutschlands im Bezirke dieser Industrien und sein bemerkenswerter Fortschritt in den letzten Jahren waren zum Teil bedingt durch den natürlichen Vorteil, daß es die wichtigsten Kalilager der Welt besaß, vor allem aber zurückzuführen auf die beharrliche und gründliche Art, in welcher wissenschaftliche Kenntnisse und Forschungen mit der Geschäftstüchtigkeit verknüpft wurden, um diese umfassende große chemische Industrie Deutschlands aufzubauen."

Während des Krieges und zum Teil wiederum auf Grund seiner speziellen Anforderungen hat sich die chemische Industrie in England stark verbreitert. Die Herstellung von Schwefelsäure ist gesteigert worden, die Nebenprodukte der Koksöfen wurden stärker verwertet und eine Anzahl bisher spezifisch deutscher Zweige, wie vor allem die Farbenfabrikation, in die englische Industrie eingeführt. Über die Resultate läßt sich zunächst wenig sagen. Über die Ergebnisse der Anilinfarbenherstellung haben weder die weiterverarbeitenden Textilfabriken noch die Konsumenten ein günstiges Urteil gefällt, und in indirekter Weise hat der Premierminister Lloyd-George anläßlich der Frage der Deutschland aufzuerlegenden Ausfuhrabgabe die Notwendigkeit des Farbenbezuges aus Deutschland zugegeben, wenn er erklärte, daß man sich die deutschen Farben, die man brauche, sichern werde. Auch der Bericht von 1918 erklärte, daß man die im Krieg entstandene chemische Industrie Englands nicht werde halten können, wenn wieder die freie Einfuhr aus Deutschland stattfinde.

So scheint auf mannigfachen Gebieten der Vorteil, den der Krieg zunächst den englischen Fabrikanten zu bieten schien, dadurch, daß er die deutsche Konkurrenz ausschaltete, nicht durchschlagend und für die Dauer gewesen zu sein. Hier hat die amerikanische Konkurrenz, dort Japan und Indien die Plätze besetzt, welche die deutsche Konkurrenz vor dem Kriege innehatte. Und während es nach dem Kriege gerade die ernsteste Sorge der englischen Fertigindustrie sein mußte, durch Ermäßigung der Herstellungskosten, also auch durch die Wiederaufnahme billiger Rohstoff- und Halbfabrikatbezüge, die alte Stellung wiederzuerobern, lähmten die mißliche Lage der deutschen Ausfuhr und die politischen und wirtschaftspolitischen Maßnahmen seiner Feinde die Wiederherstellung des Zustandes, auf den ein großer Teil der englischen Industrie sich vor dem Kriege eingestellt hatte. Der amtliche Bericht von 1918, dem wir eine so große Fülle klarer Einsichten in die Verhältnisse britischer Industrien verdanken, unterschied mit Recht für die Zeit vor dem Weltkrieg zwei große Gruppen innerhalb der englischen Industrie: erstens die prosperierenden alten Stapelindustrien — wie wir sie hier besprachen, nämlich Kohlenbergbau, Textilindustrie, Teile der Eisenindustrie und den Schiffsbau — und die „modernen Zweige der industriellen Produktion". Im allgemeinen seien für das Zurückbleiben der letzteren verantwortlich: erstens gewisse natürliche Vorzüge der konkurrierenden Länder (Besitz der Rohstoffe), dann wieder relativ billige Arbeitslöhne, vor allem aber drittens: „niedrige Produktionskosten auf Grund einer Herstellung im großen, einer Spezialisierung und Standardisierung und einer erfindungsreichen Schaffung neuer Bedürfnisse auf den konsumierenden Märkten."

Damit ist die Frage der Organisation der englischen Industrie und der sich hieraus ergebenden Probleme angeschnitten.

7. Die Organisation der englischen Großindustrie.

Literatur: Macrosty, The Trust Movement in British Industry. 1907. — Chapman und Lord Brassey, Work and Wages. 1904. — R. Liefmann, Kartelle und Trusts. 1920. — Hermann Levy, Monopole, Kartelle und Trusts. — Tariff Commission, verschiedene Berichte. — Brodnitz, Betriebskonzentration und Kleinbetrieb in der englischen Industrie. Conrads Jahrbücher. 1909. — A. Toynbee, Industrial Revolution in England. 1884.

Die Entwicklung des Großbetriebes und der Großunternehmung industrieller Art und damit wiederum das Vorhandensein moderner Unternehmerverbände oder Vertrustungen ist wiederholt von Engländern als ein Symptom des Fortschritts gedeutet und das Zurücktreten dieser Entwicklung in England als ein organisatorischer Mangel gekennzeichnet worden.

Man verweist hierbei nicht nur auf die niedrigeren Gestehungskosten des großen Industriegehäuses, sondern vor allem auch immer wieder auf die Möglichkeiten zweckmäßigerer Organisation, wie sie durch die Kombination vieler Betriebe und Unternehmungen zu einem geschäftlich geschlossenen Ganzen ermöglicht werden. Das heißt also vor allem: die Stillegung schlechterer Werke zugunsten einer Erweiterung der Erzeugung auf den zu niedrigeren Kosten produzierenden, die Ersparnis an Einzelunkosten durch gemeinsames Vorgehen, die Anbahnung einer einheitlichen Produktions- und Absatzpolitik, einer sich durch den einheitlichen Umfang verbilligenden Propaganda, die billigere Rohstoffversorgung durch Angliederung eigener Erzeugung und so weiter.

Es ist in der Tat überraschend, daß der älteste der modernen Industriestaaten die Entwicklung zum Großbetrieb und zur Konzernbildung (mit oder ohne monopolistischen Charakter) weit weniger intensiv durchgemacht hat als andere Länder. Man hat gemeint, daß der individualistische Wirtschaftssinn des britischen Unternehmers, von dessen Entstehung wir in früheren Abschnitten hörten, der Grund für diese Eigentümlichkeit sei. Aber, wie stark auch noch heute gewisse individualistische Instinkte im britischen Unternehmer sein mögen, es ist kaum anzunehmen, daß eine wirklich günstige Möglichkeit, die Gewinne durch einen Zusammenschluß von Betrieben und Unternehmungen zu steigern, von ihnen verpaßt worden wäre, wie wir denn auch tatsächlich sowohl in der neueren englischen Wirtschaftsgeschichte wie in der modernen Entwicklung einige durchaus normale Beispiele solcher Zusammenschlüsse haben.

Was die Betriebskonzentration angeht, die darin zum Ausdruck kommt, daß die Produktion eines bestimmten Industriezweiges sich auf eine abnehmende Zahl von Betrieben beschränkt, so wird für deren relativ langsames Fortschreiten in England wohl die, in dem hier oft zitierten Ausschußbericht genannte Ursache voranzustellen sein: daß die Konkurrenzindustrien anderer Länder jüngeren Datums sind und daher gleich mit der großen Betriebsform einsetzten, während die seit langen Jahren bestehenden englischen Betriebe zunächst durch Um- und Anbau und naturgemäß in einem weit langsameren Tempo den Fortschritten der Technik entsprachen. Ferner ist zu bedenken, daß gerade die auf Grund des ausländishen Wettbewerbs einsetzende Spezialisierung vieler englischer Industrien und ihre Entwicklung zu Verfeinerungsprodukten dem Aufkommen weniger konzentrierter Großbetriebe entgegenarbeitete, da naturgemäß diese sich am häufigsten und reinsten dort zu entwickeln pflegen, wo es sich um eine Massenproduktion, besonders der primären Stadien der Erzeugung handelt — wie ja vor allem die Erfahrung in den Vereinigten Staaten beweist, welche in ihren Standard-Erzeugungen und bei noch relativ gering entwickelter Verfeinerungsindustrie das typische Land des Großbetriebes wurden.

Besonders in der englischen Textilindustrie herrscht heute noch eine große Vielheit von Betrieben. Bei jeder neu einsetzenden Hochkonjunktur wird über die Entstehung neuer Fabriken berichtet, die beim Einsetzen rückläufiger Konjunkturen dann die Überproduktion anschwellen lassen. Über die Organisation der Wollindustrie berichtet Clapham in einer Monographie vom Jahre 1907, daß hier sogar Fabriken, welche mehr als einen Fabrikanten beherbergen, und Firmen, welche mit kleinen Mitteln anfangen, noch immer häufig vorkommen. Der kleine Unternehmer mietet wenige Räume oder auch ein ganzes Stockwerk in der Wollspinnerei. Webstühle, die zwei verschiedenen Unternehmern gehören und von Maschinen getrieben werden, die keinem von ihnen gehören, können häufig in einem einzigen Webebetrieb getroffen werden. Ebenso überwiegt noch in der Kammgarnspinnerei das alte Familiengeschäft mittleren Umfangs. Erst in letzter Zeit sind hier überhaupt Aktiengesellschaften größeren Stils gegründet worden. Als im Jahre 1906 eine Versammlung der Kammgarnspinner nur des Bradforder Distrikts stattfand, um organisatorische Angelegenheiten zu beraten, erschienen allein 106 Vertreter von Kammgarnfirmen.

Aber es wäre verkehrt, anzunehmen, daß nicht auch die Bewegung einer Betriebskonzentration in England ihren Eingang gefunden hätte. Nur die Grenzen, innerhalb derer sich dieselbe entwickelt, und das Ausmaß derselben ist enger gesteckt wie etwa in Nordamerika oder in Deutschland. Einige Beispiele für die englische Konzentrationsbewegung seien gegeben. So betrug die Herstellung von Roheisen im Jahre 1865 ca. 6,3 Millionen Tonnen und verteilte sich auf 629 Betriebe. Im Jahre 1913 wurden 10,2 Millionen Tonnen Roheisen erblasen, jedoch in nur 338 Hochöfen. In den 80er Jahren betrug die Weißblecherzeugung Englands ungefähr so viel wie im Jahre 1906, nämlich ca. 650 000 Tonnen. Die Zahl der Werke hingegen hatte sich von 96 auf 74 verringert, die Zahl der sogenannten Mills, d. h. der technischen Betriebe, deren jedes Werk mehrere besitzt, war von 524 im Jahre 1891 auf 453 im Jahre 1906 gesunken. In der englischen Papierindustrie war die Erzeugung von nur 43 000 Tonnen im Jahre 1841 auf 773 000 im Jahre 1903 gestiegen, die Zahl der Unternehmungen hatte hingegen einen Rückgang von 500 auf 282 erlebt.

Eine Betriebskonzentration als solche ist also auch in Zweigen der englischen Industrie erkennbar. Aber ihre Vereinzelung und ihre relativ geringe Intensität, die darin zum Ausdruck kommt, daß immer noch eine starke Vielheit von Betrieben in den konzentrierten Industrien vorhanden ist, hat dahin gewirkt, daß auch die Betriebskombination, jene zweite Erscheinung des modernen Industriekapitalismus, minder entwickelt werden konnte als in anderen Ländern. Man bedenke z. B., daß die Zahl der in Betrieb befindlichen Hochöfen in Deutschland im Jahre 1913 bei einer Erzeugung von 16,7 Millionen Tonnen 313 betragen hatte, während in England im Jahre 1907 10 Millionen Tonnen von 369 Hochöfen erblasen worden waren. Um zu verstehen, wie eine Vielheit von Betrieben und Unternehmungen der Betriebskombination entgegenwirkt, muß man sich nun freilich daran erinnern, daß diese im allgemeinen erst in zweiter Linie der oben skizzierten organisatorisch-ökonomischen Ersparnisse wegen in Angriff genommen zu werden pflegt. Beide Arten der Betriebskombination, die horizontale, welche Betriebe gleicher Gattung zu einem Unternehmen vereinigt, wie die vertikale, welche Betriebe verschiedener Produktionsstadien desselben Endproduktes in ein Unternehmen verschmilzt, pflegen ihren Ausgangspunkt von der Möglichkeit der Monopolbildung zu nehmen. Der Wunsch, durch einen Zusammenschluß von Betrieben eine monopolistische Beeinflussung der Preise zu gewinnen, ist stets bei derartigen Konzernbildungen das zunächst Ausschlaggebende gewesen, sei es, daß man einfach einen Produktionszweig durch Verschmelzung möglichst vieler Betriebe zu einem Ganzen zu monopolisieren hoffte, sei es, daß man durch Angliederung einer monopolisierbaren Rohproduktion an Fabriken der Fertigbranchen die Konkurrenzmöglichkeit neuer Unternehmungen zu unterbinden und damit auch die Preise des letzten Fabrikates zu kontrollieren hoffte.

Daß eine Vielheit von Unternehmungen von vornherein der Monopolbildung entgegensteht, ist ohne weiteres verständlich. Wir haben diesen Fall im englischen Kohlenbergbau. Hier ist das Eigentümliche, daß vom Ende des 18. Jahrhunderts bis in die 40er Jahre des 19. Jahrhunderts eine sehr eigenartige Monopolorganisation bestanden hatte, die in ihrer vertraglichen Regelung durchaus, und zwar bis in einzelne Paragraphen hinein, den modernen Kartellverträgen der Industrie glich. Freilich war diese monopolistische Organisation des englischen Bergbaues, welche man als „Limitation of Vend“ bezeichnete, auf ganz besonderen Verhältnissen begründet, nämlich der Monopolstellung, welche lange Zeit — bis zum Aufkommen der Eisenbahnen — die nordenglische Kohle, welche auf dem Küstenwege nach London und Umgebung transportiert wurde, für ihren Absatz genoß. Zur Ausnützung dieser Position hatten sich die Grubenbesitzer der Distrikte von Newcastle, Sunderland und Stockton zu einer Kontingentierung des Verkaufes und der Förderung zusammengeschlossen, während eine besondere Organisation des Kohlenhandels in London, die mit dem Kartell eng zusammenarbeitete, für die Aufrechterhaltung hoher Preise am Absatzmarkt sorgte. Diese, den heutigen Kartellen vorauseilende Organisation brach in dem Augenblicke zusammen, als die Verbesserung und Verbilligung der Verkehrstechnik die Zufuhr von Kohle aus den verschiedensten Grubendistrikten nach London und anderen Orten ermöglichte. Dem entspricht auch der heutige Zustand. Über ganz England sind die Kohlenlager verteilt, und obschon die englische Kohle als solche auf dem heimischen Markte eine Monopolstellung einnimmt und die Einfuhr fremder Kohle nicht zu fürchten hat, ist eine monopolistische Ausnützung dieses Zustandes in neuerer Zeit nicht möglich gewesen. Zunächst müßte es ungemein schwer sein, die Interessen so vieler Grubendistrikte wie derjenigen von Newcastle und Durham, Yorkshire und Lincolnshire, Wales und Lancashire, Schottland und Staffordshire, und wo sonst noch Kohle in England gefördert wird, kartellmäßig unter einen Hut zu bringen. Nur die Einheitlichkeit eines Erzeugungsgebietes bietet hierzu die Grundlage. Zweitens steht die Zahl der Gruben selbst dem im Wege. Als im Jahre 1893 der bekannte Sir George Elliot einen damals Aufsehen erregenden Vertrustungsplan der englischen Gruben in den „Times" darlegte, ergab sich, daß man annähernd 3400 Zechen hätte verschmelzen müssen, was natürlich unmöglich war. Auch heute ist die Konzentrationsbewegung im englischen Kohlenbergbau, wie neuerdings Macrosty dargelegt hat, noch wenig fortgeschritten. Damit entfällt der Zusammenschluß auf diesem Gebiete.

Gerade nun die Kartellierung oder Vertrustung von Rohstoffgebieten hat in Deutschland und Amerika vielfach die Vertikalkombination in der Großindustrie hervorgerufen, indem die weiterverarbeitenden Industrien sich gezwungen sahen, selbst Produzenten ihrer Rohstoffe und Halbfabrikate zu werden oder sich von deren Vertrustern dazu machen zu lassen, um der völligen Unterwerfung unter die Bedingungen der Rohstofflieferanten zu entgehen. Mit der freien Wettbewerbsatmosphäre im englischen Kohlenbergbau entfällt das wichtigste Gebiet, das in anderen Ländern zu der Monopolorganisation der Industrie wesentlich beitrug.

Das zweite wichtige Rohstoffgebiet, der Eisenerzbergbau, ist ebenfalls einer monopolistischen Zusammenfassung, sei es in der horizontalen Betriebskombination, sei es in einer Einfügung in „gemischte Werke“ als vertikale Kombination nicht zugänglich gewesen. Für die erstere fehlte hier — im Gegensatz zum Kohlenbergbau — jede, auch nur theoretische Möglichkeit einer Monopolausnutzung, da ja der englische Eisenerzbergbau in ständig wachsendem Wettbewerb mit spanischen und schwedischen Erzen steht. Es ist freilich schon für den Beginn des neuen Jahrhunderts zu konstatieren, daß zahlreiche große Eisen- und Stahlwerke ihre eigenen Erzgruben besaßen. Aber weder im Clevelanddistrikt noch sonstwo ist diese Erscheinung annähernd so vorgeschritten wie in Deutschland oder Amerika. Noch im Jahre 1903 konnte der bekannte Herausgeber der Fachzeitschrift „Iron and Coal Trades Review“ erklären, daß „die Mehrzahl der Roheisenproduzenten alle ihre Materialien zu kaufen hätten“. Eine ähnliche Erscheinung finden wir in der schon erwähnten Weißblechindustrie von Wales. Auch hier hat das „reine“ Weißblechwerk, das Platinen kauft, anstatt sie selbst herzustellen, sicherlich vor dem Weltkrieg keine schlechteren Chancen gehabt, als sie ein gemischtes Werk gehabt hätte, das durch seine eigene Produktion vielleicht am Einkauf billigen Auslandsmaterials gehindert gewesen wäre. Daß die Möglichkeit, sich ohne eigenen Rohmaterialbesitz billiges Halbzeug zu beschaffen, dahinwirkt, die Unternehmungsgröße kleiner zu halten, als es sonst der Fall wäre, liegt auf der Hand. Denn es ist zu bedenken, daß der Verschmelzungsprozeß der Unternehmungen nicht nur von den Fabrikatwerken ausgegangen ist, sondern daß umgekehrt in den Ländern mit monopolisierbaren Rohstoffen auch der monopolisierte Besitz solcher Rohstoffe den Zusammenschluß der weiterverarbeitenden Werke zu einheitlichen Konzernen herbeiführte, häufig zunächst im Kampfe gegen das Rohstoffmonopol, dann aber zur restlosen gemeinsamen Ausnützung desselben.

Haben so die verschiedensten Umstände dazu beigetragen, gerade in dem sonst für die modernen Großbetriebe und Großunternehmungen so wichtigen Gebiete der Eisen- und Stahlindustrie Konzentration und Kombination der Betriebe zu verlangsamen, so gilt für den Textilkomplex die absolute Unmöglichkeit einer Monopolisierung der Rohstoffe, da Baumwolle, Wolle, Flachs usw. auf dem Weltmarkt in beliebigen Mengen zur Verfügung stehen und eine monopolistische Beschränkung ihres Bezuges durch irgendwelche Großkonzerne hier gar nicht in Frage kommt. Daß dennoch gerade auf diesem Gebiet die Fusion von Unternehmungen in England, wie noch zu zeigen sein wird, lebhaft gewesen ist, beweist nur, daß die Monopolisierung der Rohstoffe eben nur eine der Möglichkeiten sein kann, welche der modernen Konzentration der Unternehmungen Vorschub leisten. Freilich ist das Fehlen dieses Momentes in England für die Entwicklung von Betriebs- und Unternehmungsgröße sehr wichtig gewesen. Zusammenfassend kann gesagt werden, daß der Freihandel die Bewegung zur Konzentration und damit zur Vertrustung oder Kartellierung dadurch behinderte, daß er erstens durch die offene Türe zum Weltmarkt die Möglichkeit einer monopolistischen Preisbildung in einer großen Zahl von Industrien ausschloß, daß er zweitens die Vertikalkombination der Betriebe durch eben jene Erleichterung des ausländischen Rohstoff- und Halbzeugbezuges (man denke auch an das, was früher über den englischen Schiffsbau gesagt wurde) überflüssig oder minder dringlich machte und damit in unmittelbarer Weise dem Verschmelzungssystem entgegenarbeitete.

Die sichtliche Bedeutung, welche das Freihandelssystem für die Hintanhaltung der Monopolorganisation in der englischen Industrie hatte, führte längere Zeit zu dem Glauben, daß England das Land ohne Kartelle und Trusts sei. Der Freihandel wurde daraufhin in Deutschland vielfach, z. B. von dem früheren Minister Dr. Gothein, als das ausschließliche Abwehrmittel gegen die großindustrielle Monopolbildung empfohlen. Diese Auffassung war unbegründet und übereilt. Auch in England gibt es Kartelle und Trusts, so wie es sogar, wie wir kurz andeuteten, schon in der ersten Hälfte des 19. Jahrhunderts dort das Prototyp eines modernen Kohlenkartells gegeben hat. Der Fehler einer theoretischen Denkweise, welche die Möglichkeit einer wirksamen Monopolbildung in England lange Zeit übersah, liegt darin, daß der Zollschutz ja keineswegs das einzige Moment zu sein braucht, das als Voraussetzung einer industriellen Monopolstellung zu gelten hat. Ein Schutz vor ausländischer Konkurrenz kann andererseits wohl, aber er braucht durchaus nicht die Monopolisierung des inneren Marktes zu ermöglichen. Wie z. B. der englische Kohlenbergbau trotz des natürlichen Frachtenschutzes, den er genießt, und der eine Monopolbildung nach außen hin wohl erklärlich machen könnte, keine Kartelle besitzt, weil andere Voraussetzungen, eine relativ kleine Zahl von Unternehmungen und eine Integration des Produktionsgebietes, nicht besteht, so gibt es andererseits Industriezweige, in denen sich ohne Zollschutz eine Monopolisierungsmöglichkeit im Innern ergeben hat.

Hierzu gehört vor allem die *Textilindustrie*, in der England bis auf den heutigen Tag in vielen Zweigen eine Konkurrenz nicht zu fürchten hat. Hier war denn auch die Verlockung gegeben, die Preisbildung monopolistisch zu beeinflussen. Die berühmteste Vertrustung in der englischen Textilindustrie wird durch die weltberühmte Nähfadenfirma J. and P. Coats repräsentiert. Es zeigt sich der typische Entwicklungsprozeß von der horizontalen Betriebskombination zur endlichen Monopolorganisation. Als eine einzelne Unternehmung war diese Firma von 1826—1890 so emporgeblüht, daß ihr Aktienkapital schon damals $5^3/_4$ Millionen £ betrug. Vier andere Firmen von ebenfalls großer Erzeugungsziffer wurden in den Jahren 1895/96 mit dieser Firma vereinigt, nachdem sie sich schon lange Zeit syndikalistisch mit Coats zusammengefunden hatten. Im Jahre 1897 schlossen sich dann 20 kleinere outsiders dieses Konzerns zu der Sewing Cotton Company zusammen, an der jedoch Coats bald einen entscheidenden Anteil nahm. Ebenso beteiligte er sich an dem amerikanischen Nähfadentrust. So entstand ein englischer Nähfadentrust mit internationalem Charakter, denn nicht nur in Amerika, auch in Spanien, Kanada, Rußland und anderen Ländern besaß und besitzt er bedeutende Filialbetriebe. Von anderen Trustbildungen der englischen Textilindustrie seien genannt: vor allem die Cotton Spinners and Doublers Association, eine Vereinigung der Feinbaumwollspinner und Dublierer, die im Jahre 1898 als eine Fusion von 31 Unternehmungen entstand und nach weiteren Zusammenschlüssen die Gesamterzeugung Großbritanniens in diesem Zweige so gut wie beherrscht. Hier trafen sich zwei Voraussetzungen der Monopolorganisation: erstens der Schutz vor Auslandswettbewerb, der einmal, wie es in dem Prospekt dieses gewaltigen Unternehmens hieß, „den klimatischen Vorzügen Großbritanniens" zuzuschreiben war, zweitens der „großen Erfahrung und hervorragenden Sorgfalt, welche das Spinnen und Dublieren der feinsten Nummern erfordert, so daß dieses nur da stattfinden kann, wo die Arbeiterschaft geschickt und geradezu trainiert ist". Das zweite Moment, das die Monopolbildung erleichterte, war hier die relativ vorgeschrittene Konzentration der Betriebe, welche den Zusammenschluß förderte. In der Bleicherei lag der Vorteil der sich zusammenschließenden Werke der Umgegend Manchesters in der Schwierigkeit für neu entstehende Betriebe, sich eine entsprechende Wasserversorgung zu sichern, so daß die schon vorhandenen Werke hierdurch einen monopolistischen Vorsprung besaßen, während die Bleicherei selbst an die enge örtliche Verknüpfung mit der Färberei gebunden war. In der Färberei von Bradford hatten sich ebenfalls zu Ende des 19. Jahrhunderts die wichtigsten Firmen, die 90% der Gesamtproduktion beherrschten, zu einem machtvollen Verbande zusammengetan. Die Gründung eines Trustes der Baumwoll- und Wollfärber, die jedoch nur Garne (nicht Stoffe) für alle möglichen Produkte färben, war weniger erfolgreich als diese Unternehmungen, dagegen nimmt der Trust der Kalikodruckereien, dessen Entstehung auf eine beträchtliche Betriebskonzentration zurückzuführen war, eine wichtige Stellung monopolistischer Art in der englischen Textilindu-

5*

strie ein. Interessant ist an den gesamten Vertrustungen der Textilindustrie die Tatsache, daß es sich hier durchweg um eine hochwertige Fertigfabrikation und Verfeinerungsindustrie handelt, der man im allgemeinen die Vorbedingungen zur Monopolbildung infolge ihrer starken Differenzierung und Qualitätseigenheiten abzusprechen geneigt ist. So ist denn auch in Deutschland die Textilindustrie ein recht wenig entwickelter Zweig der Vertrustung und Kartellierung gewesen. Das englische Beispiel zeigt, daß auch auf diesem Gebiete Verallgemeinerungen nicht am Platze sind. Gerade die Tatsache, daß die englische Textilindustrie in ihren hochwertigen Produkten abhängig ist vom Vorhandensein eines durch viele Jahrzehnte trainierten Arbeiterstammes, den sich „neue" Konkurrenten nicht ohne weiteres verschaffen können, daß ferner einzelne Werke durch die besondere Anerkennung ihrer Erzeugnisse eine Vormachtstellung besitzen, hat hier — von lokalen Voraussetzungen abgesehen — das Moment der Schwervermehrbarkeit erzeugt, das wir sonst in der Industrie am stärksten in den Stadien der Rohstoffgewinnung, also an dem der Fertigfabrikation entgegengesetzten Pole, finden.

Immerhin finden wir eine einzige Monopolorganisation auch in der Urerzeugnug, nämlich einen Salztrust, die Salt Union, die schon im Jahre 1888 von 64 Firmen, die 90% der Produktion darstellten, gegründet worden war. Auch hier handelt es sich um ein Gebiet, das die englische Erzeugung im Inlande konkurrenzlos beherrscht, so daß eine Einfuhr nicht in Frage kommt, während die Ausfuhr bis zum Jahre 1914 über 500000 Tonnen im Jahre betrug. Die Verbindung zwischen der Salzgewinnung und dem Salinenbetrieb mit einer Reihe von Verkehrsmitteln und Anlagen, wie eigenen Dampfschiffen, Booten, Landungsstellen, Kais, Lokomotiven, Gleisen und Waggons usw. hatte einzelnen „gemischten" Werken eine prädominierende Stellung gegeben, welche der Vertrustung Vorspann leistete. So entstand hier eine machtvolle Monopolorganisation.

Wollte man den Methoden des englischen Darstellers der Trustbewegung, Macrosty, folgen, so wäre eine gewaltige Anzahl von Verbänden und Vereinigungen oder Fusionen hier zu beschreiben, die wohl alle den Kern eines monopolistischen Entwicklungsprozesses bergen mögen, jedoch noch weit von einem Trust oder Kartell entfernt sind. Beschränkt man sich daher auf diejenigen industriellen Bildungen, die wirklich die Kennzeichen der Monopolorganisation an sich tragen, so wird man nur noch einige wenige zu nennen haben. Als solche: gewisse Verbände in der englischen Stahlindustrie, da, wo es sich um Produkte handelt, die nicht intensiv genug von der fremden Konkurrenz bedrängt wurden, um eine monopolistische Preispolitik von vornherein auszuschließen, so z. B. eigentümlicherweise ein Syndikat der Schiffsblechhersteller, obschon wir ja früher die Einfuhr ausländischer Schiffsbleche nach England feststellten. Das Syndikat bildete eine Verabredung und Absatzrayonierung zwischen den nordenglischen und den schottischen Industriellen zum Zwecke der besseren Ausnutzung sowohl gewisser heimischer wie einiger ausländischer Märkte, auf denen englische und schottische Schiffs- und Kesselbleche besondere Absatzbedingungen aufwiesen. Ferner: ein Verband für den Absatz galvanisierter Bleche und ein nach dem Abflauen des deutschen Schleuderexportes im Jahre 1906 sich bildender, freilich nicht lange bestehender Platinenverband für die Versorgung der Weißblechhersteller. Es waren weiter vor dem Kriege vorhanden ein Industriespirituskartell, ein Tapetentrust, ein Kabelkartell, das sich auf der früher (S.54) erwähnten besonderen Vorzugsstellung britischer Kabel aufbaute, ein Lokomotivtrust, der aus ganz wenigen dominierenden Werken gebildet worden war, und ein Whiskytrust, dessen Monopol auf der eigenartigen Spezialqualität des britischen Erzeugnisses beruhte.

Neben diese rein englischen Monopolorganisationen treten nun freilich noch einige wenige, bei denen das Moment der Konkurrenzlosigkeit auf dem britischen Markte nicht durch die Vormachtstellung des britischen Erzeugnisses, sondern durch international durchgeführte Vereinbarungen gesichert wurde. Dieses Moment der internationalen Preis- und Absatzbindung gehört ebenfalls zu den Möglichkeiten, welche im Lande des Freihandels einen „Schutz" vor ausländischem Wettbewerb schaffen können. Freilich ist auch diese Art der Monopolorganisation an eine vorhergehende Konzentrationsbewegung in den betreffenden Industriezweigen Englands gebunden gewesen.

Es handelte sich vor dem Weltkrieg vornehmlich um drei große internationale Monopolverbände, an denen England maßgebend beteiligt war. Erstens das internationale Schienenkartell. Die Herstellung von Eisenbahnschienen war von Anfang an relativ konzentriert, freilich nicht so stark wie in der amerikanischen Union, wo etwa fünf Riesenunternehmungen zu Anfang des neuen Jahrhunderts dreimal soviel Tonnen Schienen erzeugten wie Großbritannien, aber doch immerhin so, daß es im Jahre 1906 nur neun Firmen in dieser Branche der Eisenindustrie gab. Die internationalen Abmachungen gehen schon auf die 80er Jahre zurück. Sie haben manche Unterbrechungen erlebt, sind aber doch immer wieder zustandegekommen, weil das Interesse der Fabrikanten an einer einheitlichen Preispolitik stärker war als nationale Wirtschaftsgegensätze. Eine Weltrayonierung des Absatzes, d. h. eine Verteilung des Absatzes auf verschiedene Erzeugerstaaten, war in letzter Zeit üblich, wobei der heimische Absatz den Inlandwerken überlassen blieb. Der zweite der internationalen Verbände, an denen sich die britische Industrie interessiert, war der Sodatrust. Dieser geht zurück auf die Gründung der United Alkali Company, einer Vereinigung aller nach dem sogenannten Le Blanc-Prozeß produzierenden Werke. Dieser Trust, der im Jahre 1890 fast die ganze Erzeugung beherrschte, sah sich immer mehr durch das Anwachsen der Sodaindustrie anderer Länder, insbesondere durch das bedeutend billigere Ammoniakverfahren bedroht. Man suchte Beziehungen zu den kontinentalen Produzenten, zumal da diese wieder mit den Hauptherstellern von Soda nach dem Ammoniakverfahren in England, der bekannten Firma Brunner, Mond and Co., Verbindung unterhielten. Seit dem Jahre 1906 datierte hier eine feste Verständigung der beteiligten internationalen Firmen. Endlich die letzte international-britische Monopolorganisation: der Tabaktrust. Den Kern desselben bildet eine englische Großunternehmung, die Imperial Tobacco Company, die 50% der gesamten englischen Produktion beherrschte. Ihre Machtstellung auf dem englischen Markte war dadurch entstanden, daß sich die Notwendigkeit der Verwendung von arbeitsparenden Maschinen in der Tabakfabrikation sehr rasch und intensiv steigerte (wie vor allem auch die Entwicklung in Amerika zeigt, vgl. Report on Tobacco Industry, Washington 1909), was eine bedeutende Vermehrung der Produktion pro Betrieb, damit auch den Massenabsatz zur Folge hatte, der wiederum eine weitgehende Reklame erforderte, alles Momente, welche letzten Endes in immer größeren Kapitalerfordernissen für die Einzelunternehmung zum Ausdruck kamen. Dazu kam, daß die Amerikaner sich eigene Einkaufsgesellschaften an den Stätten der Rohgewinnung anlegten, was die genannte englische Großunternehmung nachahmte, indem sie in Kentucky eine solche begründete. Hierdurch wurde der verteuernde Zwischenhandel ausgeschaltet und ein größerer Einfluß auf die Preisbildung von Rohtabak gegenüber den Farmern geschaffen. Damit hatte die englische Trustfirma einen gewaltigen Vorsprung vor der übrigen inländischen Konkurrenz oder etwa neu sich bilden wollenden Firmen. Aber immer noch bestand der Wettbewerb zwischen ihr und dem amerikanischen Trust, der viel gefährlicher war als derjenige mit anderen britischen Großfirmen. Eine Einigung zwischen den beiden Trusts wurde erstrebt und kam nach heftigen Kämpfen im Jahre 1902 zustande, innerhalb derer die Amerikaner versuchten, ihrem eigenen Trust, der American Tobacco Company, englische outsiders der Imperial anzugliedern. Beide Trusts verständigten sich über die Abgrenzung der Absatzgebiete, sie bildeten ferner ein neues gemeinsames Unternehmen, die British-American Tobacco Company, das in verschiedenen großen Exportgebieten, vor allem zunächst in Australien, Kanada und Südafrika, Zweigtrusts errichten sollte. Man erkennt: auch die Entwicklung der internationalen Trusts, an denen der britische Unternehmer beteiligt ist, bietet ein sehr verschiedenartiges Bild, das jedoch immer wieder auf die zwei Voraussetzungen, nämlich einer Konzentrationsbewegung im Innern und eines Schutzes vor der Auslandskonkurrenz zurückführt, wie verschieden auch im einzelnen die Bestimmungsgründe dieser beiden ausschlaggebenden Faktoren sein mögen.

Die Sphäre des monopolistischen Gebarens der englischen Kartelle und Trusts, d. h. ihrer Preispolitik in erster Linie, ist natürlich begrenzter als dort, wo Schutzzölle vorherrschen. In Schutzzolländern ist die einfache Formel dieser Politik: eine möglichste Hochhaltung der Preise auf dem Niveau: „Weltmarktspreis + Zoll + Fracht." In England wird die monopolistische Preispolitik dadurch begrenzt, daß man bei Produkten, in denen ein Auslandswettbewerb bestehen würde, wenn das britische Produkt einen allzu hohen Preis aufwiese, die monopolistische Preispolitik auf den engen Unterschied beschränken muß, der zwischen dem niedrigeren Inlands- und dem höheren Auslandspreise besteht. Man versucht eben hier, wie sich an vielen der genannten Verbände ohne weiteres nachweisen läßt, den Inlandspreis durch Ausschaltung des Wettbewerbs auf das Niveau des höheren Auslandspreises zu heben. Selbstverständlich ist dies häufig ein gefährliches Spiel. Denn nicht selten wurde durch einen erhöhten Inlandspreis die Einfuhr eines billigeren Surrogatartikels aus dem Auslande begünstigt, wie z. B. der ausländische Naturzement, wenn die Preise für Portlandzement zu hoch wurden, sofort einen stärkeren Druck auf den englischen Markt auszuüben pflegte. Da, wo die auswärtige Konkurrenz so gut wie ausgeschlossen ist, setzt, wie bei allen Monopolpreisen, die Spannkraft des inländischen Verbrauchs der Preistreiberei eine Grenze, und da es sich bei den in England vertrusteten Waren in der Mehrzahl — im Gegensatz zu Amerika und Deutschland — um hochwertige Fabrikate handelt, so ist naturgemäß die Elastizität des Konsums empfindlicher als in anderen Ländern und die Gefahr eines starken Verbrauchsrückganges infolge hoher Preise größer.

Wenn aber auch die Sphäre der Preisregulierung enger begrenzt ist als anderswo, so haben doch die britischen Unternehmer monopolistische Möglichkeiten in grundsätzlich gleicher Weise wie die Kartelle und Trusts Amerikas oder des Kontinents ausgenutzt. So haben wir auch Fälle von sogenanntem Schleuderexport oder Dumping. Die Fachblätter der Eisen- und Stahlindustrie haben lange Zeit in ihren Preisnotizen ganz offiziell für Schiffs- und Kesselbleche „die schottischen Inlandpreise" den „schottischen Auslandpreisen" gegenübergestellt, so daß hier ein ganz offenes Dumping getrieben wurde. Wenn man sich fragt, wie dies im Lande des Freihandels, der ohne weiteres einen Rücktransport der in das Ausland billiger verkauften Ware ermöglichte, vor sich gehen konnte, so liegt die Erklärung darin, daß eben jene Rückfracht den Schutz bedeutete, den der heimische Markt gegenüber den in diesem Falle weit entfernten Absatzgebieten (z. B. Ostindien, Japan, Kanada) genoß, und der durch die Verständigung der nordenglischen und schottischen Unternehmer nunmehr ausgebeutet werden sollte.

Man kann sagen, daß sich die Eigenart der großindustriellen Organisation in England den handelspolitischen Bedingungen und der ganzen Fortentwicklung der britischen Industrie zum rohstoff- und halbfabrikatimportierenden, die Herstellung der verfeinerten Fertigfabrikation ausbildenden Großgewerbe angepaßt hat. Diese Umstände bedingten in erster Linie die Begrenzung der modernen Monopolorganisation. Es ist daher fehlerhaft und leichtfertig, die Trusts und Kartelle als einen Ausdruck des Fortschrittes anderer Länder hinzustellen und ihr Fehlen als ein Zurückbleiben des englischen Geschäftsgeistes und Scharfsinnes. Einmal durch ganz andere Gründe, nämlich das Streben nach Hochhaltung der Preise und Erzielung höherer Gewinne hervorgerufen, haben die Trusts in Amerika und Deutschland sicherlich ihre Bedeutung für die ökonomische Durchorganisierung ganzer Industriegruppen erhalten. Aus dem Übel wurde eine Tugend, wenn man dem Übel die notwendigen Fesseln anlegte. Aber es würde geradezu heißen, daß man der Struktur der englischen Volkswirtschaft ungerecht sein wollte, wenn man Organisationsformen von ihr verlangte, für die sie nicht die geeignete Unterlage bieten kann, geradeso etwa, wie man in den Zeiten der wilden Furcht vor Amerika und der schnell fertigen Bewunderung amerikanischer Methoden, gewaltige Lokomotiven aus der Union einführte und in England fahren ließ. Da das englische Verkehrswesen mit seinen kurzen Strecken, seiner relativ geringen Belastung der einzelnen, stark zersplitterten Verkehrswege eine rationelle Ausnützung dieser Lokomotiven unmöglich machte, so hat man dieselben längst zurückgeschickt und nie wieder daran gedacht, die amerikanischen Riesenlokomotiven in England zu verwenden.

Eine große Anzahl von Industriegruppen und einzelnen Gewerben sind im Laufe dieses Abschnittes an uns vorüber gezogen. Als Ganzes entsteht das Bild einer gewaltigen Industriemacht, die höchstens den relativen Vergleichen nach, sei es ihres langsameren Wachstums im Vergleich zu den industriellen Neuländern, sei es ihrer eigenen historischen Entwicklung nach, den Zenit überschritten zu haben scheint.

Handel, Schiffahrt und Kreditverkehr finden in der heimischen Industrie neben aller Verwobenheit mit der Weltwirtschaft immer wieder den wichtigsten Ausgangspunkt. Und auch heute nach dem Weltkrieg und seinem für England so gewaltigen Zuwachs an Land, Menschen, Kolonien, Verkehrswegen und geschäftlichem Ansehen wird die Sorge für die Erhaltung der englischen Industrie und ihres Arbeiterstammes, der vielfach unerreicht, aber auch vielfach unverpflanzbar ist, im Vordergrund zu stehen haben.

Aber auch der heute an letzter, früher an erster Stelle stehende, noch übrigbleibende Zweig der englischen Produktivwirtschaft kann eine eingehende Würdigung fordern, nicht vielleicht, weil seine Produktionen in und sh ausgedrückt den jährlichen Zuwachs des britischen Reichtums wesentlich fördern, denn der Zuwachs, den er bietet, ist im Vergleich zum britischen Handel, Verkehr und Gewerbe gering, wohl aber, weil er seiner allgemeinen wirtschaftspolitischen Wertung und soziologischen Bedeutung nach mit dem Charakter der englischen Volkswirtschaft eng verknüpft geblieben ist: die Landwirtschaft.

IV. Die Entwicklung der Landwirtschaft und ihre Probleme.

8. Die englische Landwirtschaft im 19. Jahrhundert und in der Gegenwart.

Literatur: Hermann Levy, Entstehung und Rückgang des landwirtschaftlichen Großbetriebes in England. 1904 (Englische erweiterte Ausgabe: Large and Small Farms. 1910). — Hasbach, Die englischen Landarbeiter. 1894. — Prothero, The Pioneers etc. — Tooke und Newmarch, Geschichte der Preise. — A. Thaer, Einleitung zur Kenntnis der englischen Landwirtschaft. 1801. — J. Caird, English Agriculture in 1850—1851. 1852. — Caird, The landed Interest. 1878. — Report of the Royal Commission on Agriculture. 1894. — Verschiedene Berichte der amtlichen Agricultural Returns. — Stillich, Die englische Agrarkrisis. 1899. — Channing, The Truth about agricultural Depression. 1897.

Obschon nur noch ca. 22% des Inselreiches Landbewohner sind, hängt das englische wie wohl kaum ein anderes Großstadt- und Vorstadtvolk an dem Lande, der „country“. Diese erscheint ihm als ein unvergleichliches Ideal von Schönheit und Glücklichkeit des Aufenthaltes, der Erholung vom städtischen und kommerziellen Getriebe, der Hingabe an die Traditionen des „merry old England“. Deshalb hat denn auch trotz aller Bedeutung, welche im Laufe des 19. Jahrhunderts immer stärker die kommerzielle und industrielle Vormachtstellung Englands auf sich vereinigte, die Landfrage in allen möglichen Problemen, wie der Landarbeiterfrage, der inneren Kolonisation, der Frage der Betriebsgrößen usw., einen breiten Raum in den politischen und wirtschaftspolitischen Diskussionen innerhalb und außerhalb der Parlamente Englands eingenommen, einen Raum, der weit über die rein ziffernmäßigen Interessen der englischen Agrarwirtschaft im Vergleich mit anderen Erwerbszweigen hinausging.

Nicht zuletzt liegt dieses nationale, fast konservative Interesse an allem, was die ländlichen Ereignisse und Entwicklungen angeht, in der glorreichen Geschichte der englischen Landwirtschaft begründet, die noch zu Beginn des 19. Jahrhunderts von allen kontinentalen Staaten ebenso bewundert wie beneidet wurde, und den Altmeister der deutschen Agrarwirtschaft und Agrarwissenschaft, Albrecht Thaer, veranlaßte, nicht nur in einem mehrbändigen Werke, sondern in den verschiedensten Einzelschriften das Musterbeispiel der englischen Landwirtschaft zu erläutern.

Die Blütezeit dieser landwirtschaftlichen Fortschritte lag in der Zeit der Erweiterung der großbetrieblichen Getreidewirtschaft seit dem Ende des 18. Jahrhunderts. Besonders zu erwähnen sind die Fortschritte im Bewirtschaftungssystem, die Einführung der Fruchtwechselwirtschaft an Stelle der Dreifelderwirtschaft, mit möglichster Beschränkung der Brache, die Ausdehnung des Futterrübenbaues (Norfolker Fruchtwechsel), die Ersetzung von Gemeinweiden durch eine verbesserte Weidewirtschaft, die Anwendung von neuen Geräten, ja sogar schon Maschinen, der Beginn der modernen Entwässerung, die für die feuchten englischen Böden von so grundlegender Bedeutung wurde, und die Verbesserung der Methoden der Düngung. Die, wenn auch noch primitive, Agrarwissenschaft jener Zeiten, die vor allem in den Namen Arthur Young, Marshall und Sinclair bekannt geblieben ist, sowie die zahlreichen Veröffentlichungen in den damals gegründeten „Annalen der Landwirtschaft" und die Einzelbeschreibungen der landwirtschaftlichen Verhältnisse einer jeden einzelnen Grafschaft (Rural Economy) legen die gewichtigsten Zeugnisse des Agrarfortschrittes jener Epoche ab. Sie fand mit der für die Landwirtschaft wenig günstige Ära der hohen Getreidezölle einen gewissen Abschluß. Erst nach 1846 findet sich ein neuer, zweiter Aufschwung vor.

Dieser wird vor allem bedingt durch die absolute Notwendigkeit, neben den bisher geschützt geglaubten, jetzt dem fremden Wettbewerb ausgesetzten Getreidebau die intensive Weide- und Viehwirtschaft zu setzen, und andererseits die bedrohte Rentabilität des Körnerbaues durch erhöhte Leistungen und verminderte Kosten zu stärken. Die eigentliche Agrarwirtschaft auf wissenschaftlicher Grundlage hält jetzt ihren Einzug. Die Begründung einer königlichen Landwirtschaftsgesellschaft (Royal Agricultural Society), die noch heute fortbesteht, und deren Anfänge mit den Namen von Lawes, Pusey, Voelker und Liebig verknüpft sind, trug hierzu bei. Die Bewirtschaftung des Bodens auf

Grund wissenschaftlicher Analyse der Bodenqualität, die Anlage von Versuchs- und Mustergütern, die Einführung des Dampfpfluges auf den großen Gütern, die umfangreiche Erweiterung der Dränage — es wurden zwischen 1848 und 1878 ca. 10 Millionen £ für sie ausgegeben — bildeten die Marksteine der Meliorationen und Fortschritte jener Epoche.

Als dann zu Mitte der 70er Jahre die schon seit 1846 befürchtete, aber in Wirklichkeit durch die relative Höhe der Weltmarktspreise hintangehaltene Preissenkung für Getreide aller Art und später die Einfuhr von Gefrierfleisch und billiger überseeischer Molkereiprodukte einsetzte, begann für die englische Landwirtschaft eine Periode der Krisen, die in den 80er Jahren und zu Mitte der 90er Jahre ihren Höhepunkt erreichte. Eine große Anzahl von Blaubüchern, Ergebnisse umfangreichster Untersuchungsausschüsse und Sachverständigenverhöre, legen hiervon Zeugnis ab. Die gesamte bisherige Struktur der englischen Agrarwirtschaft sah sich, wenn sie es nicht ermöglichte, sich den veränderten Preis- und Absatzverhältnissen anzupassen, einer Katastrophe ausgesetzt. Dabei waren die Erinnerungen an die wirtschaftlichen, finanziellen und sozialen Wirkungen der erst 35 Jahre zurückliegenden Schutzzollära, der gewaltige Volkskampf gegen dieselbe noch zu frisch im Gedächtnis, um den Grundbesitzern eine Hoffnung auf Abhilfe durch eine Änderung des handelspolitischen Systems zu gewähren.

Die Folge des starken Sinkens der Weizenpreise mußte zunächst eine Aufgabe derjenigen Böden sein, welche auf Grund einer ganz anderen Getreidepreisberechnung in Anbau genommen waren. Es galt, die Ackerböden zu einem Teil in Weide zurückzuverwandeln, in das, was sie vielfach noch zu Anfang des Jahrhunderts gewesen waren, denn die Viehzucht verlor von vornherein nicht so stark an Rentabilität wie der Getreidebau. Aber bald bewahrheitete sich, was zu einem geflügelten Wort wurde: „Break a pasture, makes a man, make a pasture, breaks a man.“ (Eine Weide umbrechen, hat schon manchen gemacht, eine Weide machen, hat schon manchen zerbrochen.) Es war bedeutend einfacher gewesen, Ackerland aus Weideland, als Weiden aus Ackerland zu machen. Immerhin vollzog sich diese Metamorphose doch so stark, daß die Gesamtanbaufläche Großbritanniens zwischen dem Anfang der 80er Jahre bis zum Beginn des Weltkrieges nur unwesentlich zurückging. Sie betrug im Jahre 1882 ca. 32,3 Millionen acres (ein acre = 0,45 ha), dagegen 1913 ca. 31,9 Millionen acres, was also keinen erheblichen Unterschied bedeutet. Die Weizenanbaufläche war dagegen von 3 auf 1,7 Millionen acres zurückgegangen, Gerste, Rüben und Bohnen in ähnlichem Maße, während der Anbau von Hafer und Kartoffeln annähernd gleichgeblieben war. Dagegen war das Weideland von 14,8 Millionen acres auf 17,5 Millionen acres im Jahre 1913 angewachsen. Während ferner die Gesamterträge an Körnerfrüchten eine entsprechende Verminderung erfuhren, zeigte die Viehhaltung numerisch eher eine Zu- als Abnahme, mit Ausnahme der Schafe freilich, für welche wiederum das Abnehmen der Nachfrage nach inländischer Wolle entscheidend war. Aber man muß sich hüten, die Verschiebungen innerhalb der englischen Agrarerzeugung der letzten vier Jahrzehnte aus den nackten Ziffern ablesen zu wollen. Diese drücken nicht die Veränderungen in der Bewertung der erzeugten Produkte aus, und gerade diese sind für die Gesamtlage des landwirtschaftlichen Englands heute noch die entscheidenden.

Die Gesamttendenz der englischen Agrarproduktion ist nämlich seit der großen Wende in den 70er Jahren gekennzeichnet durch einen Übergang von den gewöhnlicheren Produktionen zu den feineren, eine Parallelbewegung zu der Entwicklung der Industrie, wenn diese auch etwas später einsetzte. Das Sinken der Getreide- und Brotpreise, die Verbilligung des Bezuges von gewöhnlichem Fleisch und ausländischen Massenartikeln der Nahrungsmittelbranche (später noch der Margarine und der sonstigen pflanzlichen Speisefette) bei gleichzeitig steigenden Löhnen erhöhte die Kaufkraft der Massen für Nahrungsmittel, die früher als Luxus gegolten hatten. In dem Maße, wie sich der Konsum für billiges Fleisch verbilligte und der Fleischgenuß als Ganzes zunahm, spezialisierte sich der Markt für die besseren und besten Sorten, und hier konnte die englische Viehzucht unbesorgt vor dem ausländischen Wettbewerb weiter bestehen. Deshalb sind die oben erwähnten Ziffern des Viehbestandes, so erfreulich sie für das allgemeine Urteil über die Entwicklung der englischen Landwirtschaft sein mögen, keineswegs erschöpfend. Denn der Wert jedes einzelnen Tieres ist durch die andauernde Verbesserung der Fleischproduktion, in diesem Falle besonders einer Steigerung des durchschnittlichen Lebendgewichtes der Tiere, gehoben worden, so daß die jährlich gezählten Tiere heute ein größeres Erzeugnis an Fleisch darstellen als vor 40 Jahren. Englisches Fleisch aber gilt noch immer in England als das beste. Dazu kommt, daß die Engländer einen besonderen Spezialzweig der Viehzucht immer stärker ausbildeten, auf dem sie nicht nur den heimischen Absatz, sondern sogar die Auslandsmärkte beherrschten: die Herdbuchviehzucht (Stammbaumvieh). Zu Beginn des 20. Jahrhunderts betrug der Wert der Ausfuhr dieser Züchtungen ca. 15 Millionen Mark.

Was von der Viehzucht gilt, trifft auch auf andere Zweige der Agrarproduktion zu. Überall versuchten die englischen Landwirte sich den veränderten Weltmarktsverhältnissen und deren Einfluß auf die Preisbildung anzupassen. Wo die Produktion von Butter nicht mehr rentierte — und dies war keineswegs auf allen Molkereigütern der Fall! — ging man zum Verkauf von frischer Milch und von Rahm über, man verfeinerte die Käseherstellung, man wandte sich dem Anbau von Gemüse und Obst in besonderen Landwirtschaftsbetrieben zu, deren Leiter man „Market Gardeners“ nennt. Ganze Kolonien solcher Kleinlandwirtschaftsbetriebe entstanden in der Nähe großer Industriezentren. Die Pachtrenten, welche solche Betriebe zahlten, waren mit 10—18 £ im Jahre pro acre oft fünf- bis zehnmal so hoch wie diejenigen von gewöhnlichem Land. Die Treibhaus- und Unter-Glaskultur erblühte. Die Anlage großer Strauchobstplantagen wie überhaupt der Obstbau, ganz besonders derjenige der feineren Sorten und des Tafelobstes, nahm rasch zu, so daß sich die Anbaufläche von Busch- und Strauchobst von 1886—1902 fast verdoppelte. Auch hier freilich werden die Ziffern der Wertsteigerung nicht gerecht, da die Einführung verbesserter Obstsorten und die bessere Pflege und Behandlung der Pflanzen und Bäume sowohl das Erträgnis wie die Qualität desselben pro acre wesentlich gesteigert hat. Die Geflügelzucht hat ebenfalls nach Angaben sachverständiger Beurteiler eine erhebliche Steigerung, in den letzten Jahren des alten Jahrhunderts geradezu eine Verdoppelung erfahren, und dies, obschon der Eierimport aus südöstlichen Ländern Europas (Galizien z. B.) ebenfalls dauernd zugenommen hatte. Aber das „frische“ Ei war gewissermaßen in England „geschützt“, und, wie in den übrigen Produktionsgebieten, so wuchs auch hier der Verbrauch der besten Ware mit der Steigerung des Konsums und der ständigen Verbilligung des eingeführten billigen Erzeugnisses.

Die Differenzierung der englischen Agrarproduktion nach Gesichtspunkten der Qualitätserzeugung hat auch einzelnen englischen Grafschaften ein charakteristisches landwirtschaftliches Gepräge gegeben: während einerseits noch immer die alte Teilung zwischen den eigentlichen Ackerbaugrafschaften des Ostens und Nordostens den typischen Weidegrafschaften im Westen und in Wales fortbesteht, und selbstverständlich die letzteren weit weniger unter den Krisen litten als die reinen Ackerbaugebiete, wie etwa Norfolk, Lincolnshire oder Essex, haben sich andererseits gerade recht notleidende Grafschaften durch ihren prompten Übergang zu rentableren Produktionen einen besonderen Namen und Stand gemacht. So ist heute Kent berühmt für seinen Obst- und Gemüsebau — die Hopfengrafschaft war übrigens Kent ebenfalls schon immer! —, während Sussex als Viehzuchtgebiet bekannt geworden ist, in Teilen von Lincolnshire (Isle of Axholme) erblühte ein lebhafter Selleriebau, und die alten Molkereigrafschaften im weidereichen Westen, Cumberland, Dorsetshire und Devonshire, wußten ebenfalls ihren Ruf in dem Maße zu steigern, wie die Nachfrage nach ihren Spezialprodukten sich intensivierte. Devonshire cream (Sahne) ist gewissermaßen eine „Marke" geworden wie Chester-Käse oder Yorkshire-Schinken. Landwirtschaftliche Erzeugnisse, deren Herstellung man in den 70er Jahren gegenüber der alles beherrschenden Getreidewirtschaft noch als quantité négligeable betrachtet hatte, und auf welche die alteingesessenen englischen Landwirte mit Verachtung herabsahen, spielten wenige Jahrzehnte später die Hauptrolle in der englischen Landwirtschaft, während der Ackerbau selbst vielfach nur noch ein Anhängsel der Viehwirtschaft im „gemischten" Betriebe wurde und in erster Linie der Versorgung des Viehs mit Futtermitteln im Turnus des Fruchtwechsels diente.

Dieser Übergang zu hochwertigen Produktionen ist selbstverständlich den englischen Landwirten nicht leicht gefallen. Ist der Engländer schon an sich konservativ, so kam die traditionell orientierte Denkungsweise und Wirtschaftlichkeit ländlichen Geblütes noch hinzu. Daher haben vielfach städtische Elemente, die aufs Land zurückwanderten, den größeren Erfolg aufgewiesen als der alte „gentleman farmer". Vor allem haben aber diejenigen Landwirte den Sieg über die schweren Zeiten davongetragen, die sich nicht als gentlemen fühlten und neben Landwirtschaft noch den Genüssen des Sports und der Jagd frönen zu können glaubten, während ihnen die gewohnte Decke der recht üppigen Lebenshaltung unter den Füßen weggezogen wurde, sondern die sogenannten „Working Farmers", die Bauern-Landwirte, d. h. die Pächter mit bäuerlichem Gepräge, deren Söhne und Töchter fleißig im Betriebe mithalfen, anstatt nach der nächsten Stadt zu fahren oder sich im Klavier- und Tennisspiel auszubilden. Wo sich solche hartarbeitenden Landwirte fanden, blieb auch die Rentabilität des Betriebes nicht aus, deshalb haben die Schotten, die ein derb arbeitendes Landvolk sind, vielfach weit besser in jenen Zeiten der Depression abgeschnitten als ihre englischen Berufsbrüder, ja schottische Landwirte waren es, die nach den östlichen Grafschaften, durch billige Inserate der dortigen Grundbesitzer angelockt, neue Methoden der Vieh- und Weidewirtschaft einführten und durch ihren harten Fleiß zunächst Bewunderung und Neid, dann die Nachahmung seitens der dort eingesessenen Landwirte fanden.

Wenn vor dem Kriege die Krisengefahr in der englischen Landwirtschaft etwa schon ein Jahrzehnt lang als überwunden gelten konnte, so ist freilich hieran auch ein spezifischer Umstand beteiligt, der die Belastung der englischen Landwirtschaft erleichterte. Die Zusammenballung des englischen Grundbesitzes auf relativ wenige, zum großen Teil sehr vermögende Landmagnaten, ermöglichte weit stärker als in

Ländern des kontinentalen Kleinbauerntums die Abbürdung der Verluste auf die Schultern des Großkapitals. Kam die sinkende Rentabilität der Landwirtschaft in der Notwendigkeit der Ermäßigung der Pachtrenten zum Ausdruck, so belastete dies in erster Linie das Budget der alteingesessenen Landlords, die ihre Verluste zum Teil aus anderen — oft kommerziellen — Einnahmequellen oder ihren Reichtümern an städtischem Grundbesitz, oft auch durch Verpachtung von Land zu Jagd und Sport, decken konnten. Andererseits gewann mit dem zunehmenden Reichtum Englands das Land immer mehr an Phantasiewert, so daß viele Güter trotz der geringen Verzinsung, die aus der Landwirtschaft floß, aus sozialen und sportlichen Gründen von nicht agrarischen Personen bewirtschaftet blieben, während sie ohne solche Unterstützung vielleicht in einen Zustand der Verödung und Preisgabe verfallen wären.

Der Weltkrieg hat die landwirtschaftliche Entwicklung Englands wieder in Bahnen gelenkt, die eher zu früheren Zuständen zurückzuführen scheinen. Die Bedrohung der Getreideversorgung und das enorme Steigen der Weizenpreise in der Zeit der Frachtraumnot und des U-Bootkrieges — die Weizenpreise stiegen auf eine Höhe, die man als dauernd seit den Tagen Napoleons nicht mehr erlebt hatte; noch heute kostet der Weizen in England ca. 80 sh pro Quarter (gleich 224 kg), gegen 27 sh zwischen 1900/02 — bewirkte eine von der Regierung geförderte erneute Hingabe an den Weizenbau und die Ackerwirtschaft. Nachdem zur Zeit Napoleons die großen Umlegungen von Weide in Ackerland stattgefunden hatten, dann seit dem Auftreten der überseeischen Getreidekonkurrenz wieder der umgekehrte Prozeß eingesetzt hatte und mit Mühe und Not neues Weideland gebildet worden war, hat während des Weltkrieges, und besonders seit 1917, die Verwandlung von Weiden in Ackerland wieder eingesetzt. So betrug im Jahre 1919 die mit Körnerernten bestellte Fläche im Vereinigten Königreich 10,09 Millionen acres gegen 8,12 Millionen im Jahre 1913. Andererseits hatte die Weide von 1913—1918 um ca. 2 Millionen acres abgenommen. Eines jedoch bleibt zu bemerken: von einem eigentlichen „boom" im englischen Getreidebau kann während des Krieges nicht gesprochen werden, obschon man sich vergegenwärtigen muß, daß die Weizenpreissteigerung vielfach um das 20fache höher war als der seinerzeit von den Chamberlainschen Schutzzöllnern verlangte Weizenzoll von 2 sh der Quarter, von dem man bereits eine Steigerung der Ackerfläche erwartete. Im Gegenteil: die englischen Landwirte klagten während des Krieges auf das lebhafteste, indem die gesamten Kosten der Landwirtschaft sich außerordentlich gesteigert hatten, und dazu die Aushebungen von Rekruten, die Entziehung der Pferde zu Kriegszwecken und die sonstigen Kriegslasten den Betrieb oft geradezu gefährdeten. Man wird daher auch der Entwicklung der englischen Landwirtschaft während des Krieges, zumindest vorläufig nicht, eine dauernde Bedeutung beimessen dürfen. Ob mit dem Jahre 1914 ein neuer Abschnitt der englischen Landwirtschaft begonnen hat, wird sich erst sehr viel später zeigen können. Auch sind die Änderungen im Gesamtrahmen der für die Zeit von 1875/80—1914 geltenden Verhältnisse vorläufig zu gering gewesen, um die tiefeinschneidende Agrarrevolution jener Epoche mit einem Schlage wieder zu beseitigen, schon deshalb, weil jene Entwicklung nicht nur auf Art und Umfang der Erzeugung, sondern vor allem auch auf die organisatorische und soziale Struktur des Landwirtschaftsbetriebes entscheidenden und tiefgreifenden Einfluß genommen hatte.

9. Das Betriebs- und Besitzproblem in der englischen Landwirtschaft.

Literatur: Shaw-Lefevre, Agrarian Tenures. 1893. — Brentano, Erbrechtspolitik. 1899. — Brodrick, English Land and Landlords. 1881. — Hasbach, Landarbeiter (s. S. 69). — Verschiedene amtliche Berichte zitiert in Levy, Entstehung und Rückgang usw. (s. S. 69). — Rider Haggard, Rural England. 2 Bde. 1902. — Report on Small Holdings. 1906. — Report des Land Enquiry Committee. 1913. — Hermann Levy, Die englische Agrarreform. Archiv f. Sozialwissenschaft. März 1914. — E. A. Pratt, The Transition in Agriculture. 1906. — Plunkett, The new Development in agricultural Organisation. 1908 (Memorandum). — E. A. Pratt, Small Holders. 1909.

Änderungen in der landwirtschaftlichen Betriebsform, in der Bewirtschaftungsgröße der Güter, sind heute wirtschaftspolitisch, sozialpolitisch und soziologisch viel einschneidender, als es in der Industrie der Fall zu sein pflegt. Die Frage des industriellen Betriebes hat sich mehr oder weniger in eine technisch-wirtschaftliche, in eine Frage nach dem Optimum der Bewirtschaftungsweise aufgelöst, die kühl und nüchtern nach dem ziffernmäßigen Ergebnis der größeren oder geringeren Rentabilität der Betriebsgröße beurteilt zu werden pflegt. Die Frage einer Aussonderung handwerksmäßiger Betriebe durch den industriellen Großbetrieb hat längst ihre Schärfe verloren, sie wird als gegeben hingenommen. Dagegen trifft das Problem der großen und kleinen Güter auch heute noch auf einen brodelnden Herd von sozialen Fragen aller Art: der Grundbesitzverteilung, des Bauernstandes, der Landflucht, der inneren Kolonisation und sonstiger sozialpolitisch-soziologischer Probleme, die nicht ausschließlich nach wirtschaftlichen Gesichtspunkten beurteilt und behandelt werden.

Dies ist vor allem darauf zurückzuführen, daß die Entwicklung der Betriebsgrößen in der Landwirtschaft noch nicht abgeschlossen ist, daß diese sich vielmehr gerade seit dem Beginn der überseeischen Getreidekonkurrenz im neuen Fluß befindet, wofür wiederum die englische Entwicklung besonders charakteristisch ist.

Es gilt jedoch, um den Werdegang dieser modernen Entwicklung der Betriebsgrößen in der englischen Landwirtschaft zu verstehen, auf Geschichtliches zurückgreifen. Die von uns geschilderte Zeit der Blüte des englischen Getreidebaues und der extensiven Viehzucht in der Zeit vom Ende des 18. bis zum Beginn des 19. Jahrhunderts und nicht minder die darauf folgende Epoche bis 1875, wenn auch die letztere nicht in gleicher Stärke, kann allgemein als diejenige einer Ersetzung des Kleinbetriebes durch den Großbetrieb bezeichnet werden. Zu Ende des 18. Jahrhunderts wird diese Bewegung dadurch veranlaßt, daß die technischen Fortschritte in der Landwirtschaft den Getreidebau oder Getreidebau und Viehzucht „im Großen" rentabel machten. Da nun in England ein zahlreicher Bauernstand schon damals nicht mehr bestand, sondern nur Reste der alten englischen sogenannten Yeomanry übrig geblieben waren, so lag es für die Grundbesitzer nahe, kleine Pachthöfe mit größeren zu vereinigen, da hiermit eine Erhöhung der Renten und eine Verringerung der Verwaltungskosten gegeben war. Das „Zusammenlegen" von Gütern, das man im Volksmund auch ironisch das Monopolisieren der Güter (engrossing of farms) nannte, wurde eine Mode in der englischen Landwirtschaft, ganz gleichgültig, welches die Folgen auf die Verringerung der Zahl selbständiger Landwirte war, die zum Teil zu proletarischen Lohnempfängern herabgedrückt wurden, zum Teil in die Städte oder nach Übersee abwanderten. Der Schutz, den eine merkantilistisch-bürokratische Fürsorge der Krongewalt in deutschen Gebieten, etwa Friedrichs des Großen Bauernschutz, zur Behinderung dieses Prozesses geschaffen hatte, war in dem schon völlig liberalistisch entwickelten England nicht vorhanden. Im Gegenteil. Das einzige Gebiet, auf welchem solch ein Schutz verwaltungsrechtlich leicht hätte ermöglicht werden können, nämlich die Nutzung der Gemeinweiden, wurde durch eine rasche Aufteilung derselben und ihre Überführung in den Privatbesitz ebenfalls der aufkommenden Tendenz der Großbetriebsbildung unterworfen; denn bei der Aufteilung der Gemeindeländereien, die zur Unterstützung vieler Kleinlandwirte beigetragen hatten, ebenso wie bei der Beseitigung der Weiderechte und der Zusammenlegung der Felder hatte stets der politisch mächtige und in lokalen Dingen einflußreiche Landlord oder Squire die Vorteile. So verschwanden in jener und der darauffolgenden Periode eine gewaltige Zahl kleiner Pächter und sogenannter Cottagers, d. h. Kossäten mit etwas Landbesitz. Aber auch der letzte Rest der noch vorhandenen Bauernhöfe ist in jener Zeit aus der englischen Landwirtschaft verschwunden.

Um diesen sogenannten „Untergang“ des englischen Bauernstandes schwebte lange Zeit ein merkwürdiges Dunkel, das erst neuere Forschungen gelichtet haben. Karl Marx hatte davon gesprochen, daß der englische Bauer, soweit er nicht schon längst durch die Verwandlung eines unfreien hörigen Kleinbesitzers in einen freien Pächter übergegangen war, wie es die Regel bildete, zwischen 1750 und 1800 der kapitalistischen Expropriationsgier der großen Besitzer anheimgefallen sei. Wieder andere erklärten, der Freihandel späterer Zeiten habe die englische Bauernschaft ruiniert. In Wirklichkeit ergibt die Durchsicht alles verfügbaren Materials, daß zur Zeit der Einführung des Freihandels nur noch ganz wenige Bauernfamilien überhaupt existierten, daß aber das Verschwinden noch erheblicherer Bauernstellen gerade in die Zeit der höchsten Blüte der Getreidewirtschaft, nämlich die Zeit von etwa 1790—1813, fiel. Und auch in dieser Zeit handelte es sich nicht um Zwangsverkäufe der Bauern, nicht um Schädigungen derselben, wie sie etwa Kleinpächter und Kötter durchmachten, denen man die Gemeinweide nahm, sondern um freiwillige Aufgabe des Kleinbesitzes seitens der Bauern selbst. Angesichts der viel größeren Rentabilität eines modernen, Getreide für den Absatz bauenden Großbetriebes wurde es nämlich ratsamer, ein großes Gut zu pachten, anstatt ein kleines, das nur geringe Überschüsse für den Markt lieferte, selbst zu bewirtschaften. So verkaufte der Bauer sein infolge der allgemeinen Bodenpreishausse enorm im Preis gestiegenes Anwesen und pachtete mit dem erzielten Kapital ein großes Gut, das sich glänzend verzinste. Diejenigen Bauern, welche jene Verwandlung nicht mitmachten, sondern die Preissteigerung des Bodens in Form von Hypotheken kapitalisierten, sind später, als die Preise in den 20—40er Jahren wieder sanken, erst recht nicht in der Lage gewesen, ihre Betriebe zu halten und im Gegensatz zu den Bauern, die frühzeitig sich aufs Pachten legten, finanziell zugrunde gegangen.

Lange Zeit dauerte der Siegeszug des Großbetriebes. Alle agrarwissenschaftlichen Theorien der früher genannten Schriftsteller, daß der Großbetrieb in der Landwirtschaft die überlegene Form des Betriebes sei, schienen sich an der praktischen Entwicklung zu bestätigen. So konnte diese Lehre auch auf die spätere sozialistische Theorie übergehen, die auf Grund der Marx-Engelsschen Anschauungen, die wiederum dem englischen Vorbilde entnommen waren, davon überzeugen wollte, daß in der Landwirtschaft genau wie in der Industrie der große Betrieb mit der Zeit den gesamten Kleinbetrieb expropriieren werde.

Gerade aber die neuere Agrargeschichte Englands erbrachte den Beweis von der Lückenhaftigkeit dieser Vorstellungen; denn mit den sich ändernden Absatz- und Produktionsverhältnissen der 80er und 90er Jahre hörte wie mit einem Schlage die bis dahin noch immer unverkennbare Tendenz der Zusammenschlagung kleiner und großer Pachthöfe auf, und es setzte im Gegenteil die Entwicklung zu einer Rückbildung kleiner Farmen und einem Rückgang der großen Höfe ein. Am deutlichsten zeigt sich die andauernde Abnahme der größten und kleinsten Betriebsgrößen. So zeigen die Ziffern der neuesten Zeit, auf deren kürzeste Wiedergabe wir uns hier beschränken wollen, daß im Jahre 1905 in England 14792 Güter über 300 acres gezählt wurden, im Jahre 1915 war deren Zahl auf 14230 und im Jahre 1916 auf 13806 gesunken. Dagegen zeigten die kleinsten Parzellenbetriebe, die sogenannten Allotments, die im Jahre 1886 erst ca. 350000 betragen hatten, im Jahre 1896 schon eine Zunahme auf 473000, während in ganz Großbritannien im Jahre 1919 nicht weniger als 1500000 solcher Parzellenwirtschaften vorhanden waren. Die dazwischen liegenden Farmgrößen von 1—300 acres konnten ihre Anzahl zwischen 1905 und 1912 vermehren, freilich nicht so erheblich wie die Parzellenbetriebe, wobei aber selbstverständlich die verschiedene Durchschnittsfläche der Betriebsgrößen zu berücksichtigen ist: die Steigerung betrug hier 4000 Betriebe. Jedenfalls aber kann von einer Tendenz der großbetrieblichen Entwicklung nicht mehr, dagegen von einer Rückentwicklung zum Kleinbetrieb jetzt die Rede sein.

Die statistischen Ergebnisse werden von erfahrungsmäßigen Feststellungen begleitet. Vor allen Untersuchungsausschüssen über die Depression in der englischen Landwirtschaft zeigte es sich, daß die kleinen Güter, besonders auf Weideland, sich besser gehalten hatten als die großen Ackerbaugüter, ja daß geradezu die Krisis in den restlichen Grafschaften und in Wales weit weniger intensiv empfunden worden war, weil hier die kleine Betriebsgröße vorherrschend war (in den östlich-nordöstlichen Grafschaften kamen zu Mitte der 90er Jahre auf je 100 acres Land ca. 40 acres mit Betrieben von 300 bis über 1000 acres, während in den nördlich-nordwestlichen Grafschaften diese Ziffer auf 18 zurückwich). Hier wurde eben stärker als anderswo Weide- und Molkereiwirtschaft betrieben, die sich besser „hielt" als andere Produktionen.

Der Zusammenhang zwischen dem Vorhandensein zahlreicherer Kleinbetriebe gerade in nicht — vornehmlich — ackerbautreibenden Gebieten ist aber für die ganze weitere Beurteilung der Betriebsfrage in der englischen Landwirtschaft charakteristisch. Es erwies sich hier, daß die Rentabilität der einzelnen Betriebsgrößen sehr wesentlich von der Art der Produktion abhing, welche vorherrschte, und daß die schablonenhafte Übertragung der Theorie vom dominierenden Großgut falsch war, wo es sich um andere Zweige der Landwirtschaft, wie den Körnerbau, handelte. Wiederum zeigte es sich aus den Untersuchungen der parlamentarischen Fachausschüsse, daß der Kleinlandwirt für die Umgestaltung der Ackerwirtschaft und die Anpassung an die neuen Absatzverhältnisse besondere Vorzüge mitbrachte, die der Großbetrieb nicht besaß. Hatte dieser sich durch seine Kapitalkraft ausgezeichnet, die seinen Besitzer instandsetzte, die neuesten Verbesserungen mitzumachen, die kostspieligen Maschinen zu beschaffen, die wissenschaftliche Düngung und Behandlung des Bodens durchzuführen, so kamen andererseits alle diese Errungenschaften für die übrigen nicht zerealischen Produktionszweige wie die Viehzucht, insbesondere die Aufzucht von jungem Vieh, die Milch-, Butter- und Käseproduktion, Gemüse- und Obstbau und die Geflügelzucht weit weniger stark in Betracht. Hier war und wurde, besonders in den Zeiten sich immer stärker steigernden Abwanderung in die Städte, das Moment der Arbeitsintensität weit bedeutsamer als das der Kapitalintensität im Betriebe. Wir hörten schon, wie der hartarbeitende schottische Pächter über den gentleman-farmer englischen Typs den Sieg davontrug. Da, wo es galt, mit der Liebe des Besitzers das Vieh zu pflegen, für das Melken und Buttern die unwillige Arbeit der Tagelöhner durch unbezahlte Kräfte aus der Familie zu ersetzen, im Gemüse- und Obstbau zur Zeit der Saison Arbeit zu leisten, die weit über die Stundenzahl bezahlter Kräfte hinausging, da brachte das kleine Gut mit zahlreicher Familie und wenigen Lohnarbeitern weit bessere Voraussetzungen mit als das auf Maschinenverwendung und Lohnarbeit eingestellte große Farmgut. Und auch das Gegenteil war der Fall: „Ein kleiner Pächter, der sich vom Pfluge fernhält, ist im allgemeinen gut daran. Aber sobald er Ackerbau betreibt, erscheint sein Leben mühselig und arm", so schrieb schon zu Ende der 80er Jahre ein damals bekannter Agrarschriftsteller. Die relativ günstige Lage der Kleinlandwirte ist in den letzten Jahrzehnten allgemein anerkannt worden, sie kam vor allem auch darin zum Ausdruck, daß kleine Güter, wenn die Pacht ablief oder sie sonst frei wurden, sofort wieder verpachtet wurden — wobei sich häufig Dutzende von Bewerbern für ein Gut einstellten —, während ganz große Güter zeitweilig überhaupt nicht zu verpachten waren und mittlere Güter nicht immer glatt einen neuen Pächter fanden.

Sind die Vorzüge des arbeitsintensiven Kleinbetriebes in den genannten für ihn geeigneten Produktionszweigen unbestreitbar, so besteht doch auch in diesen Produktionen eine Schwäche gegenüber dem großen Gute fort, dort nämlich, wo nicht die Erzeugung, sondern der Absatz in Frage kommt. Vielfach haben die Kleinlandwirte nur an lokale oder nahgelegene Stadtmärkte geliefert. Jedoch nicht überall war dies möglich. Wo es sich um den Absatz auf größere Entfernung, den Absatz mittels Bahn und den Verkauf an den städtischen Großhandel handelte, blieb der kleine Landwirt deshalb im Hintertreffen, weil das große Gut auf große Mengen und gleiche Qualitäten abschließen konnte, während der kleine Pächter kleine Mengen ungleicher Qualität, noch dazu nicht in regelmäßiger Beschickung des Marktes, lieferte. Wie stark für die großen englischen Märkte mit ihren gewaltigen Nahrungsmittelbedürfnissen der Massenbezug in Frage kommt, zeigte sich gerade darin, daß vielfach den Großhändlern der Bezug von Molkereiprodukten aus Dänemark, weil er im großen und mit absoluter Genauigkeit des Eintreffens geschah, lieber war als der Bezug aus dem Inlande, ja daß die Bahngesellschaften die Tarife von einem englischen Einfuhrhafen nach London billiger stellen konnten als von einer nur wenige Meilen von der Küste abgelegenen kleineren Station, die Butter oder anderes versandte. Diese Schwäche, die sich fühlbarer macht, je kleiner die Betriebsgröße wird, läßt sich aber korrigieren, und zwar durch das Genossenschaftswesen.

Die Engländer — freilich zuerst die Irländer unter der Führung des dortigen bekannten Genossenschafters Sir Horace Plunkett — erkannten, daß die Konkurrenz dänischer und sonstiger ausländischer Kleinlandwirte nicht so sehr auf einer Überlegenheit der Erzeugungskosten als auf dem Zusammenschluß zum gemeinsamen Massenabsatz beruhten. Man fing daher an, die Kleinlandwirte für das Genossenschaftswesen zu interessieren. Unter der Führung von Parlamentariern ländlichen Berufes wurde zu Anfang des neuen Jahrhunderts in London aus rein privaten Mitteln, an denen sich erst später der Staat beteiligte, eine Zentrale für die genossenschaftliche Propaganda (Agricultural Organisation Society) begründet und im Lande selbst mit der Bildung von Genossenschaften begonnen. Die Zahl der ländlichen Genossenschaften nahm rasch zu, obschon der konservative, individualistische englische Kleinlandwirt nur mit Schwierigkeiten an die Organisation heranging. Man beschränkte sich natürlich keineswegs nur auf die genossenschaftliche Organisation des Absatzes, etwa die Eierverkaufssammelstellen, den gemeinsamen Verkauf von Butter, Obst und Gemüse. Nach dänischem Muster wurden Dampfmolkereien mit neuestem Maschinenbetrieb, Rahmschleudern und Kühlapparaten usw. begründet, die den in ihr zusammengefaßten Kleingütern noch eine Überlegenheit gegenüber dem großen Pächter zu geben vermochten. Ebenso wurde die schwache Position des Kleinlandwirtes als Einkäufer durch Einkaufsgenossenschaften ausgeglichen, die sich für den Bezug von Maschinen, Düngemitteln, Saatgut usw. bildeten. So versuchte man sowohl auf dem Gebiete des Absatzes wie der Produktion und des Bezuges die dem Großbetriebe gegenüber verbleibenden Mängel des kleinen Gutes wettzumachen, und die in den letzten Jahren vor dem Krieg rasche Ausbreitung von Tochtergesellschaften der Londoner Propagandazentrale lieferte den besten Beweis, daß man sich auf dem rechten Wege befand.

Die Umgestaltung der ländlichen Absatz- und Produktionsverhältnisse, wie sie die Gefolgschaft der überseeischen Getreidekonkurrenz bildeten, zog eine überraschend kommende Umformung der ganzen englischen Agrarverfassung mit sich. Die wachsende Schärfe der Konkurrenz hatte nicht eine Verstraffung des kapitalistischen Systems, wenigstens der Form des Betriebes, zur Folge, sondern eine Rückbildung vom Groß- zum Kleinbetriebe. Wären für diese Rückbildung als Triebkräfte nur die rein ökonomischen Momente maßgebend gewesen, so hätte sich dieselbe weit schneller noch und intensiver vollzogen, als es der Fall war. Aber die Frage des kleinen Gutes in der Landwirtschaft ist, weil sie mit dem immobilen Moment des Bodens als Produktionselement zusammenhängt, nicht nur eine Frage des Betriebes, sondern auch eine Frage des Bodenbesitzes. Die Verkoppelung der Betriebs- mit der Besitzfrage in der englischen Landwirtschaft hat aber erst das moderne Problem der „kleinen Güter“ (the small holdings problem) zu einem Brennpunkt wirtschafts- und sozialpolitischer Fragen gemacht, die vielfach weit über den Rahmen des rein Agrarpolitischen hinausgingen.

10. Innere Kolonisation und Bodenreform.

Literatur: Die gleiche Literatur wie Kapitel IX. Dazu: Levy, Soziologische Studien; ferner: Jesse Collings, Land Reform. London 1906. — Sir G. Parker, The Land for the People. 1909. — R. Wilkins, The Small Holdings Controversy. 1909.

In dem Gesang von Goldsmith „The deserted Village“, in welchem er das Verschwinden der kleinen Landwirte zu Ende des 18. Jahrhunderts beklagt, findet sich der Vers:

> „Prinzen und Lords mögen gedeihen oder vergehen,
> wie ein Wort sie machte, so können sie wieder entstehen.
> Doch jene wackeren Bauern, des Landes Zier und Kraft,
> sie kommen so leicht nicht wieder, wenn einmal hingerafft.“

Dieses Wort hat sich am Untergang des englischen Bauernstandes bewahrheitet. Trotz aller Gunst der wirtschaftlichen Verhältnisse, welche seit den 70er Jahren die Form des Kleinbetriebes in der englischen Landwirtschaft genoß, sind Bauern alten Schlages, d. h. Freeholders mit hartarbeitenden Familien und einer landwirtschaftlichen

Tradition (Kleinbesitzer als solche brauchen in diesem soziologischen Sinne keine „Bauern" zu sein), so gut wie gar nicht, und kleine Pächter nur nach Überwindung großer Widerstände in größerer Zahl entstanden. Für die Nichtentstehung des Bauernstandes sind die Ursachen leicht genannt. Sie bestehen erstens darin, daß das Land Englands — trotz aller rechtlichen Bewegungsfreiheit des Grundbesitzes und der allmählichen Auflösung der Fideikommisse (entails) — in relativ wenigen Händen konzentriert ist, so daß nur wenig Spielraum für den Kauf einer eigenen kleinen Scholle bleibt. Nach den Angaben des englischen Agrarhistorikers Brodrick, der im Jahre 1881 ein bedeutendes Werk über „Englisches Land und englische Landlords" herausgab, besaßen unter Fortlassung der Besitzgrößen unter 10 acres (also 4,5 ha) 147 000 Personen 32 Millionen acres Land. In Deutschland kamen einige Jahrzehnte später allein auf die Größenklassen (Betriebe) von 5 bis 20 ha, die ca. 14000000 ha darstellten, 624000 Betriebe mit ausschließlich eigenem Besitz. Dabei zeigt die landwirtschaftliche Statistik Englands bis zum Beginn des Weltkrieges sogar einen dauernden Rückgang der vom Eigentümer bewirtschafteten Fläche, deren Gesamtheit im Jahre 1885 noch zu 15,32%, im Jahre 1900 noch zu 13,53%, dagegen 1912 nur noch zu 10,87% vom Eigentümer bewirtschaftet wurde. Selbst nun dort, wo die Monopolisierung des Bodens der Bildung kleiner Bauerngehöfte nicht im Wege stehen würde, also Land zum Verkaufe kommt, wird dieses in den seltensten Fällen im freien Marktverkehr der Aufteilung und Verteilung in kleinen Besitzgrößen dienstbar gemacht werden.

In England hat der Boden neben seinem kapitalisierten Ertragswert, also seinem Nutzungswert, noch einen anderen Wert: einen Luxuswert, der den Bodenpreis über das Niveau des Ertragswertes hinaustreibt, so daß dann der eigentliche Verkehrs- oder Marktwert des Bodens höher zu sein pflegt, als der kapitalisierte Nutzungswert beträgt. Dieser Luxuswert, dieser nicht landwirtschaftliche Wert des Bodens beruht auf den Eigenschaften des Bodens, die ihn in England noch weit stärker als in anderen Ländern zu einem besonderen Kaufobjekt für die höheren und reichen Volkskreise machen. Noch immer ist der Landaufenthalt in England — neben der kurzen Londoner Saison — das Mittel gesellschaftlicher Betätigung und Entfaltung, noch immer gilt der Besitz eines großen, wohlabgerundeten, schön gelegenen (und welcher englische Landsitz ist das nicht?) Gutes als das Zeichen einer sozialen Vorzugsstellung, die kein noch so üppiges Stadthaus ersetzen kann, noch immer ist auch der politische Einfluß, der Eintritt in das Parlament, durch den Erwerb lokal-ländlichen Einflusses erleichtert, und Jagd — Füchse, Rebhühner, Fasanen — und Sport, besonders

Golf, tragen das ihrige zu diesem Phantasiewert des Bodens bei. Obschon, wie früher angedeutet, diese Seiten des ländlichen Besitzes die Abbürdung der Depressionen auf stärkere Schultern wesentlich erleichtern konnten, haben sie doch eine gewaltige Schattenseite für den kleinen Landbewohner gehabt. Dieser konnte nämlich nicht den Phantasiewert des Bodens im Preise mitbezahlen, wenn er vielleicht auch geneigt sein mochte, für die Möglichkeit einer gesunden und unabhängigen Berufsausübung etwas mehr für den Boden herzugeben, als sein Anlagekapital anderweitig gebracht haben würde. Daher war der absolut sinkende Bodenpreis kein Stimulus für die Rückbildung neuer kleiner Besitzgrößen, solange der Unterschied zwischen dem kapitalisiertern Ertragswert und dem wirklichen Marktpreis des Bodens, der sich selbst bei absolut sinkenden Bodenpreisen noch vergrößern konnte, bestehen blieb.

Nun könnte man vielleicht in einem Lande, das sich, seit Jahrhunderten fast, an das kapitalistische Betriebssystem der Pachtung gewöhnt hat, darauf verzichten, kleine Grundbesitzer zu sehen und sich mit der Vermehrung kleiner Pachthöfe begnügen, wiewohl sicherlich gerade die arbeitsintensiven Bedürfnisse des Kleinbetriebes durch das Gefühl der unbehinderten und unbehinderbaren Zugehörigkeit zur eigenen Scholle gesteigert werden. Aber die Hemmungen, die sich der Entwicklung der Kleinbetriebe entgegenstellen, bleiben nicht beim Kleinbesitze allein bestehen.

Auch die rasche Rückentwicklung der großen Farmen zu kleineren Pachthöfen wurde durch die eigenartige Struktur des Großgrundbesitzes in England wesentlich behindert. Schon Brodrick hat in den 80er Jahren darauf hingewiesen, daß man, solange die auf dem Großgrundbesitz aufgebaute Agrarverfassung Englands bestehe, den Kleinbetrieb trotz aller ökonomischen Tendenzen, die zu ihm drängten, nicht werde fördern können. Man sollte ursprünglich meinen, daß auch der Grundbesitzer lediglich ein Interesse daran habe, seine Pachtrenten zu vergrößern und daher jeweilig diejenige Betriebsform bevorzugen werde, die diesem Ziele am besten entspreche. Dies ist natürlich im allgemeinen und auf lange Zeitdauer hin richtig, und es ist ja auch tatsächlich das kleine Gut in den letzten Jahrzehnten entwicklungsfähiger gewesen als das große. Aber ehe dieser Prozeß einsetzt, reibt sich die ökonomische Entwicklung an den nichtökonomischen Erwägungen des Großgrundbesitzers hinsichtlich der in seinem Besitzkomplex für ihn erwünschten Betriebsgrößen.

Zunächst stören vielfach die kleinen Pächter weit mehr als die großen den Jagdbetrieb. Während der große Pächter ein Auge zudrückt, ist der kleine geneigt, wegen jedes Schadenfalles Ersatzansprüche zu stellen. Dasselbe gilt für kleine Reparaturen und ähnliches, die der große Pächter selbst vornimmt, während der kleine Pächter jeden Schilling erst einmal umdreht. Die Folge hiervon ist, daß der sogenannte Gutsagent (land agent), der für den Großbesitzer die Güter verwaltet, die Renten einzieht usw., weit mehr Scherereien mit den kleinen Landwirten hat als mit den Großpächtern. Das soziale Moment tritt hinzu. Während der Gutsagent selbst etwa den Kreisen des Großpächters, eines halben gentleman, entstammt, ist der kleine Landwirt ein „Bauer" häufig als größerer Kossäte geradezu noch ein Proletarier, in den Augen des Agenten. Andererseits betrachtet der kleine Landwirt diesen wiederum als seinen natürlichen Gegner, und während Großpächter und Gutsagent oft in gesellschaftlicher Form bei einem Glase Whisky sich über manchen Streitpunkt einigen, ist das Verhältnis zwischen Kleinpächter und Gutsagent ein kühles und von vornherein geschäftliches. Die Klasse der Gutsagenten aber ist mächtig auf dem Lande, sie beeinflußt das Urteil der Landlords, und man kann es auf der anderen Seite verstehen, daß gerade die Gutsagenten nicht für den Kleinbetrieb eintraten, sondern lange Zeit dessen Anwachsen mit Mißtrauen und Widerstand in den einzelnen Fällen betrachteten.

Dem Großgrundbesitzer kam diese Stellungnahme nicht ungelegen. Von einigen sozialpolitisch interessierten Persönlichkeiten — wie z. B. einem Lord Carrington, späteren Herzog von Lincolnshire, der kleine Güter in starkem Maße auf seinem Besitz begünstigte — abgesehen, stand und steht heute noch der englische Landlord auf dem Standpunkt, daß viele kleine Höfe mit Schornsteinen seinen Besitz landschaftlich verunzieren, daß die meisten dieser aus dem Landarbeiterstand hervorgegangenen Landwirte in ihrer politischen, zumeist liberal-radikalen Gesinnung dem noch immer blühenden Toryismus auf dem englischen Lande abgeneigt sind; endlich aber scheuten die meisten Großbesitzer auch deshalb vor der Zerschlagung großer Höfe in kleine zurück, weil die hohen Auslagen, für die nunmehr erforderlichen Wohnhäuser, Ställe und Wirtschaftsgebäude, einen neuen Kapitalaufwand bedeuteten, der sich wohl an den höheren Renten, die der Kleinbetrieb allgemein zahlt, wieder einholen läßt, doch aber zunächst, ganz besonders in den Krisenzeiten, eine erhebliche Belastung für den Großgrundbesitz bedeutete. Gründe genug, welche dahin wirkten, daß die Zerkleinerung der Betriebe eben wirklich nur vorgenommen wurde, wenn die Not dazu drängte, d. h. wenn sich keine Bewerber mehr für freiwerdende große Pachthöfe fanden oder die bewirtschaftenden Großpächter, die man, schon um sie zu halten, in der Rentenzahlung vor den kleinen Pächtern stark begünstigte, zahlungsunfähig wurden.

So kam es, daß die günstigen Voraussetzungen für die kleinen Betriebe wohl eine Vermehrung derselben bewirken konnten, doch keine solche, die den Bedürfnissen der Zeit und den sozialen Wünschen weiter ländlicher Kreise entsprachen. Denn diese waren nur allzu gern bereit, passende Kleingüter zu übernehmen, was sich an der ungeheuren Nachfrage nach kleinen Gütern zeigte, sobald solche verfügbar waren. Sehr frühzeitig kamen daher Politiker und Parlamentarier zu der Erkenntnis, daß hier von seiten des Staates etwas geschehen müsse, um den ökonomischen Entwicklungsgang von den unökonomischen Hemmungen zu befreien und den Spielraum für die Bildung von Kleinbetrieben zu erweitern. Der Gedanke von Gesetzen, die man in Deutschland mit dem Namen der „inneren Kolonisation" bezeichnete, d. h. einer Ansiedelungspolitik mit staatlichen Zwangs- und Unterstützungsmaßnahmen, wurde aber des weiteren dadurch verstärkt und geradezu gebieterisch, daß die Bildung von Kleinbetrieben als das einzige wirksame Mittel gelten konnte, die immer stärkere Abwanderung vom Lande, den rural exodus, zu verlangsamen. Hierdurch ergibt sich eine enge Verknüpfung des Problems der kleinen Güter mit der Landarbeiterfrage.

Die Entstehung der englischen L a n d a r b e i t e r s c h a f t, d. h. der besitzlosen Tagelöhner, geht auf die frühzeitige Entstehung des kapitalistischen Großbetriebes zurück, vor allem aber auf die Zeit von 1770 bis in die 80er Jahre des 19. Jahrhunderts, welche den Triumph des Großbetriebes bedeutete. Soweit die großen Güter aus kleinen Gehöften und Parzellenwirtschaften und aus den unmittelbaren oder mittelbaren Wirkungen der Aufteilung der Gemeinweiden, in England also der Einhegungen, entstanden, bedeuteten sie regelmäßig, sei es für die Depossedierten selbst, soweit sie auf dem Lande verblieben, sei es für die kommende ländliche Generation, eine Vermehrung des besitzlosen proletarischen Landarbeiters. War der Landarbeiter selbst in der Lage, einige acres zu pachten oder zu kaufen, so wurde ihm das in früheren Zeiten auf seiner Arbeitsstelle geradezu verübelt, da es ihn und seine Familie von der Lohnarbeit auf dem Großgute ablenkte. Dieser Zustand bedeutete für den englischen Landarbeiter um so mehr, als seine gesamte soziale Lage lange Zeit, nämlich bis in die 40er Jahre hinein, die denkbar traurigste war, und gerade eine Möglichkeit des Zurückgreifens auf eigene und unabhängige Erwerbsmöglichkeiten sie allein hätte verbessern können. Diese Lage selbst ist von Engels, Harriet Martineau, Hasbach und anderen auf das lebhafteste geschildert worden, und sie übertrifft an Schauerlichkeit noch vielfach das, was uns jene Schriftsteller über die Not der industriellen Arbeiter jener Zeit zu berichten wissen. Mit dem allgemeinen Aufschwung der Lebens- und Lohnverhältnisse nach 1846, und besonders in den letzten Jahrzehnten des Jahrhunderts, besserte sich auch die Lage des Landarbeiters, so daß z. B. nach den Berechnungen von Wilson-Fox der Lohn von 1871—1902 im Verhältnis von 100 zu 120,9 stieg, während der Weizenpreis von 100 auf 49,6 herabging. Aber trotz dieser Besserung war die Lage des englischen Landarbeiters bis in die Zeit des Weltkrieges hinein nicht nur keine erfreuliche, sondern sogar die ständige und dringliche Sorge einsichtiger englischer Sozialpolitiker.

Sowohl die Ernährung wie die Behausung des Landarbeiters erschien ungenügend. Maßgebend für die Beurteilung der Frage war das in einem großzügig angelegten, von Lloyd George berufenen Ausschusse, dem Land Enquiry Committee, gesammelte Material, das im Jahre 1913 veröffentlicht wurde. In diesem Bericht hieß es u. a.: „In vielen Grafschaften sind die Arbeiter der Mehrzahl nach schlecht erzogen und schlecht genährt. Wieder in anderen Grafschaften, wo der bezahlte Lohn als Regel relativ hoch ist, geben einzelne Arbeitgeber Löhne, die beträchtlich unter dem Durchschnitt stehen (besonders schlecht waren die Verhältnisse im Süden Englands, während im Norden schon die Industrie die Lohnbildung auch für das Land in die Höhe treibt). Es wird daher nötig sein, ein Subsistenzminimum für die Löhne zu schaffen, damit der Landarbeiter und seine Familie richtig ernährt werden kann, und somit auch zur Leistung entsprechender Arbeiten imstande ist." Am deutlichsten wurden die Mißstände auf dem Gebiete der Wohnungsfrage. Ein Gesetz vom Jahre 1909 wollte bezüglich der unsanitären Wohnungen (cottages) durchgreifend wirken, es zeigte sich aber, daß — wäre dies der Fall gewesen — einfach die Leute vom Lande hätten vertrieben werden müssen. Daß trotz dieser Bedenken zwischen 1909 und 1913 5000 cottages niedergerissen wurden, beweist, in welchem elenden Zustande diese sich befunden haben müssen. In dem genannten Ausschußbericht wurde der positive Mangel an Landarbeiterhäusern mit 120 000 angegeben. Geklagt wird in dem Bericht vor allem über folgende Mißstände: die Schutzlosigkeit vor den Unbilden der Witterung (Kälte und Unwetter), die schlechten sanitären Verhältnisse hinsichtlich der Luft und des Lichts und die Überfüllung der vorhandenen kleinen und geringen Räume in den Häuschen. Seit den 40er Jahren hat man wohl selten so erschütternde soziale Berichte wie diese gelesen. Es kommen andere Mißstände hinzu, wie die oft weite Entfernung der Hütte vom Orte der Arbeit und die Abhängigkeit des Arbeiters vom Pächter, der in der Regel auch der Vermieter der Hütte ist.

Aber nicht diese Verhältnisse allein, die eine besondere Ungesundheit der Lage des Landarbeiters verraten, sind es, die ihn zur Landflucht bestimmen. Hinzu kommt die relativ lange Arbeitszeit. Von im ganzen 2120 befragten Gemeinden betrug nach dem genannten Bericht in 32,2% die Arbeitszeit im Sommer über $10^1/_2$ Stunden, in 8,6% ging sie darüber hinaus, in 25,2% betrug sie 10 Stunden, und nur bei dem übrigbleibenden Teile weniger. Die Forderung eines Arbeitstages von 6 Uhr morgens bis $^1/_2$6 nachmittags, die schon im Jahre 1873 von der kurzlebigen ländlichen Trade Union-Bewegung gestellt worden war, würde (da die Mahlzeiten eingeschlossen waren), wenn sie durchgesetzt worden wäre, einen Arbeitstag von 10 Stunden bedeutet haben, der heute noch nicht erreicht ist. Daran reihen sich die oft langen Entfernungen zur Arbeitsstätte, die häufigen Gelegenheitsbeschäftigungen, die plötzlich notwendig werden, und die noch häufige Sonntagsarbeit. Dazu kommen noch andere Momente, welche besonders der jüngeren Generation das Verbleiben auf dem Lande verleiden, Momente, die mehr allgemeiner als sozialer Natur sind. Das Landleben ist monoton, und das englische Inselgebiet ein viel zu kleines, dichtbesiedeltes und verkehrsreiches Territorium, als daß nicht in diese Ödigkeit die Lockrufe und Reizmittel der großen und mittleren Städte mit ihren Zerstreuungen und Bildungsmöglichkeiten und Belustigungen eindringen, und den Landarbeiter durstig nach einem Wechsel seiner Lebensweise machen. Und demgegenüber ist das Landleben für den Arbeiter so nüchtern, daß ein Prediger, den E. R. Pratt in seinem bekannten Buche über die kleinen Güter aus dem Jahre 1909 zitiert, sagen kann: „Eine Tatsache hat mehr als manche andere die Leute vom Land getrieben. Es ist die unerträgliche, viehische Langeweile des Landes, das Fehlen jener Interessen und Vergnügungen, welche nötig sind, um menschliches Leben einzuflößen und zu gestalten." Alle diese Umstände, die materiellen und kulturellen, erklären, warum zwischen 1851 und 1901 die Zahl der Landarbeiter von 1 253 786 auf 621 168, also fast um über 50%, zurückgehen konnte.

Es gibt nach Ansicht der englischen Agrarsachverständigen und Sozialpolitiker nur ein einziges wirklich wirksames Mittel, um diesen permanent fließenden Abfluß ländlicher Arbeiter wenigstens zu verlangsamen und die schließliche Erschöpfung des ländlichen Arbeiterreservoirs zu verhindern: die Wiederseßhaftmachung des besitzlosen Landarbeiters und die Zurverfügungstellung von Land für Leute, die Landwirte werden wollen. Mit Recht wird darauf verwiesen, daß bei dem landbesitzenden Arbeiter alle jene oben genannten Momente, die zur Landflucht treiben, in Fortfall kommen: die Ernährung verbessert sich, die Liebe zur eigenen Scholle befestigt die Lust zum Verbleib auf dem Lande, im Kleinbetrieb wiederum leistet der Landwirt, der sich unabhängig fühlt, mit seiner Familie gerne die größeren Anforderungen an Arbeitszeit und Mühewaltung und findet in dem Genuß der selbstzuschaffenden Werte Ersatz für die ihm entgehenden Freuden der Großstadt. Aber, daß diese Entwicklung ohne ein staatliches Eingreifen in die Frage des Bodenbesitzes und der ganzen bisherigen Agrarverfassung Englands nicht möglich sein werde, wurde den Persönlichkeiten, die sich seit den 80er Jahren andauernd mit dieser Frage beschäftigten, nicht minder klar und unabweislich.

Am frühesten trat wohl der verstorbene englische Minister Joseph Chamberlain, als er noch radikal war, mit dem Gedanken einer staatlichen Kolonisationspolitik zur Schaffung von Kleinbetrieben hervor, nämlich schon in einer Schrift vom Jahre 1883, in der er aussprach, daß „es einer besonderen Gesetzgebung bedürfe“, um die Bodenmonopolisierung seitens weniger Personen zu verhindern und diejenigen Beziehungen zwischen dem Bebauer und dem Boden herzustellen, die ehemals in England geherrscht hätten und jetzt noch in vielen Ländern herrschten. Er und sein Freund, der bekannte Abgeordnete Jesse Collings, der selbst Landarbeiterkreisen entstammte, wurden nun die Seele einer Bewegung, die freilich zunächst nur für die staatliche Schaffung von Parzellenbetrieben (allotments) eintrat und mit dem bekannten Schlagwort „Three acres and a cow“ eine gewaltige Propaganda entfesselte. Der Erfolg war ein Gesetz vom Jahre 1887, das zum ersten Male die lokalen Behörden anwies und ermächtigte, im Bedarfsfalle Land für Arbeiter durch Kauf oder Pacht zu beschaffen. Es folgte im Jahre 1892 das sehr viel wichtigere Gesetz des sogenannten Small Holdings Act, das bereits zur Schaffung kleiner Güter auf behördlichem Wege überging. Die Grundzüge dieses Gesetzes gleichen einigermaßen unseren eigenen Rentengutsgesetzen, insofern der Käufer einen Teil des Preises bar bezahlt, einen anderen durch Verzinsung und Tilgungsrente in einem bestimmten Zeitraum begleicht, während der Staat als Kreditgeber auftritt. Diese Small Holdings-Gesetze wurden dann im Laufe der Zeit häufig umgestaltet und erweitert, so schon im Jahre 1892. Allein, keines dieser Gesetze hatte einen irgendwie durchgreifenden Erfolg. Man bedenke, daß zwischen 1892 und 1902 nur 47 Kleinbetriebe mit einem Gesamtumfang von 569 acres gebildet wurden.

Dennoch war man sich darüber klar, daß die Erfolglosigkeit dieser Kolonisationsgesetze auf anderen Umständen beruhten, als auf den mangelnden Aussichten etwa oder einer geringen Rentabilität der Bewirtschaftung kleiner Güter. Zweierlei Ursachen waren vielmehr maßgebend für den Mißerfolg. Erstens war die Ausführung der Gesetze in die Hände der lokalen Behörden, der Grafschaftsräte und der ihnen untergeordneten Behörden gelegt, welche unter dem unmittelbaren Einfluß der Grundbesitzer, Landagenten und überhaupt der besitzenden Kreise standen, und daher den Gesetzen selbst wie ihrer Exekutive völlig apathisch, ja häufig genug geradezu feindlich gegenüberstanden. Nichts war leichter, als in Fällen des Bedarfs zu behaupten, es wäre kein Land käuflich oder pachtbar, und sich so den mühseligen Verpflichtungen einer in jenen Kreisen als „sozialistisch" verschrieenen Gesetzgebung zu entziehen. Die zweite Ursache des Mißerfolges war: daß jene Gesetze weit mehr darauf zugeschnitten waren, kleine Eigentumsgrößen als kleine Pachtbetriebe zu schaffen. Man hatte ganz natürlicherweise zu Beginn der ganzen Bewegung das Ideal gehabt, kleine „Bauern" zu schaffen, die ein bodenständiges Interesse an der Landwirtschaft haben sollten, und als diesem zunächst sozial-radikalen Programm später die konservative Partei, besonders unter Lord Salisbury, beitrat, wurde erst recht auf dieses Moment der Kolonisation Gewicht gelegt, weil, wie Salisbury es einmal ausdrückte, „die Bauern das stärkste Bollwerk gegen den Sozialismus seien". Nun war es aber selbstverständlich, daß die erschwerenden Momente der Entstehung von kleinen Eigentumsgrößen, die in der Eigenart des Bodenpreises lagen, nicht durch jene Kleingutsgesetze aus der Welt zu schaffen waren. Der hohe Verkehrswert des Bodens blieb bestehen, ob der Staat oder der Private das Geld zum Ankauf des Bodens hergab, im Gegenteil, es kaufte erfahrungsgemäß der Staat noch teurer als der Einzelwirtschafter. Der Mißerfolg der Gesetze lag also darin, daß sie auf die Eigentumsgröße, nicht auf den Pachtbetrieb zugeschnitten waren. Die geringen Erfolge, welche sie hatten, zeigten sich überhaupt vornehmlich in der Pachtung, so besonders in der etwas lebhafter einsetzenden Bildung kleiner Güter nach 1902.

Trotz dieser unverkennbaren Tatsache dauerte es noch einige Jahre, ehe sich die Begünstigung der Klein-Pachtgüter in den Kolonisationsgesetzen durchsetzen konnte, und noch heute ist die Frage „Kleinpacht- oder Kleinbesitz" eine höchst umstrittene in der englischen Agrarpolitik. Hierfür wiederum sind andere als rein ökonomische Gründe maßgebend. Zwar wird von der konservatien Partei, die noch heute auf dem Standpunkt steht, man müsse unbedingt kleine Bauernhöfe wieder schaffen, in erster Linie das ökonomische Argument ins Feld geführt, daß nur eben der Kleinbesitz die Tradition und Bodenständigkeit und damit die Wirkung der ganzen Maßnahme auf lange Sicht garantiere, aber hinter dieser Erwägung, welche zumeist mit dem von Arthur Young stammenden Ausdruck des „magic of property" umkleidet wird, stecken andere, realere Wünsche und Absichten. Einmal glaubt die konservative Partei Englands in der Tat, daß ein Kleinbauerntum ganz anders wie ein Stand wechselnder Pächter politisch die Interessen der Großgrundbesitzer und ihrer Anhänger vertreten werde. Zweitens aber — und das ist wohl noch bedeutsamer — ist ihr die Schaffung kleiner Eigentümer das für die Interessen der großen Besitzer gefahrlosere Verfahren.

Hierbei muß bedacht werden, daß nach den Erfahrungen, die man mit den ersten Kolonisationsgesetzen gemacht hatte, sich allmählich die Auffassung durchsetzte, daß man auf dem Wege der Freiwilligkeit unmöglich zu großen Erfolgen gelangen könne. Man erkannte — was Chamberlain, Brodrick, Collings und andere schon sehr frühzeitig vorausgeahnt hatten —, daß ohne einen Zwang auf die Grundbesitzer und deren Sonderinteressen die staatliche Förderung der Kleingutsentwicklung niemals in Fluß kommen könne. So kam der Gedanke der zwangsweisen Enteignung von Boden dort, wo er nicht im freien Verkehr erhältlich war, in die Gesetzgebung als entscheidendes Moment hinein. Ein sehr beachtenswerter Ausschußbericht, der im Jahre 1906 über die ganze Frage der kleinen Güter wieder einmal veröffentlicht wurde, stellte sich auf den Boden dieser Zwangsmaßnahmen, nur daß die Konservativen dieselben lediglich auf die Bodenenteignung ausgedehnt haben wollten. Die radikalen und liberalen Elemente dagegen hatten dargelegt, daß das Pachtsystem unbedingt bestehen bleiben müsse, da die Bodenpreise den kleinen Besitzgrößen entgegenstünden, und hatten ein System der Zwangsverpachtung neben das Enteignungssystem gestellt. Gerade hier aber prallten die Anschauungen scharf aneinander.

Die konservativen Politiker waren sich von vornherein darüber klar, daß die Zwangspacht ein unendlich viel einschneidenderes Mittel zur Auflösung der bisherigen, auf die Rechte des Großbesitzes aufgebauten Agrarverfassung bedeuten müsse als die Enteignung von Land zur Bildung von Kleinbesitzern. Einem großen Landlord mochte es unter Umständen, unter den gegebenen wirtschaftlichen und steuerlichen Verhältnissen, durchaus nicht unangenehm sein, einige 100 acres Land an die Lokalbehörde zum Zwecke der Bildung kleiner Güter zu verkaufen. Wurde er dagegen gezwungen, Land zu verpachten, so schob sich nunmehr zwischen ihm und dem Pächter die Behörde ein, die unter dem Kolonisationsgesetz die Pachthöfe zu bilden hatte. Der Grundbesitzer sah sich gezwungen, auf Rechte zu verzichten, ohne Rechte zu erwerben, er wurde im wahrsten Sinne depossediert, hatte das Risiko zu tragen, da er der Eigentümer des Landes blieb, ohne an den besonderen Vorteilen teilnehmen zu können, wenn sich solche aus der Bewirtschaftung ergaben. Denn dies war von vornherein klar: mit dem System der Zwangspacht und der Einschiebung einer Behörde in die bisherigen Beziehungen von Grundbesitzer und Pächter mußte die von den Pächtern seit langem gewünschte Verwirklichung eines anderen „Pachtrechts", des sogenannten irischen Pachtrechts, immer näher rücken. Der Grafschaftsrat nämlich oder die lokale Behörde mußte in der Festsetzung der Pachtrente stärker als der private Eigentümer den Standpunkt objektiver Beurteilung (fair rent) gelten lassen, er mußte auch dem Pächter angemessene Entschädigungen für gemachte Verbesserungen zugestehen, die bisher dem Grundbesitzer zugefallen waren (free sale, nämlich der gemachten Aufwendungen und Anlagen), und er war niemals in der Lage, dem Pächter aus irgendeinem beliebigen Grunde, etwa politisch nicht genehmer Gesinnung, Verärgerung mit dem Agenten oder wegen Jagd- und Sportinteressen zu kündigen (fixity of tenure, Unkündbarkeit der Pacht aus anderen wie rein wirtschaftlichen Gründen, etwa Vernachlässigung usw.). Diese drei Forderungen, genannt die „drei F's", wurden denn auch tatsächlich in indirekter Weise verwirklicht, als das neue, auf Grund der Vorberatungen im Jahre 1905 und 1906 geschaffene grundlegende Gesetz von 1907 (7. Edw. VII Ch. 54) in Kraft trat.

Man versteht, daß der Widerstand der Grundbesitzer und ihrer politischen Kreise sich auf das stärkste gegen dieses System der Zwangspacht wenden mußte, die ja in der Tat eine völlige Überführung der kapitalistischen Verfassung des Landbesitzes in eine staatlich-bürokratische Pachtverwaltung bedeutete, gegenüber der ein Landlord nur noch die Rolle des formellen Grundeigentümers spielte. Dieser Zustand, besonders wenn er sich von der Regelung der neugeschaffenen Güter auf das gesamte Pachtrecht in England erweiterte, mußte unendlich viel gefährlicher für die Interessen des Großbesitzes werden als Enteignungen partieller Art. Es fügte sich, daß der Regierungswechsel, der eine liberale Regierung mit dem Programm einer Schaffung von kleinen Pachthöfen brachte, der Verwirklichung der konservativen Wünsche sich entgegenstellte, und daß das Gesetz von 1907 tatsächlich die vorgeschritteneren Wünsche der liberal-radikalen Bodenreformer verwirklichte. Damit ist der Grundstein einer wirklich entscheidenden Änderung in den Kolonisationsgesetzen gelegt. Das neue Gesetz zentralisierte vor allem die Exekutive der ganzen Kolonisation, indem es besondere Instanzen und Organe zentraler Art schuf, die für die wirkliche Ausführung der Bestimmungen, die tatsächliche Befriedigung des Landhungers sorgen und gleichzeitig als Berufs- und Beschwerdeinstanz fungieren sollen. Small Holdings-Kommissare dieser dem Landwirtschaftsministerium angegliederten Behörde vermitteln den ständigen Kontakt zwischen der Zentralbehörde und den ländlichen Amtsstellen, welche die Besiedlung vornehmen. Ebenso sah das Gesetz eine weitgehende materielle und ideelle Unterstützung des Genossenschaftswesens auf dem Lande, insbesondere der Agricultural Organisation Society, vor, ohne diese Bewegung des für so viele englische Bewegungen charakteristischen Momentes der „Selbsthilfe" zu entkleiden. Das wichtigste Moment neben der verwaltungstechnischen Neuerung, d. h. der Zentralisierung der Exekutive, bleibt aber die Einführung der Zwangsverpachtung durch das Medium der Lokalbehörden und die damit gewährleistete Neuregelung des Pachtverhältnisses in einer Weise, die den Pächter als Rentenzahler und gleichzeitig bezüglich seiner Aufwendungen und seines Rechts an der kontinuierlichen Weiterbewirtschaftung günstiger und sicherer stellte.

Die Wirkung dieses ersten durchgreifenden Kolonisationsgesetzes entsprach weit mehr den Erwartungen, als es bei den früheren Versuchen der Fall gewesen war. Bis zum Ende des Jahres 1914 hatten die Grafschaftsräte 195 499 acres zur Bildung kleiner Güter in den Kreis ihrer gesetzlichen Aufgaben gezogen, wovon charakteristischerweise nur 506 acres, also ein ganz minimaler Bruchteil, an kleine Landwirte verkauft wurde, während der Hauptkomplex Pachtzwecken diente. Freilich hatten die Grafschaftsräte einen größeren Teil von Land gekauft, anstatt gepachtet. Unter dem Allotment-Gesetz von 1908 waren im ganzen 8300 Parzellenbetriebe bis 1914 gebildet worden, während die Gesamtziffer der unter verschiedenen Lokalbehörden gebildeten Betriebe dieser Art bis zum Ende von 1914 nicht weniger als 130526 betrug.

Trotz dieser relativ günstigen Ergebnisse der neueren Kolonisationsgesetze ist es doch eine feststehende Tatsache, daß die Zahl der Guts- oder Parzellenbewerber immer noch erheblich größer ist als die Möglichkeit der Landbereitstellung. Im Jahre 1912 z. B. betrug die Zahl der bisher noch nicht befriedigten Bewerber 8508 Einzelpersonen, die im ganzen ca. 130 000 acres beansprucht hätten. Man muß freilich hier berücksichtigen, daß unter solchen Leuten viele zu sein pflegen, die weder die Kenntnisse noch die immerhin erforderlichen Mittel mitbringen, um für die Übernahme eines Rentengutes geeignet zu sein. Aber erfahrungsgemäß ist ihr Prozentsatz relativ klein, so daß, wenn man die große Nachfrage in Betracht zieht, die Bildung kleiner Güter und Parzellenwirtschaften noch weite Möglichkeiten in Großbritannien aufweist.

Freilich ist man sich darüber klar, daß hier wohl kleine Pachthöfe und einzelne Kleineigentümer entstehen werden, daß dagegen diese neuentstehende Generation kleiner Landwirte, die unter so vielen rechtlichen und sozialen Schwierigkeiten heranwächst, eine ganz andere Klasse und Art von Menschen und Landwirten darstellt, als man sie gewöhnlich unter einem „Bauernstande" kontinentaler Charakteristik versteht. In Deutschland besonders pflegt man das Kolonistenmaterial aus den bäuerlichen Kreisen zu schöpfen. „Da sehen wir," so schreibt einmal Belgard in seiner Arbeit über die innere Kolonisation, „wie z. B. Westphalen und Hannoveraner sich die schönen Bauernhöfe ihrer Heimat zum Vorbild nehmen und ihr ganzes Streben auf einen ebenso festgefügten Besitz und einen ebenso guten Viehstand richten, wie sie ihn zu Hause vor sich sahen.“ Wie anders in England! Hier fehlen die eigentlichen Bauernsöhne, es sei denn, daß man ganz vereinzelte Distrikte aufsuche, wie etwa den der Isle of Axholme in Lincolnshire oder Cumberland, wo noch spärliche Reste alter yeomen-Familien hausen. Im übrigen hat das Pachtsystem längst die traditionelle Zugehörigkeitsempfindung zur Scholle vernichtet! Die jungen Leute sehen nicht im Hofe des Vaters, in jener Farm, die ein paar Jahre hier, ein paar Jahre dort sein kann — je nachdem sie rentiert oder es dem Landlord gefällt —, etwas besonders Verehrungswürdiges. Sie streben daher auch nicht danach, wenn sie sich selbständig machen, auf irgendeinem Gute den Grundstein einer solchen Bodenzugehörigkeit für kommende Generationen zu legen. Ihr Streben ist vielmehr ein rein geschäftliches. Es fragt sich für sie, ob sie in der Landwirtschaft durch Übernahme eines Pachtgutes ein aussichtsreiches Unterkommen finden können und ob die unabhängige Tätigkeit ihnen einen Ersatz für die entgehenden Ablenkungen der Städte bietet.

Vielleicht wäre infolge dieser Umstände der Landhunger in England nicht annähernd so stark, wie er tatsächlich ist, wenn diese Kategorie von Kleinpachtliebhabern, die aus Pächterkreisen stammen, die einzige oder ausschlaggebende wäre. Sie ist es keineswegs. Zwei andere Bewerbertypen sind mitentscheidend für die ganze Bewegung der Rückbildung zu den Kleinfarmen. Vor allem ist es der bisher besitzlose Landarbeiter (labourer), für die der Übergang in den Stand der Kleinlandwirte nicht nur eine höchst erstrebenswerte materielle Besserung, sondern auch eine ganz wesentliche Erhöhung ihrer sozialen Lage und soziologischen Zugehörigkeit zu der Dorfgesellschaft bedeutet. Wie groß gerade der Drang dieser Kreise nach Bewirtschaftung eigener kleiner Güter ist, zeigt die Tatsache, daß im Jahre 1912 allein 25% der Gesamtbewerbungen für solche auf Gesuche von Landarbeitern zurückzuführen war.

Die zweite Kategorie von Gutsbewerbern, neben den aus der selbständigen Landwirtschaft stammenden, sind die bisher agrarfremden Elemente. Es handelt sich hierbei, nach den Feststellungen der englischen Enqueten, um Personen, die auf Grund ihrer bisherigen Tätigkeit als „städtisch“ oder zumindest als „gewerblich“ zu charakterisieren sind, und die jedenfalls aus einer glänzlich verschieden gearteten Berufsatmosphäre in die Landwirtschaft hinübergehen. Vielfach kommen hierbei freilich nicht eigentlich städtische Elemente, sondern die Gewerbetreibenden des Dorfes in Betracht, wie etwa die Schlächter, Ladenbesitzer, Gemüsehändler oder Bäcker, die doch „etwas von der Landwirtschaft verstehen" und häufig — wie im Falle der Schlächter oder Gemüsehändler — dieselbe sogar mit ihrem bisherigen Geschäfte verbinden können. Andere wiederum geben ihre bisher ausschließlich gewerblich-technischen Berufe oder ihren geschäftlichen Erwerb auf, um sich ganz dem zu erwerbenden oder zu pachtenden kleinen Gute zu widmen. Merkwürdige Fälle und Schicksale solcher als wirklich begüterter Kleinlandwirte endender Handwerker wußte der Ausschußbericht des Jahres 1906 zu berichten, aus denen immer wieder hervorging, wie differenziert diese neue Gesellschaft kleiner Landwirte gegenüber der früher so homogenen Art der Kleinbauern ist. Da finden wir eine Gemeinde, in welcher recht armselige Nägelmacher in Worcestershire zu prosperierenden market gardeners geworden waren, oder einzelne Fälle, in denen Grubenarbeiter wohlhabende Kleinlandwirte in der Nähe einer Großstadt wurden. Dann wieder gibt es Obst- und Gemüsegüter bei Birmingham, die von Studenten übernommen wurden, die gesundheitlich gelitten hatten und den später zu wählenden Beruf ihrer Väter lieber mit der Pachtung eines Gutes tauschten, das ihnen Erholung, Genesung und schließlich auch Verdienst bot.

Man muß dieses eigentümliche Menschenmaterial, das dem Gewerbe entstammt oder in gewerblich-städtischer Umgebung aufwuchs, natürlich den wirklichen Farmersöhnen, die kleine Güter übernehmen, als eine ganz besondere agrarsoziologische Kategorie gegenüberstellen, wobei es wenig verschlägt, ob diese Personen tatsächlich aus den Städten stammen oder schon als Kaufleute, Gewerbetreibende, Eisenbahnwärter und dergleichen etwas Landluft und ländliche Erfahrung eingesogen haben. Sie sind mehr oder weniger landwirtschaftliche Neulinge. Deshalb haben sich agrarische Kreise in England naturgemäß recht skeptisch über die Möglichkeiten dieser Pachtbewerber ausgesprochen, dieser town-bred-men, wie sie zuweilen genannt worden sind. Allein bei näherer Prüfung der besonderen Verhältnisse, unter welchen diese Leute in die Landwirtschaft gelangen, und selbstverständlich unter der Voraussetzung, daß sie eine beträchtliche Energie zu der erforderlichen Einarbeit und dem Sammeln der gerade auf diesem Gebiete so nötigen Erfahrungen mitbringen müssen, scheinen diese Neulinge gewisse unternehmerische Qualitäten mitzubringen, welche durchaus in dem Rahmen der modernen Landwirtschaftsentwicklung Englands liegen.

Man hat zu bedenken, daß der Landwirtschaftsbetrieb, wie er sich heute auf den kleinen Gütern, da, wo diese die wirklich rentablen Produktionen entwickelt haben, darstellt, ganz andere Anforderungen an die

Art der Geschäftsführung stellt, als es früher bei den Bauerngütern der Fall war und noch heute in vielen kontinentalen Bauerngegenden der Fall ist. Die Stärke des Kleinbauern lag in der Produktion, in seiner Emsigkeit auf dem Felde und vor allem auch im Stalle, nicht dagegen im Geschäftlichen, wo er allgemein unbeholfen, nachlässig in der Buchführung und ungeschickt gegenüber plötzlichen Veränderungen war, Mängel, die die alten englischen Agrarschriftsteller ebenso beklagten, wie es heute noch die unsrigen tun. Nun setzt aber gerade der moderne englische Kleingutsbetrieb außer der schon früher erwähnten Arbeitsintensität im Betrieb, geschäftliche Fähigkeiten in ganz anderem Maße voraus, als es früher der Fall war, als Getreide gebaut und etwas Vieh gehalten wurde. Der Verkauf der heutigen Stapelartikel des Kleinlandwirts in England — der Milch und Sahne, des Obstes, der frischen Eier, des Geflügels und Gemüses — geht nicht wie ehedem an den lokalen Markt des Dorfes, sondern in die großen Städte. Diese fordern gleiche Qualitäten, und zwar möglichst einheitlich bestimmbare Qualitäten und möglichst gleichmäßig zu versendende Quantitäten. Soweit der Kleinlandwirt nicht einer Genossenschaft angehört, die sich ja, wie oben schon bemerkt, diese Forderungen zu ihrer besonderen Observanz machen, muß er selbst darauf achten, den Händler in der Stadt nach dieser Richtung zu befriedigen. Verpackung, Gradierung der Erzeugnisse, ja ein Studium der Marktbedürfnisse für einzelne Produkte — wie z. B. des Obstes und seiner gangbarsten Sorten — spielen hierbei eine Rolle und spielten vor allem vor dem Kriege bei der außerordentlich fein ausgeprägten Differenzierung des englischen Geschmacks eine große Rolle. Ferner: während früher der Kleinlandwirt, der etwas Getreide oder Jungvieh verkaufte, nur ein paarmal im Jahre mit den Händlern zu tun hatte, und im übrigen seine Frau mit den anderen, als nebensächlich betrachteten Kleinprodukten auf den nächsten Markt schickte, ist er jetzt gezwungen, dauernd mit den Großhändlern der Städte in Verbindung zu stehen, mit ihnen geschäftlich nicht immer einfache Abschlüsse zu machen und sich nicht „übers Ohr" hauen zu lassen. Er muß genaue Kenntnisse vom Geschäft und von der Marktlage besitzen. Dies geht so weit, daß allgemein empfohlen worden ist, dem Kleinlandwirt den Telephonverkehr nahezulegen, damit er sich für den raschen Absatz leicht verderblicher Produkte möglichst rasch über die besten Absatzchancen informieren könne, die ganz besonders für die Marktgärtenbetriebe in der „season" sehr wechselnd zu sein pflegen. Weiter erfordert der moderne Kleingutsbetrieb außer diesen sehr wesentlichen geschäftlichen Eigenschaften auch größere technische Kenntnisse und Begabungen als in dem alten Bauerngut mit Acker- und Weidewirtschaft. Eine moderne Kleinmolkerei mit ihren Anforderungen an Hygiene, Sauberkeit, Sterilisation der Gefäße, Handhabung der Kühlmaschinen und modernen Filtriermethoden setzt ganz andere Fertigkeiten voraus als das Hantieren mit Pflug, Egge oder Mistgabel. Und Händler und Publikum legten vor dem Kriege in England größten Wert darauf, daß die Molkerei diesen Anforderungen entspräche. Für Geflügelzüchter, die Brutapparate verwenden, und für Marktgärtner, die umfangreiche Treibhäuser besitzen, etwa mit artesischen Brunnen, kleinen Dampfmaschinen zum Pumpen des Wassers, gilt das gleiche: der ländliche Betrieb wird hier mehr oder weniger industriell-technischen Vorgängen und Handhabungen unterworfen, die früher unbekannt waren, ganz besonders aber im Kleinbetrieb, der Maschinerie wenig benutzte, nicht in Anwendung kamen.

Sowohl die modernen geschäftlichen wie gewerblichen Anforderungen an den kleinen Landwirt finden in der Spezies des town-bred-man häufig eine weit bessere Vorbedingung als in dem rein ländlichen Bewirtschafter alten Stils. Die städtisch-gewerblichen Elemente bringen von vornherein diese Kenntnisse und Fähigkeiten mit, die der „Bauer" schwer erlernen kann. Agrarschriftsteller wie neuerdings E. R. Pratt haben dies denn auch des öfteren in ihren Darstellungen vermerkt. „Industrien wie Molkerei," so schreibt er, „Blumenzucht, Gartenbau, Viehzucht usw. (gemeint sind diese Produktionszweige in den von uns geschilderten modernen Anforderungen) verlangen, wenn man sie als eine Kategorie dem Körnerbau gegenüberstellt, technische Kenntnisse, Gewandtheit, Geschäftsverständnis und niemals nachlassende Aufmerksamkeit aller Beteiligten. Dies sind Eigenschaften, die die Pächter alter Schule nicht notwendigerweise besitzen werden, und noch weniger der Durchschnittslandarbeiter der letzten Generation, so leistungsfähig diese für eine Zeit gewesen sein mögen, in welcher die Arbeit, die sie zu leisten hatten, mehr Anforderungen an ihre Zähigkeit stellten als an ihren Intellekt." Damit ist ohne weiteres gesagt, daß gerade die städtischen Kolonisten, die zunächst landfremden Elemente, manche Gabe in den Betrieb mitbringen, die gerade den modernsten Anforderungen des Absatzes entspricht.

So wird auf Grund der neuen Betriebsentwicklung und der ihr beispringenden staatlichen Hilfe vielleicht ein Stand von Kleinlandwirten in England entstehen, der soziologisch mit dem alten Bauern- und Kleinpächtertum wenig gemeinsam hat, aber doch den Anforderungen des heutigen Kleinbetriebes in einer modern-kapitalistisch entwickelten Landwirtschaft entspricht.

V. Die soziale Bewegung.

11. Die Arbeiterfrage.

Literatur: Lujo Brentano, Arbeitergilden der Gegenwart. 2 Bde. 1871 und: Das Arbeitsverhältnis gemäß dem heutigen Recht. 1877. — A. Held, Die neuere soziale Geschichte Englands. 1881. — Dazu ein großer Teil der unter Kapitel 1—4 zitierten Literatur. — Carlyle, Sozialpolitische Schriften. (Deutsch 1895). Besonders: Chartism und Past and Present. — Sidney and Beatrice Webb, The History of Trade Unionism. 1894. — Dieselben, Industrial Democracy. 1897. — Charles Booth, Labour and Life of the People. 1889ff. — S. u. B. Webb, The Public Organisation of the Labour Market. 1911. — Works Committees. Report of an Enquiry made by the Ministry of Labour. März 1918. — Kirkaldy, Industry and Finance. London 1917. — J. M. Robertson, The Economics of Progress. 1918.

Die englische Arbeiterfrage wird im ganzen 19. Jahrhundert beherrscht von den mannigfachen Problemen der Gewerkvereinsbewegung und den Fragen des Arbeiterrechts und des Arbeiterschutzes. Erst in allerletzter Zeit sind neue Strömungen aufgetaucht, welche über diese Fragen hinaus eine aktive Beteiligung der Arbeiter an der wirtschaftlichen und wirtschaftspolitischen Regelung der Industrien selbst anstreben.

Zu Beginn des 19. Jahrhunderts herrscht in England noch eine allgemeine Abneigung gegen die Arbeiterkoalitionen, die entsprechend dem einmal erworbenen antimonopolistischen Rechtsbewußtsein als Verschwörungen gegen die freie Bewegung des Einzelnen aufgefaßt werden. Brentano hat in breiter und meisterlicher Darstellung den Ursprung des Gewerkvereinsgedankens überhaupt, als dem der „Gilden der Gegenwart" beschrieben, und den Kampf dargestellt, den die Arbeiter in England um dieselben führen mußten. Jedenfalls war England doch das erste Land, das den Grundsatz der Koalitionsfreiheit und die Existenzberechtigung der Gewerkvereine anerkannte und die Koalitionsfreiheit im Jahre 1824 einführte.

Die Entwicklung der englischen Gewerkvereine war mächtiger als in irgendwelchen anderen Ländern der Großindustrie. In späteren Zeiten besonders zeigte sich der Vorteil ihrer einheitlichen nationalen Geschlossenheit gegenüber der nach sozialistischen und selbst konfessionellen Richtungen hin zersplitterten Bewegung in Deutschland. Die Zahl der Gewerkvereinsmitglieder betrug nach den neuesten Feststellungen 8 084 000 in Großbritannien und Irland. Freilich scheint es, besonders wenn man an die modernen Streikbewegungen denkt, weniger wichtig, daß ein allgemein großer Prozentsatz der Arbeiter gewerkvereinsmäßig organisiert ist, als vielmehr, daß die großen und lebensnotwendigen Industrien gewerkvereinsmäßig organisiert sind, was heute in England durchgehend der Fall ist. Denn in dem Bergbau, in der Maschinen- und Metall- und Textilindustrie sind heute fast alle Arbeiter gewerkvereinsmäßig organisiert. Am schwierigsten war die Organisation gewisser ungelernter Arbeiterschichten (der sogenannten unskilled workmen), wie z. B. der für England so wichtigen Dockarbeiter, aber auch hier hat die Gewerkvereinsbewegung, besonders nach dem erfolgreichen Dockarbeiterausstand im Jahre 1889, beständig Fortschritte gemacht. Über die Organisation der Gewerkvereine kann hier im einzelnen nicht gesprochen werden, erinnert sei nur daran, daß die lokalen Vereinigungen der verschiedenen Gewerbe am Ort, die Trades Councils, und der jährlich abgehaltene imposante Trade Unions Congress die Organisationsmittel sind, durch welche die Gewerkvereine nach außen hin seit Jahrzehnten einen gewaltigen Einfluß auf die gesamte öffentliche Meinung Englands gewonnen haben.

Ebenso frühzeitig entwickelt wie die Gewerkvereinsbewegung in England sind die erfolgreichen Versuche gewesen, durch Maßnahmen und Organisationen aller Art die Konflikte zu mildern, die sich aus dem Zusammenprall der organisierten Interessen der Unternehmerverbände einerseits und der Gewerkvereine andererseits immer wieder ergaben und zu schweren Erschütterungen der Volkswirtschaft führten. Gerade hier zeigte sich der nüchterne Sinn der Engländer, die stets eine Lösung der Konflikte suchten, die nach Möglichkeit den praktischen Bedürfnissen entsprach, ohne durch eine prinzipielle Festlegung eingeengt zu sein. So sind vor allem die Einigungsämter englischen Ursprungs. Sie gehen auf den englischen Großindustriellen Mundella zurück: gleichberechtigte und der Anzahl nach gleiche Vertreter der Arbeitgeber und Arbeitnehmer beraten über Streitfälle, stellen periodisch für einen künftigen Zeitraum den Lohn und alle sonstigen Bedingungen der Arbeiterverhältnisse fest und versuchen alle Arbeitsstreitigkeiten zu schlichten, die vor sie gebracht werden. Das ähnliche System, nur erweitert durch die Schaffung eines unparteiischen Schiedsrichters, geht ebenfalls auf einen Engländer namens Rupert Kettle zurück. Ebenso bedeutsam ist das ebenfalls in England zuerst erprobte System des Schiedsgerichtes, das im Gegensatz zum Einigungsamt erst dann in Funktion tritt, wenn Streik oder Lock-Out (Aussperrung) nicht mehr vermieden werden konnte. Das Ziel aller Verhandlungen zwischen den Unternehmerverbänden und den Gewerkvereinen bildet dabei die möglichst radikale Schlichtung des Streitfalles, d. h. eine möglichste Verhinderung seiner nochmaligen Wiederkehr. Darum wird eine feste vertragliche Bindung beider Parteien angestrebt, und zwar durch die sogenannten Tarifverträge. Auch diese sind am längsten in England eingebürgert, wo Vereinbarungen für ganze Gewerbe schon in der ersten Hälfte des 19. Jahrhunderts bestanden. Zu diesen allgemeinen organisatorischen Errungenschaften der englischen Arbeiterschaft zur Erzielung dessen, was man als „industrial peace" zu bezeichnen pflegte, kommen dann eine Reihe von Mitteln und Methoden, welche auf einzelne Teile des Arbeitsverhältnisses ausgleichend einwirken sollen.

Es sei vor allem an die sogenannte Klausel eines „angemessenen Lohnes" erinnert, die fair wage clause, die die Londoner Buchdrucker schon im Jahre 1884 durchsetzten und welche darin besteht, daß bei Vergebung öffentlicher Arbeiten in die Bedingnishefte ein Paragraph Aufnahme findet, nach welchem auf jeden Fall ein angemessener Lohn bezahlt werden muß, was wiederum darin zum Ausdruck kommt, daß die Behörden eine unterste Lohngrenze festlegen. Zu Beginn des neuen Jahrhunderts machten 478 englische Gemeinden von dieser Klausel Gebrauch. Eine verwandte Einrichtung stellt die Schaffung der Minimallöhne dar. Auch diese gingen ursprünglich aus Einrichtungen öffentlicher Körperschaften hervor, wenn sie Arbeiten vergaben, so der Kriegs- und Marine- und der Stadtverwaltungen. Experimente wurden ferner gemacht mit gleitenden Lohnskalen, die den Lohn der Arbeiter nach dem Preise der Erzeugnisse automatisch senkten und erhöhten, ein System, das freilich bis 1912 nur auf ca. 63000 Arbeiter ausgedehnt war.

Neben die bessere Regelung der Lohnfestsetzung traten die Bestimmungen, die den Arbeitstag betrafen. Auch hier ging man in England allen anderen Ländern voran. Nach der Darstellung der beiden Webbs, den besten Kennern der englischen Arbeiterfrage, wie sie war und ist, dauerte der englische Arbeitstag zu Beginn des 19. Jahrhunderts mit Pausen 12 Stunden oder 10½ Stunden effektiv. Im Jahre 1813 erhielten schon die Londoner Baugewerbe, 1836 die Londoner Maschinenbauer den Zehnstundentag. In den 40er Jahren begann die Bewegung des Neunstundentages, der sich aber erst 1871 durchsetzte. Daneben lief eine starke Strömung, welche Sonnabend-Halbfeiertage forderte. In der Tat wurde schon im Jahre 1861 der Zwei-Uhr-Sonnabend in London eingeführt, später in einzelnen Industrien der Zwölf-Uhr-Sonnabend. In der Zeit von 1889—1897 wurde in nicht weniger als 500 Fabrikbetrieben der Achtstundentag angenommen. Gerade die freien Sonnabendnachmittage sind für den englischen Arbeiter eine besondere Möglichkeit der Erholung und des Ausspannens, zumal da sich die englischen Eisenbahngesellschaften zur Einführung der sogenannten „weekend-tickets" entschlossen, die einen Besuch des Landes oder der Seeküste zu geradezu erstaunlich geringen Kosten ermöglichten. Auch die Ruhepausen während der Arbeit waren schon immer in England besonders sorgfältig geregelt; sie sind gesetzlich fixiert und müssen in den Betrieben genau innegehalten werden.

So ruhte bisher die Organisation der Lohnarbeit in England in ihren Beziehungen zum Arbeitsvertrag auf einer im Laufe der Zeit immer stetiger werdenden Grundlage, die ein Erstarken der gütlichen Auseinandersetzungen ermöglichte und die erbitterten Kämpfe um Lohnhöhe und Arbeitsbedingungen seltener machte. Um die Wende des 19. Jahrhunderts bis in das erste Jahrzehnt vor dem Weltkrieg konnte dies ohne weiteres für England festgestellt werden. So hatten die Lancashire-Weber seit 1893 keinen wirklich bedeutenden Streik gehabt, im englischen Kohlenbergbau war ebenfalls der letzte große Streik im Jahre 1893 gewesen, die englischen Maschinenbauer hatten seit 1897/98, wo sie einen halbjährigen Streik ausdauerten, keinen großen Streik mehr. Berücksichtigt man das Bestehen einer weitgehenden Gesetzgebung zum Schutze der Arbeiter, die später noch zu besprechen sein wird, und die ebenfalls in England früher und durchgreifender als in anderen Ländern zum Durchbruch kam, so wird man begreifen, warum eine eigentlich sozialistische Bewegung nicht Fuß fassen konnte. Während sich in anderen Ländern bei den Arbeitern eine Vorstellung von der im Prinzipe bestehenden „antisozialen" Tendenz der kapitalistischen Wirtschaftsweise bildete, und die Forderung nach einer Beseitigung derselben und einer revolutionären Umgestaltung des ganzen Wirtschaftskörpers die breiten Massen erfaßte, stand bisher der englische Arbeiter durchaus auf dem Boden der arbeitsteiligen, auf Privateigentum und möglichst unbegrenztem Konkurrenzkampf aufgebauten Volkswirtschaft. Alles, was in der sozialen Bewegung erstrebt wurde, ging aus einem Streben nach sozialer Reform hervor, aus dem Wunsche einer den Arbeiterinteressen günstigen Evolutionierung, keinesfalls einer Revolutionierung der Grundlagen der Wirtschaft und des Unternehmergewinnes. Während daher deutsche Sozialtheoretiker wie Marx, Engels oder Lassalle ihre revolutionierenden Prinzipien und Postulate aus den Büchern der klassischen Nationalökonomie entnahmen und aus ihnen die Verelendungstheorien herleiteten, wie das Lohnfondsgesetz oder das eherne Lohngesetz, wurden diese Folgerungen in England nicht nur nicht gezogen, sondern die wenigen bedeutenden Sozialisten wie Owen konnten sich keine breite oder dauernde Volkstümlichkeit sichern. Die einzige wirklich revolutionäre Bewegung, die England im 19. Jahrhundert hatte, war der Chartismus. Diese im Jahre 1838 von einer Londoner Arbeitergesellschaft begründete Bewegung fiel zusammen mit der uns bekannten (s. S. 36) Zeit schlechtester sozialer Verhältnisse, die England bisher gekannt hat. Sie begnügte sich nicht mit den friedlichen Mitteln der Propaganda und des Wortes, sondern versuchte durch ein aktives Eingreifen, durch Plünderungen, Brandstiftungen und eine gewaltige Agitation für den Generalstreik, revolutionäre Ziele durchzusetzen. Die wirtschaftlichen Fragen standen hierbei wohl im Hintergrunde, während Wahl- und politische Fragen nach außen stärker hervorgehoben wurden, aber sie waren doch ein dominierendes Element der Bewegung. Diese selbst war jedoch weder erfolgreich noch von längerer Dauer.

Der parlamentarische Geist war in England schon zu weit fortgeschritten, die Erkenntnis, daß Massenforderungen auf die Dauer und mit der härtesten Gewalt nicht unterdrückbar sind, schon zu sehr in allen Politikern befestigt, als daß man nicht früh genug eingesehen hätte, daß man jene revolutionären Strömungen nur durch ein Entgegenkommen beruhigen konnte. In dem Maße, wie nach 1846 die Sozialreform stärker einsetzte und die konservativ-agrarische Partei im Unterhaus unter der Führung von Beaconsfield, Shaftesbury und anderen — nicht zuletzt, um den freihändlerischen Manchesterleuten den Vorrang abzulaufen und sich für die Aufhebung der Getreidezölle an den Unternehmern zu rächen — ebenfalls in das sozialreformerische Fahrwasser zu schwenken begann, war die Position der radikalen Elemente erschüttert.

Dazu kam, daß eine andere Bewegung sozialreformerischer Art immer stärker an Boden gewann, eine Bewegung, die rücksichtslos und mit schleierloser Offenheit die sozialen Übelstände aufdeckte, aber gleichzeitig dem liberal-demokratischen Empfinden der Engländer weit näher stand als irgendeine Partei revolutionärer Aktionsbereitschaft, die Bewegung des christlichen Sozialismus. Diese Bewegung, deren Anfänge mit den Namen Carlyles verknüpft sind, trug von vornherein durch die Betonung des idealistisch-religiösen Momentes einen reformerischen Charakter, der jedenfalls eine Weltrevolutionierung auf Grund eines mechanistischen Verteilungssystems nicht einschloß. So sind denn auch Englands neuere Sozialpolitiker, und zwar die Größten unter ihnen, im besten Sinne Reformatoren gewesen, wie z. B. Arnold Toynbee, der zu früh Verstorbene, dem man die Settlements-Bewegung (Toynbee Hall) verdankt, und Charles Booth, dessen mehrbändiges Werk „Labour and Life of the People" zu einem klassischen Bestandteil der Erkenntnis englischer Arbeiterverhältnisse und zu einem Quell verschiedenster wichtiger Anregungen wurde.

Seit den 80er Jahren sind aber immerhin einige Ansätze sozialistischer Bewegungen in England zu verspüren gewesen, die wohl zumeist mit einzelnen scharf einsetzenden Krisen jener Zeit, der Zunahme der Arbeitslosigkeit und der gleichzeitigen stärkeren Steigerung der Luxus- und Genußbegierde einzelner reicher Kreise der Metropole zusammenhingen. Es entstand sogar zeitweilig eine „sozialdemokratische Föderation". Jedoch bekam die Bewegung erst einen bedeutsameren Charakter, als zu Beginn der 90er Jahre die Bewegung einen aktiven politischen Einfluß durch die Begründung der „unabhängigen Arbeiterpartei" (Independent Labour Party) gewann, der im Laufe der letzten Zeit bekannte und nicht einflußlose Parlamentarier wie John Burns, Henderson, Ramsay Macdonald, Shakleton und andere mehr entstammten. Allein, auch diese Partei, die ihre geistigen Helfer in der Fabian Society und dem Ehepaar Sidney und Beatrice Webb gefunden hat, ist fern davon, eine im heutigen „kontinentalen Sinne" sozialdemokratische zu sein. Sie ist vielmehr eine prononzierte „Arbeiter"partei mit dem ausgesprochenen Zwecke, durch weitgehende, radikale Reformen das Arbeitsverhältnis zu bessern und die Probleme der Armut und Beschäftigungslosigkeit zu lösen. Die Mittel hierzu werden in einer starken direkten Besteuerung und in einer allmählichen Überführung verschiedener wichtiger privater Wirtschaftsanstalten, wie der Eisenbahnen, Gas- und Elektrizitätswerke, Verkehrsunternehmungen in die staatliche oder kommunale Regie erblickt, Dinge, die in England sehr „sozialistisch" angemutet haben, während sie im Deutschen Reich als eine ganz natürliche Fortführung des alten Beamtenstaates sich mehr oder weniger reibungslos der modernen Entwicklung einfügten. Das stark aufwieglerische Moment gegen die bestehende Staatsverfassung und die politischen Einrichtungen, das kontinentalen Sozialdemokraten innewohnte, fehlte der englischen Arbeiterbewegung vollkommen. Es kam ja hier kaum mehr in Frage, besonders „demokratische" Freiheiten zu erkämpfen, sich gegen die Einflüsse der Krone oder des Militärstaates aufzulehnen. Und wieder verstand man es in England frühzeitig, der zunächst im Parlament als „proletarisch" angesehenen Arbeiterpartei das Odium der bürgerlichen Stigmatisierung zu nehmen, indem man ihren Hauptführer John Burns zum Minister machte und damit die Oppositionsbasis der Partei begrenzte.

Nicht von dieser Seite her ist eine neue Bewegung innerhalb der Arbeiterschaft entstanden, die vielleicht weit stärker als jede bisher in England dagewesene eine Umformung der bisherigen Organisation der Lohnarbeit und des Arbeitsvertrages herbeiführen wird. Diese Bewegung ging vielmehr aus den Arbeiterschaften der großen Industriebetriebe hervor, und sie wurde veranlaßt oder beschleunigt durch die Ereignisse des Krieges.

Den Mittelpunkt der Neuorganisation des Arbeiterverhältnisses werden die sogenannten Works Committees oder Betriebsausschüsse (Betriebsräte) und ihre Funktionäre, die Shop Stewards, bilden. Die

Works Committees haben schon vielfach vor dem Kriege bestanden, ja es stellt sich jetzt, wo man sich mit ihnen in England zu beschäftigen beginnt, heraus, daß ihr Prototyp älter ist als das des Gewerkvereins. Die Betriebsausschüsse sind Arbeiterorganisationen der einzelnen Werke oder Betriebe (als erste werden sie Works Committees, als zweite Shop Committees genannt), deren Aufgabe es sein soll, a) als Industrial Committee (Works Committee im engeren Sinne) spezielle und individuelle Fragen zu behandeln, welche die Arbeitsbedingungen und die Lohnhöhe betreffen, während die großen grundsätzlichen Fragen den Distrikts- und nationalen Organisationen der Gewerkvereine überlassen bleiben; b) als Wohlfahrtsausschüsse (Welfare Committee) die gesundheitlichen und sanitären Verhältnisse in der Fabrik zu beeinflussen, und endlich c) als gesellschaftlicher Ausschuß (Social Union) für die Zerstreuungen und Bildung der Arbeiter in den betreffenden Werken oder Betrieben Sorge zu tragen. Mit anderen Worten: die Ausschüsse, welche hier entstehen und welche der berühmt gewordene Bericht des Richters W h i t l e y als die Grundlage der neuen Arbeitsorganisationen empfahl (maßgebend hierfür war ein parlamentarischer Bericht dieses Ausschusses vom 18. Oktober 1917 an den Premierminister Lloyd George), sind also gewissermaßen kleine Arbeiterparlamente im Rahmen der größeren nationalen und distriktsmäßigen Organisationen der Gewerkvereine. Während eine andere gesetzliche Neuerung die Bildung sogenannter I n d u s t r i e r ä t e (Industrial Councils) für das ganze Land (National) und die einzelnen Distrikte (District Industrial Councils) vorsieht, mit denen die Betriebsausschüsse in enger Fühlung stehen sollen, sind diese selbst dazu da, Konflikte innerhalb der Fabriken zu überwachen, eventuell zu beseitigen, Beschwerden der Arbeiter entgegenzunehmen und durchzuberaten, Anregungen aller Art zu ermöglichen. Der von J. H. Whitley als erstem unterzeichnete Bericht verspricht sich von diesem System lokaler Regelung weitgehende Vorteile nach der Richtung des sozialen Friedens. „Wir sehen auf erfolgreiche Betriebsräte als die breite Basis des industriellen Aufbaues und betrachten sie als das Mittel, um das Interesse der Arbeiterschaft sowohl für den Erfolg des Industriezweiges, dem sie angehören, wie für die Fabrik, in der sie so viel Zeit ihres Lebens zu verbringen haben, zu wecken. Die Arbeiter der Betriebsräte sollten stets an die Idee einer konstruktiven Zusammenarbeit der betreffenden Industrie denken. Anregungen aller Art, die sich auf Verbesserungen beziehen, sollten bewillkommnet und freimütig besprochen werden. Praktische Vorschläge sollten von allen Gesichtspunkten aus geprüft werden. Es gibt eine Fülle unentwickelter konstruktiver Kräfte — die sowohl der Industrie wie dem Staate nützlich sein können —, welche auf die Möglichkeit einer Verwertung warten. Neue und alte Probleme werden in einer offenen Zusammenarbeit gemeinsamer Kenntnisse, Erfahrungen und des Wohlwollens ihre Lösung finden. Die Betriebsausschüsse würden versagen, wenn sie sich lediglich darauf beschränkten, Klagen zu besänftigen." Und an die Unternehmer wurden die Whitley-Räte mit den Worten empfohlen: „Wir betrachten die erfolgreiche Entwicklung und Nutzbarmachung der Betriebsausschüsse in jeder Fabrik, so wie sie in unserem Bericht empfohlen wird, als ebenso wichtig wie die kommerzielle oder wissenschaftliche Leistungsfähigkeit desselben. Wir sind der Meinung, daß in jedem einzelnen Falle einer der Teilhaber oder der Direktoren, oder irgend sonst eine verantwortliche Persönlichkeit der Verwaltung, einen beträchtlichen Teil seiner Zeit und seines Denkens dem guten Funktionieren und der Weiterentwicklung solcher Ausschüsse widmen sollte."

Die persönlichen Vertreter dieser Betriebsräte sind die sogenannten Shop Stewards geworden. Diese sind im allgemeinen und früher lediglich die Vertreter der Gewerkvereine in den Betrieben gewesen, wo sie auch — was charakteristisch für ihre Tätigkeit ist — Betriebsdelegierte, Einsammler oder Ausschußleute genannt wurden. Wenn sie sich wiederum zu einem Verbande zusammentaten, so sprach man wohl auch von „Aufsichts- und Wachausschüssen" der Shop Stewards. Nun hat sich während des Krieges mit der Ausbreitung der Betriebsausschüsse auch der Einfluß der Shop Stewards gewaltig gesteigert. Denn diese waren und sind ja die eigentlichen Triebkräfte und Träger dieser Ausschüsse gewesen.

Während des Krieges waren es zwei Tatsachen, welche die Stellung der Shop Stewards außerordentlich festigten: erstens das Streikverbot, welches die Gewerkvereinsbeamten geradezu der Strafverfolgung aussetzte, und daher eine Regelung von Streitfällen durch die lokalen Vertreter der Arbeiter in den Fabriken selbst begünstigte, und zweitens kamen erst während des Krieges eine Reihe von Fragen auf, deren Lösung auf das engste mit der jeweils verschiedenen Lage der Betriebe zusammenhing und daher ebenfalls die lokalen Organisationen näher anging als die Distrikts- oder Landesorganisationen. Zu diesen Fragen gehörte vor allem das Problem der „dilution", d. h. der Ersetzung der Männerarbeit durch Frauenarbeit, entsprechend den Aushebungsforderungen des Kriegsamts; ferner die durch die gesteigerte Erzeugungsnotwendigkeit wieder erwachte Streitfrage der Entlöhnungsmethoden, wobei der Kampf um Stücklohn oder Zeitlohn eine entscheidende Rolle spielte, da sich in vielen Industriezweigen eine wachsende Abneigung gegen die Stücklöhne fühlbar machte; weitere, besondere Unterausschüsse der Works Committees entstanden, um die

Frage des „Time Keeping", des Innehaltens der Arbeitszeit, zu regeln und zu überwachen, da sich die Fälle eines nachlässigen Verhaltens der Betriebsbeamten und des Fernbleibens der Arbeiter von der Arbeit — besonders in Grubendistrikten wie Cleveland und Durham — außerordentlich mehrten; endlich brachte der Krieg und die Kriegswirtschaft in England wie überall eine Reihe von Problemen der Wohlfahrt und Unterstützung, wie etwa die Abhilfe gegenüber überfüllten Fabriken, das Kantinenwesen und die Nahrungsmittelbeihilfe, die Verwaltung und Organisation von Unterstützungsgeldern für Krieger im Felde und anderes mehr. Alles in allem drängten alle diese Fragen zu Lösungen, die rasch und im Einklang mit den praktischen und ideellen Bedürfnissen der Fabrik oder der Betriebe erfolgen mußten, und so war eine Anteilnahme der Shop Stewards und eine Einbeziehung der Works Committees in den Fabrikbetrieb unumgänglich geworden. Es entstand eine Art von Ausschußverwaltung der Fabriken seitens der Arbeiterführer, die freilich im Prinzipe schon, geschweige denn in der Wirklichkeit, etwas ganz anderes bedeutete als die bisherigen Einflüsse der Gewerkvereine, die wohl generell, aber nicht mit einer so unmittelbaren Berücksichtigung der einzelnen, gewissermaßen „intimen" Angelegenheiten des Fabrikbetriebes oder der Unternehmung wirksam gewesen waren.

Es würde hier zu weit führen, die verschiedenartigen Typen und Formen der Works Committees, die Art ihrer Vertreterwahl (ob z. B. Arbeiter aller Art oder nur die Shop Stewards, die Gelernten oder auch Ungelernten usw.) und die Funktionen im einzelnen zu beschreiben. Dies ist in dem genannten Bericht vom März 1918 geschehen, und es geht aus ihm hervor, daß sowohl die Form der Organisation wie deren Funktionen in einzelnen Industrien bisher durchaus verschieden sind. Schwierigkeiten besonderer Art liegen hier nicht vor, und es ist anzunehmen, daß sich eine bestimmte Form der Organisation allmählich aus den Works Committees herauskristallisieren wird. Demgegenüber ist eines der wichtigsten und zweifelhaftesten Probleme das der Beziehungen dieser Betriebsräte zu den Gewerkvereinen. Es liegt nahe, daß ein Konflikt hier leicht möglich ist, und wenn es auch der genannte Bericht aus begreiflichen Gründen (denn er schreibt zugunsten der Erweiterung der Betriebsräte) nicht für wahr haben will, so hat es sich doch bereits gezeigt, daß die Betriebsräte hier und dort „päpstlicher" zu sein wünschen als der „Papst". Wie in der Praxis, d. h. in Fällen von Meinungsverschiedenheiten der zentralen Arbeiterorganisationen und der Betriebsräte, sich die Konflikte gestalten werden, bleibt abzuwarten und hängt natürlich zunächst von der Stärke der einzelnen Betriebsräte ab.

Das aber läßt sich schon heute sagen: die englische Arbeiterbewegung ist mit diesen neuen Organisationsverbänden der Arbeiterschaft aus dem Stadium einer generellen Regelung der Arbeitsverhältnisse einzelner Industrien durch zentrale Organe herausgewachsen und dazu übergegangen, in die einzelnen Verhältnisse der Unternehmungen durch ihre lokalen Organe einzugreifen, mit anderen Worten also: sie strebt es an, auf die Verfassung und damit zunächst mittelbar auch auf die Geschäfte des einzelnen Unternehmens einen Einfluß zu gewinnen. Denn es ist ohne weiteres verständlich, daß von einzelnen Fragen, wie z. B. der stärkeren Einstellung von Maschinen, der Überstundenarbeit, der Möglichkeit einer Lohnerhöhung usw. zu den Interna des Betriebes nur ein kleiner Schritt ist, zumal da die Sphäre der Works Committees nach den eigenen Worten des englischen Arbeitsamtes „indefinite", d. h. unbegrenzt ist.

Aber nicht nur gewissermaßen von innen heraus wächst das Bestreben der Arbeiterschaft nach einer allmählichen Kontrolle über einzelne Industriezweige und deren Betriebe. Es kann festgestellt werden daß im Anschluß an die wirtschaftlichen Folgeerscheinungen des Weltkrieges die Idee einer „Sozialisierung" ganzer Industrien, unabhängig von der mehr organisatorischen Works Committee-Bewegung, Fortschritte macht. Dies besonders im Bergbau. Hier ist sicherlich die Bewegungsfreiheit des Unternehmers heute schon am beschränktesten. Der Mining Industry Act von 1920 hat eine neue Behörde, die sich Mines Department nennt, als eine gemischte Kommission eingerichtet, die sich für einzelne Grubendistrikte bildet und auch schiedsgerichtliche Funktionen ausübt. Diese Distriktsvertretungen, „Area Boards", greifen tief in das Leben der Industrie ein. Sie können „Vorschläge zu einer Entlohnung der Arbeiter entsprechend den Gewinnen aus der Industrie" machen. Im Kohlenbergbau ist die Beschränkung der Unternehmergewinne bereits scharf ausgeprägt. Hier hatte die englische Regierung schon auf Grund der kriegerischen Verhältnisse ein Beschlagnahmeverfahren eingerichtet, das den Grubenbesitzer mehr oder weniger auf eine feststehende Gewinnquote setzte. Unmittelbar nach Beendigung des Krieges drängten die Marktverhältnisse zu einer Festsetzung von Höchstpreisen im Inland, und da gleichzeitig starke Lohnerhöhungen gefordert wurden, so richtete man eine staatliche Kontrolle des Kohlenbergbaues ein, nach welcher einerseits Höchstpreise festgesetzt, andererseits die Preise für Ausfuhrkohle erhöht wurden und so durch eine Zusammenfassung der Gewinne im Wege einer gemeinsamen staatlichen Vereinnahmung die Forderungen der Arbeiter erfüllt werden konnten. Als jedoch die Weltmarktspreise für Kohle wieder sanken, erwies sich diese Kohlenkontrolle als ein höchst unrentables Unternehmen, und es sollten am 31. März 1921 Höchstpreise und Kontrolle wieder fallen. Gegen den Fortfall aller Beschränkungen von Markt- und Lohnregelung protestierten die englischen Arbeiter in einem der heftigsten Streiks, den die englische Wirtschaft bisher durchgemacht hat, und es wurde von den Arbeitern nichts mehr oder weniger als eine Sozialisierung der Kohlengruben gefordert, nach welcher der Besitzer zunächst die Lohnausgaben zu garantieren hatte, ehe überhaupt eine Gewinnausschüttung vorgenommen wurde, nach welcher aber vor allem an Stelle der distriktsweisen Festsetzung des Lohnes ein einheitlicher nationaler Grubenlohn treten sollte. Um diesen zu ermöglichen, sollten die Gewinne aller Gruben zusammengeworfen (man sprach von einem pool) und die schlechter arbeitenden Zechen auf Kosten der billiger arbeitenden Betriebe erhalten werden. Daß dies eine endgültige Aufhebung des Wettbewerbprinzipes bedeuten würde, liegt auf der Hand. Die Arbeiter hofften hierdurch die Differenzierung der Löhne in den schlechter und besser arbeitenden Betrieben einerseits und die Arbeiterentlassungen oder Arbeitskürzungen eben je nach Rentabilität der Betriebe andererseits zu vermeiden. Man erkennt an diesem Beispiel, wie sehr heute die Kämpfe um die Lohnfragen unmittelbar in das Gebiet der geschäftlichen Gebarung einzelner Industrien hineingreifen. Hier liegt der grundlegende Gegensatz zu der alten Gewerkvereinsbewegung, in welcher die Arbeiter und Unternehmer sich mit ihren gegenseitigen Forderungen und Bewilligungen gewissermaßen außerhalb des privatwirtschaftlich-geschäftlichen Rahmens gegenüberstanden und der Kampf sich um das drehte, was die einzelne Partei an Löhnen oder Arbeitsbedingungen, sei es am Einigungstisch, sei es im Streik, durchsetzen konnte oder bewilligen wollte. Heute wird von den Arbeitern der geschäftliche Status des Unternehmens oder Industriezweiges zum Ausgangspunkt ihrer Forderungen genommen und nach dessen Beschaffenheit die Regelung von Lohn und Beschäftigung gefordert, nicht mehr ausschließlich nach dem Kräfteverhältnis von Gewerkverein einerseits und Arbeitgeberverband andererseits.

Diese Entwicklung ist natürlich durch die schwierigen Verhältnisse, die der Weltkrieg zurückließ, und die der Arbeiterschaft eine entscheidende Gelegenheit zur Erkämpfung ihrer Forderungen gaben, wesentlich verstärkt worden. Vor allem war es zunächst das Mißverhältnis zwischen den Löhnen und den Nahrungsmittelpreisen, das eine Regelung erheischte. Zu Anfang 1921 stellte die Labour Gazette fest, daß die Kosten des Unterhalts (Nahrung, Miete, Kleidung, Heizung, Licht) nach den statistischen Ermittlungen zwischen Juli 1914 und Januar 1921 um 181% in den Großstädten, 175% in den Mittelstädten gestiegen waren. Diese Ziffern waren aber in ihrer Zusammenfassung noch insofern nicht zuverlässig, als gerade einzelne, für den Arbeiterhaushalt sehr wichtige Posten, weit stärker gestiegen waren als die Durchschnittsziffern, die wichtige und unwichtigere Posten quantitativ gleich setzten. So waren z. B. Milch um 202%, Speck um 197%, Eier um 359% gestiegen. Der Erhöhung der Unterhaltskosten waren die Löhne, wie das regelmäßig zu sein pflegt, nicht proportional gefolgt. Obschon die Gesamtsummen der Lohnerhöhungen erstaunlich waren, verschlechterte sich doch die Lage der Arbeiter zusehends, als das Jahr 1920 weitere Preissteigerungen der wichtigsten Konsumgüter brachte. Die Labour Gazette berichtete: „Die tatsächlichen Wocheneinkünfte waren in vielen Industrien zu Ende des Jahres 1920 beträchtlich niedriger als zu Beginn des Jahres." Man versuchte die Maschinerie der Works Committees und die Anregungen des Whitley-Ausschusses in Anwendung zu bringen und ging vielfach dazu über, eine automatische Bewegung zwischen Löhnen und Lebenskosten durch eine gleitende resp. steigende Skala einzurichten. Es werden hierzu besondere Indexziffern der Lebenshaltungskosten gebildet (siehe die oben genannten Prozentualziffern) und die Löhne nun entweder nach Prozenten eines bestimmten Grundlohnes gehoben oder gesenkt (relatives System) oder ein fester Zuschlag zu den Löhnen entsprechend der Verschiebung der Indexziffern um je zehn Punkte, je nach dem Wortlaut des Tarifvertrages, gewährt. Zu Anfang 1921 waren immerhin schon $1^1/_2$ Millionen Arbeiter nach diesem Lohnsystem beschäftigt, soweit das Arbeitsministerium hiervon Kenntnis hatte, was freilich nicht für alle Fälle, wenn auch für die Mehrzahl, zutrifft.

Aber trotz dieser neuen Einrichtungen, und obschon ein weiteres neues Gesetz der Industrial Court Act vom Jahre 1919 das Schiedsgerichtswesen grundlegend erweitert hat, stand doch in den letzten Zeiten England nach einer langen Reihe von Jahren wieder im Brennpunkt der heftigsten Arbeitskämpfe. Durch Streitigkeiten waren im Jahre 1918 6,3 Millionen Arbeitstage ausgefallen, im folgenden Jahre betrug diese Ziffer nicht weniger als 35 Millionen, und im Jahre 1920 noch 27 Millionen. Der Weltkrieg und sein Ende scheint wie alle kriegerischen Ereignisse, ob bei Siegern oder Besiegten, gewaltige soziale Probleme in Fluß gebracht zu haben. Er hat dies in England in dem Augenblick getan, als die militärisch-kriegsgemäße Organisation der Wirtschaft sich auflöste, ohne daß man die Folgen der nunmehr so völlig veränderten Verhältnisse — die hohen Lebensmittelpreise, die Frauenarbeit, die Demobilisationswirkungen usw. — in ein geordnetes neues Fahrwasser leiten konnte. Genug Gärungsstoff hatte sich jedoch in den Kriegsjahren angesammelt, um die Konflikte, die im einzelnen und teilweise als partielle Erscheinungen einzelner Gewerbe auftraten, mit einem zündenden Stoff zu versehen, der ganz neue grundsätzliche Umgestaltungen der Arbeiterfrage herbeiführte. Zweifellos ist sowohl die Stellung des organisierten Arbeiters im Betriebe wie das Ziel der Arbeiterbewegung Englands seit 1914 ein anderes geworden. Das Übergreifen in den Geschäftsnexus der Fabrikbetriebe, die Einflußnahme auf Reingewinn und Preiskontrolle, die Parlamentarisierung der Werke, die Ansätze einer Sozialisierung im Bergbau unter Ausschaltung des freien Wettbewerbs und der freien Beweglichkeit der Unternehmer — das alles sind doch Phänomene, die, wenn auch vielleicht noch vereinzelt und zum Teil nicht ausgeklärt, von der alten Arbeiterbewegung, die nur eine Verbandsbewegung war, abdrängen. Wie weit wir vor einer neuen sozialen Bewegung in England stehen, inwieweit diese wiederum einen politischen Charakter annehmen kann, den bisher die englische Arbeiterfrage nicht aufwies, das können erst kommende Jahre und Ereignisse zeigen.

12. Arbeiterschutz und soziale Fürsorge.

Literatur von Kapitel 11. Dazu: Eden, State of the Poor. 1797. — Minority Report of the Poor Law Committee. 1909. — Aschrott, Das englische Armenwesen. 1886. — E. M. Leonard, The History of English Poor Relief. 1900. — W. Dibelius Ch. Dicheus. 1916 (Kap. III).

Auch im Arbeiterschutz ist England das Land der frühzeitigsten Einrichtungen und Gesetze gewesen, vielleicht, weil in England nach Auflösung der alten gebundenen Arbeitsordnung die sozial grauenvollsten Erfahrungen mit dem System des Laissez-Faire in der Arbeiterfrage gemacht wurden. Die Beschreibungen aus den 20er und 30er Jahren, schon beginnend freilich zu Ende des 19. Jahrhunderts, als die Fabriken aus den wasserkraftreichen ländlichen Tälern, in denen immerhin noch erträglichere Lebens- und Arbeitsverhältnisse möglich waren, in die Städte übersiedelten, sind zahlreich und erschütternd. Die Kinder- und Frauenarbeit, die Unter-Tag-Arbeit im Bergbau, der völlige Mangel eines sanitären Schutzes oder eines solchen gegen körperliche Unfälle schien das Leben der ganzen Nation zu unterminieren. Die Gesetze begannen daher frühzeitig. Das erste Arbeiterschutzgesetz Englands ist ein solches aus dem Jahre 1802, das zunächst „als Gesetz zur Bewahrung der Gesundheit und Moral der Lehrlinge in den Baumwollfabriken" erlassen wurde und später auf die ganze Textilindustrie ausgedehnt wurde. Im Jahre 1833 wurden Aufsichtsbeamte zu einer genauen Durchführung bestellt. Es betraf zunächst nur jugendliche Arbeiter, dann seit 1844 auch weibliche Personen über 18 Jahre und wurde im Laufe der Zeit immer mehr erweitert und ausgedehnt (auch auf die Handwerksbetriebe), bis im Jahre 1878 eine Kodifizierung der auf die verschiedensten Industriezweige zersplitterten Gesetze in ein einheitliches Fabriks- und Werkstättengesetz zustande kam. Neben Kinder- und Frauenschutz traten die schon in anderem Zusammenhange erwähnten Beschränkungen übermäßiger Arbeitszeit, Festsetzung des Maximalarbeitstages, ferner die Bestimmungen über Sonntagsarbeit, Nachtarbeit und Ruhepausen. Es reihen sich an: Bestimmungen über den Personenschutz des Arbeiters, welche die Verantwortlichkeit des Unternehmers festlegen und seine Haftpflicht bestimmen, wie das englische Gesetz vom Jahre 1897. Ganz besonders wichtig war die Durchführung dieser Gesetze in der Fabrikinspektion, die England ebenfalls schon seit dem Jahre 1834, wie erwähnt, besaß, die aber erst durch das genannte Kodifikationsgesetz von 1878 eine Verallgemeinerung fand. Weibliche Fabrikinspektoren wurden freilich zuerst in Frankreich, erst 1893 in England (in Deutschland zuerst 1898 in Hessen) angestellt.

Im allgemeinen kann man sagen, daß die englischen Arbeiterschutzgesetze, wenn auch frühzeitig geschaffen, sich nicht wesentlich von denen anderer Länder unterschieden oder unterscheiden, wie denn überhaupt die Homogenität dieser Gesetze hier am ehesten den Gedanken einer internationalen Regelung hat aufkommen lassen. Dagegen stand die englische Sozialgesetzgebung lange Zeit einer anderen Gruppe von Maßnahmen des sozialen Schutzes ablehnend gegenüber, nämlich der Idee der staatlichen Arbeiterversicherung und des Versicherungszwanges. Daß der einzelne Arbeiter infolge seiner ökonomischen Schwäche dem Unternehmer gegenüber und infolge der Eigenart der „Arbeit" als einer von der Körperlichkeit des Arbeitverkäufers untrennbaren Leistung eines besonderen staatlichen Schutzes bedürfe, hatten die tatsächlichen Verhältnisse in der ersten Hälfte des 19. Jahrhunderts unleugbar gezeigt. Selbst der manchesterlichste Liberalismus hatte eine Modifikation seiner Anschauungen von der allein benötigten Freiheit des „Arbeitsvertrages" anerkennen müssen. Allein es blieb die alte liberale, individualistische Vorstellung von der Selbstverantwortlichkeit des Einzelnen für alle Fälle bestehen, in denen es sich um die zukünftige Fürsorge für die Erhaltung von Gesundheit, der Fristung des Alters oder der Invalidität und vor allem um die Abwendung der Gefahr der Beschäftigungslosigkeit handelte. Hier, wo keine unmittelbaren Schäden gegeben waren, sondern die Abwendung zukünftiger Sorgen und Schädigungen in Frage kam, glaubte man das Gefühl der Selbstverantwortung des Einzelnen, seinen Sinn für Sparsamkeit, und damit seine wirtschaftliche Nützlichkeit zu behindern, wenn man die Verpflichtungen der Fürsorge dem Staate oder der Behörde überließ. So kam es, daß das Prinzip des Versicherungszwanges, wie es im Deutschen Reich durch die sozialpolitische Gesetzgebung seit dem Beginn der 80er Jahre konstituiert wurde, in England keine Anerkennung fand. Die Unterstützung der Kranken, durch Unfälle Beschädigten, Invaliden und Arbeitslosen geschah vielmehr auf genossenschaftlichem Wege, und zwar mit Hilfe einer großzügig ausgebauten Versicherung der Gewerkvereine, ferner durch die Bildung freier Hilfskassen der Arbeiter (Friendly Societies).

Erst zu Beginn des neuen Jahrhunderts begann auch hier ein Meinungsumschwung einzutreten und die staatliche Zwangsversicherung sich Bahn zu brechen. Nunmehr freilich in einer Weise, die vielfach über die kontinentalen Muster noch hinausgeht. Am umstrittensten war im Komplex dieser Fragen die Versicherung gegen Arbeitslosigkeit, die dann durch den Unemployed Workmens Act von 1905 die erste entscheidende Regelung fand, und für die heute der Unemployed Insurance Act von 1920 maßgebend ist, nach welchem Arbeiter, Arbeitgeber und der Staat die Kosten der Versicherung tragen. Der Ausbau der Unfall- und Krankenversicherung erfolgte zwischen 1911 und 1916, für die Invaliditätsversicherung sorgen zwei Gesetze von 1908 und 1911.

Mit der Frage der Arbeitslosenversicherung ist zugleich das ganze Problem der Arbeit, soweit sie nicht eine solche von Witwen, Waisen, Krüppeln oder sonst gesundheitlich Untauglichen ist, angeschnitten. Dieses Problem des „Pauperismus" hat seit den frühesten Zeiten der englischen Wirtschaftsentwicklung eine wesentliche Rolle in der öffentlichen Diskussion gespielt. Es scheint, als ob es sich hier um eine für das englische Leben spezifisch in Betracht kommende soziologische Erscheinung handelt. Wer vor dem Kriege durch die Straßen Londons oder anderer englischer Großstädte wanderte, bemerkte mit Erstaunen und Erschütterung die überall vorhandenen Arbeitslosen, zerlumpte, armselige und ausgemergelte Gestalten, die jedoch keineswegs den Eindruck machten, als ob sie erst seit kurzem in dem unfraglich erbärmlichen Zustande sich befanden, und von denen auch allgemein gesagt wurde, daß sie schwer aus demselben herauszubringen seien. Der Name des Unemployable spielt in England neben dem des Unemployed eine gewichtige Rolle, während man auf dem Kontinent den Begriff des nicht arbeiten Wollenden ja kaum kennt. Es ist bemerkenswert, wie tief dieser Begriff historisch zurückgeht.

Während des ganzen 17. Jahrhunderts wird über die vagrants, die Herumstrolcher und Taugenichtse, geklagt und werden Gesetze über Gesetze gegen die Arbeitsscheuen erlassen. Schon die Begriffe der „arbeitsfähigen Armen" (able-bodied pauper) und des labouring poor, dem wir damals begegnen, bedeutet eine Verbindung von „Arbeit" und „Armut", die man in anderen Ländern als dauernde Charakteristik einer ganzen Klasse nicht kennt. Über die Unemployables jener Zeit schreibt

Defoe in einer Schrift: „Es sind Leute, die nicht arbeiten wollen, welche die Hauptzahl unserer Armen bilden, nicht diejenigen, welche nicht arbeiten können." Auch die Gesetzgebung der Königin Elisabeth und ihrer Nachfolger unterschied bereits die „arbeitsfähigen" Armen von den nichtarbeitsfähigen, und ein großer Aufwand von Maßnahmen und Einrichtungen wurde getroffen, um die Arbeitsfähigen wieder der Arbeit zurückzuführen. Das große Armengesetz der Königin Elisabeth vom Jahre 1601, das übrigens auch die ersten Anregungen zur Bildung von Parzellenbetrieben für die besitzlosen Landarbeiter enthält, schuf ausdrücklich für die arbeitsfähigen Armen, die ohne Beschäftigung waren, eine eingehende Fürsorge, und es ereignete sich wiederholt, daß auf die Schaffung von öffentlicher Arbeitsgelegenheit für Beschäftigungslose gedrungen wurde. Die zentrale Exekutive der Bestimmungen konzentrierte sich auf den „Hohen Rat" (High Council), der jedoch zur Durchführung seiner Bestimmungen und Ausführungserlasse lokale Sonderausschüsse (schon damals Committees genannt) bildete. Nach den neueren Darstellungen von Leonard herrschte dann unter Karl I. eine ausgedehnte und spezialisierte Arbeiter- und Armenfürsorge. Das ganze Armengesetz der Elisabeth wurde durchgeführt. Renten für die Unfähigen, Arbeitsbeschaffung für die Arbeitsfähigen bildete das Ziel. Die neueren englischen Sozialpolitiker sehen in der staatlichen Fürsorge, wie sie Elisabeth und ihre unmittelbaren Nachfolger für die Lösung der Arbeitslosenfrage schufen, und in dem Verwaltungssystem, das damals versucht wurde, ein Ideal, das heute noch unerreicht bleibt. „Unter der Regierung Karls I.", so schreibt Leonard, „findet sich nicht nur die erste wirklich gründliche Durchführung des Armengesetzes der Elisabeth, sondern eine vollständigere Organisation der Unterstützung der schwächeren Klassen als sie irgendeine Periode der englischen Geschichte aufzuweisen hat."

Das väterlich-autokratische System der Wirtschaftspolitik der absoluten Krone, das ja in der Geschichte so häufig Züge einer erstaunlich frühzeitigen Sozialpolitik trägt, zerfiel in dem Augenblick, als Cromwell an die Regierung gelangte und mit den Puritanern eine völlig anders geartete Auffassung vom wirtschaftlichen Leben Platz griff. Hatte unter Karl I. die katholisierende anglikanische Kirche einen wesentlichen Einfluß auf die Gestaltung der Arbeiter- und Armenfürsorge ausgeübt — der Erzbischof Laud hatte sogar höchstpersönlich einen Sitz in dem lokalen Committee für Lincolnshire innegehabt — so war der Puritanismus prinzipiell einer Armenfürsorge nach dem Muster der bisherigen Gesetze abgeneigt. Wie für die echten Kalvinisten Segen und Gewinn des Berufes sichtbare Zeichen der Erwählung Gottes waren, so wurde, wie wir schon früher darlegten, die Armut als das Stigma der Verwerfung und die Arbeitslosigkeit als Ausdruck der Selbstverschuldung angesehen. Wir zitierten schon früher die Worte Hartlibs, des Freundes Miltons, und Sir William Petty erklärte etwas später ausdrücklich, daß es höchst unangebracht sei, den Bettlern etwas zu geben, „da das Gesetz der Natur niemanden verhungern lasse, wo überhaupt Ernährungsmöglichkeiten vorhanden seien" (vgl. S. 26).

Eine harte und nüchterne Beurteilung der Arbeiter- und Armenfrage trat an die Stelle der karitativen. Mochte es richtig sein, daß eine zu weitgehende Unterstützung das Landstreichertum hier und dort verstärkte, so war doch die Verallgemeinerung und die aus ihr hergeleitete asoziale, vielfach sogar antisoziale Gesinnung und Praxis verfehlt. Entsprang doch aus diesen puritanischen Anschauungen auch in jener früheren Zeit des Kapitalismus die Lehre, daß hoher Lohn niedrige, dagegen niedriger Lohn, weil er stimulativ wirke, hohe Arbeitsleistung bedeute, eine Lehre, die sich im 19. Jahrhundert gerade an Hand englischer Erfahrungen als aprioristisch und unwahr erwies. Aber auch diese Lehre war der Ausdruck einer Auffassung, die in der Arbeit das erzieherische Zuchtmittel erblickte, das gerade zur Besserung der Faulheit und Unwirtschaftlichkeit in Anwendung zu kommen hatte. Es ist unter diesen Umständen verständlich, daß mit der Revolution Cromwells zwei Neuerungen einsetzten: erstens die Beschränkung der eigentlichen Armenpflege auf die Witwen, Waisen, Krüppel usw., also die „eigentlichen" Armen, dagegen zweitens scharfe Maßnahmen zur Behebung der Arbeitslosigkeit unter Beseitigung aller bisherigen Maßnahmen der Unterstützung in den nicht selbst verschuldeten Fällen. Armut wurde, wie der Historiker Cunningham drastisch gesagt hat, als „Verbrechen" betrachtet. Die Folgen dieser Auffassung zeigen sich in materiellen Erscheinungen. Es wurden vor allem „Arbeitshäuser" eingeführt, ein System der Armenfürsorge, das heute noch in England besteht und schon im Namen den Wesenszug einer Erziehung zur Arbeit an sich trägt.

Die Arbeitshäuser gehen auf den Namen Firmins zurück, der sie im Jahre 1678 in einer Schrift empfahl, bis sie im Jahre 1723 dann in einem besonderen Gesetze Aufnahme fanden und in dem berühmten Armengesetz des Jahres 1834 festgehalten wurden. Hier im Arbeitsgefängnis sollte der Arbeitslose, dem man jede unverschuldete Beschäftigungslosigkeit absprach, durch Abschreckung und ein Leben möglichster Entbehrung die Lust zur Arbeit wiederfinden und lernen, selbst die schlechtesten Bedingungen außerhalb des Arbeitshauses dem Leben innerhalb desselben vorzuziehen. Unter dem Einfluß der Arbeitshäuser und der Rauhheit ihrer Aufseher gingen die Summen, die für die Verwaltung der Armensteuer ausgegeben wurden (trotz stark steigender Bevölkerung) von 819 000 £ im Jahre 1689 auf 689 000 £ im Jahre 1750 zurück. Weiter wurde, um die reichen Gemeinden nicht zu einer Zufluchtsstätte für Arme zu machen und die Abschiebung unbequemer Arbeitsloser aus gewerblichen Distrikten zu ermöglichen, seit dem Jahre 1662 die Unterstützung durch den Settlement Act zu einem Ausfluß des Heimatrecchtes gemacht, während das Gesetz der Elisabeth, von viel tieferen sozialpolitischen Gedanken getragen, den Unterstützungswohnsitz dekretiert hatte. Damit begannen die Ausweisungen der Unbemittelten, die Verhinderung des Zuzuges ärmlicher Persönlichkeiten und die Überfüllung derjenigen Orte, welche ungenügende Arbeitsgelegenheit aufwiesen, mit heimatsberechtigten Armen. Diese ganze Behandlung des Armenproblems lag oft genug im direkten Interesse der kapitalistischen Unternehmer, für deren Zwecke ja die puritanischen Lehren überhaupt sehr bequem waren. In Schottland wurde z. B. im Jahre 1663 geradezu ein Gesetz erlassen, das die Unternehmer ermächtigte, Vagranten 11 Jahre nach Belieben anzustellen, ohne Lohn, nur gegen Kost und Kleidung.

Im Laufe des 19. Jahrhunderts, ganz besonders aber in den letzten Jahrzehnten vor dem Weltkriege, ist dann das Problem der Arbeitslosen, der früheren labouring poor oder arbeitsfähigen Armen, immer drängender geworden. Dennoch mußte zunächst noch immer gegen den Begriff der Selbstverschuldung angekämpft werden, um eine wirkliche soziale Fürsorge hier möglich zu machen. In dem sehr populär gewordenen Minoritätsbericht der Poor Law Commission, der im Jahre 1909 erschien, hielten es die Verfasser Sidney und Beatrice Webb doch noch für erforderlich, auf diesen grundsätzlichen Gesichtspunkt zu verweisen, indem sie von der „Existenz anständiger und ehrbarer Leute“ sprachen, „die zu allen Zeiten beschäftigungslos seien oder sein könnten, es sei nun, daß sie dauernd ihre Stellung verloren haben oder daß die Zwischenräume zwischen den einzelnen Gelegenheitsarbeiten zu groß werden“.

Es wurden nun neue Grundsätze und neue Verwaltungsapparate für die Arbeitslosen verlangt. Durch den ganzen, sehr einflußreichen Minderheitsbericht zog sich der Gedanke, die Arbeitslosenfürsorge von der Armenpflege zu trennen, insbesondere mit dem Abschreckungssystem der Arbeitshäuser zu brechen. Ferner wurden im gleichen Zusammenhange weitgehende Vorschläge gemacht, das Erziehungswesen der Arbeiter zu bessern, den Jugendlichen eine weitere technische Bildung angedeihen zu lassen, um sie für den Fall der Krisen und Arbeitsstockungen für die verschiedensten Berufszweige geeignet zu machen. Die Hauptmaßnahme freilich ist zunächst das Versicherungsgesetz gewesen, das wir am Eingang dieser Betrachtung erwähnten. Die Nachwirkungen des Krieges haben, wie zu erwarten war, zu einer Zunahme der Arbeitslosen geführt. Waren im Jahre 1913 von den Mitgliedern der Gewerkvereine, die hierüber berichteten, nur 2,1% arbeitslos gewesen, so stieg diese Ziffer im Juni 1920 auf 3,1% und im Dezember 1920 sogar auf 6,1%. Es wird sich auch hier zeigen müssen, inwiefern vielleicht neben dem Mittel des staatlichen Arbeitslosenversicherungszwanges eine Möglichkeit besteht, das Problem durch eine Zusammenarbeit der Gewerkvereine mit den großen Industrieunternehmern selbst zu lösen. Ein interessanter und vielbeachteter Versuch ist in dieser Hinsicht eine Vereinbarung zwischen dem großen Färbertrust und dem in Frage kommenden Gewerkverein gewesen, nach welcher die Unternehmer eine Arbeitslosenentschädigung gewähren, für den Fall, daß Arbeiter durch die Anwendung arbeitsparender Maschinerie brotlos werden. Auch hier wird sich vielleicht ein Eingreifen der Arbeiterorganisationen in den Geschäftsbetrieb der Fabrik ergeben. Denn auch das Problem der Arbeitslosigkeit kann auf die Dauer nicht als eine Frage behandelt werden, welche eben nur die gerade Unbeschäftigten betrifft, da sie jederzeit für jeden noch arbeitenden Arbeiter akut werden kann. Und so ist es eine mit dem Erstarken der organisierten Arbeiterschaft ganz folgerichtige Erscheinung, das Problem der Arbeitslosigkeit von dem der Armenfürsorge zu trennen und es mit dem Gesamtkomplex der Arbeiterfragen zu vereinigen.

VI. Neubritische Wirtschaftspolitik.

13. Die innerpolitischen Veränderungen.

Literatur: Ein großer Teil der Literatur aus Kapitel 7, 9, 10, 11 und 12. Dazu: Levy, Soziologische Studien und Ökonomischer Liberalismus s. S. 1. — Kirkaldy, Webb, Works Committees s. S. 98. — Lloyd-George, Better Times. 1910. — Lord Rosebery, The Budget. 1909. — G. P. Gooch, The History of Democratic Ideas. 1898. — Lord Hugh Cecil, Conservativism. 1912. – Haldane, Un versities and National Life. 1911. — The Yearbook of Social Progress. 1912. — W. Lyon Blease, A Short History of English Liberalism. 1913. — Brougham Viliers, Britain after the Peace. Revolution or Reconstruction. 1918.

Übersieht man die Gesamterscheinungen der neueren englischen Wirtschaftsentwicklung und der Maßnahmen und Verwaltungsgesetze, die für sie geschaffen wurden, so wird man sich kaum der Erkenntnis verschließen können, daß es sich hier nicht um eine mehr oder minder gesteigerte Fortentwicklung bestehender Tendenzen handelt, sondern um den Kampf alter mit neuen Prinzipien. Alle jene wirtschaftspolitischen Gesetze und Einrichtungen, die während des 19. Jahrhunderts geschaffen wurden und sich zum Teil im heftigen Kampfe gegen den manchesterlichen Liberalismus und die angeblichen Grundprinzipien einer individualistischen Wirtschaftsweise durchzusetzen hatten — wie etwa Koalitionsfreiheit, Arbeiterschutz, die Anfänge einer gegen die bisherige Form des Grundbesitzes gerichteten Kolonisation —, konnten damit begründet werden, daß die gewollte persönliche Freiheit des Einzelnen nicht ausschließlich und nicht grundlegend durch bloße rechtliche Bestimmungen gewährleistet werden könne, daß es vielmehr wirtschaftliche Hindernisse gäbe, die bei aller rechtlichen Freiheit — etwa der Freiheit des individuellen Arbeitsvertrages oder der rechtlichen Möglichkeit des Landerwerbes für jedermann — eine Schranke gegenüber der tatsächlichen Freiheit des Einzelnen bildeten. So waren die einschneidendsten Bestimmungen des Arbeiterschutzes oder des Arbeiterrechts ja im Grunde nichts weiter als ein Schutz des Einzelnen vor der erdrückenden Beherrschung seitens der stärkeren ökonomischen Kräfte des Unternehmertums. Heute befindet sich hingegen der englische Wirtschaftsapparat in einer Entwicklung, welche über diese Ziele einer bloßen Freilegung der Bewegungsfreiheit des Einzelnen durch kollektive, genossenschaftliche oder staatliche Maßnahmen hinauswill und eine grundlegende Umformung des ganzen sozialen Körpers anzustreben scheint, anstatt wie bisher Hindernisse zu beseitigen oder Auswüchse zu bekämpfen.

Betrachtet man den heutigen „sozialen" Staat England — nicht einmal nach den Gesichtspunkten der Individualpolitiker des 18. Jahrhunderts — sondern nach den Anschauungen sozialreformerischer Liberalpolitiker der 80er und 90er Jahre des verflossenen Jahrhunderts, so erkennt man, daß hier ein soziales Gefüge im Entstehen ist, dessen ideologischer Unterbau sich prinzipiell von den bisherigen Grundanschauungen des englischen Wirtschaftslebens scheidet, geradeso, wie sein soziologischer Träger nicht mehr die in England so lange dominierende Mittelklasse, sondern die Arbeiterklasse geworden ist.

Dieser moderne soziale Staat, der in England im Entstehen ist, scheint fast wieder da anzuknüpfen, wo er beim Zusammenbruch der Regierung Karls I. und dem Beginn des eigentlichen ökonomischen Liberalismus in England aufgehört hatte. Wie auch das Urteil über die Regierungsmethoden der ersten Stuarts ausfalle, wenn man ihre Sucht nach autokratischer Alleinherrschaft und ihre teils korrupten, teils erpresserischen Verfahren zur außerparlamentarischen Geldbeschaffung in Betracht zieht, es haben neuere Forschungen zur Genüge ergeben — man denke an das, was wir S. 113 über die Armenpflege sagen konnten —, daß hier eine großzügige Politik der Verwaltung bestand, die durch die Straffung der zentralistischen Exekutive einerseits und durch dezentralisierte behördliche Lokalinstanzen andererseits eine nationale Organisation der Wirtschaft zu schaffen suchte. Es ist kein Zufall, daß in neuester Zeit englische Wirtschafts- und Sozialpolitiker wiederholt auf jene Epoche zurückgriffen und diese selbst ein bisher nicht gekanntes Interesse auf sich zog. Der Sinn und die Grundzüge der modernen wirtschaftspolitischen Entwicklung geht augensichtlich wieder dahin, die behördliche Verwaltung wirtschaftlicher Angelegenheiten auszudehnen und prinzipiell an die Stelle der bisherigen wirtschaftlichen Verfassung zu setzen, welche sie nur als einen Notbehelf betrachtete.

Dies zeigt sich vor allem in jenen zahlreichen Gesetzen, welche neuerdings das Eingreifen des Staates in die bisher unbeeinflußbare Sphäre der Freiheit des Einzelnen geführt haben. Da haben wir den Versicherungszwang, ein zunächst für den altliberalen Engländer unverständliches Prinzip der Durchbrechung der Selbstverantwortlichkeit des Einzelnen. Da haben wir die Maßnahmen, welche die unbedingte Pflicht eines Schlichtungsversuchs bei Streitigkeiten zwischen Unternehmern und Arbeitern durch Bildung besonderer gewerblicher Gerichte dekretieren, die Festsetzung von Minimallöhnen für ganze Industrien unter Mitwirkung des Staates, die Arbeitslosenfürsorge auf Grund des Versicherungszwanges und der staatlichen Beihilfe, die Anbahnung staatlicher Maßnahmen zur Entwicklung wichtiger volkswirtschaftlicher Kraftquellen, wie sie das Development-Gesetz für den Bau von Landstraßen und die Aufforstung der Wälder vorsieht, eine Kolonisationsgesetzgebung, die in das bisherige Eigentumsrecht am Grund und Boden eingreift, Zwangsenteignungen und Zwangsabpachtungen vorsieht und durchführt usw. Daß es sich hier nicht mehr um kleinere Reformmaßnahmen am bisherigen Bau der individualistisch-liberalistischen Wirtschaftsstruktur handelt, sondern um grundlegende Änderungen, ist ohne weiteres verständlich. Auch ist diese immer der Leitgedanke derjenigen gewesen, welche diese Neuerungen befürworten. „Die Ersetzung des gegenwärtigen industriellen Anarchismus durch den genossenschaftlichen Gemeinstaat", nennt Sidney Webb die Tendenzen zu einer nationalen Organisierung der wirtschaftlichen Verhältnisse unter dem Eingreifen des Staates.

Diese Organisierung wird aber nicht nur von oben herab durch Gesetze neuer Art „gemacht" und dekretiert, sie entwickelt sich organisch aus den ganzen Veränderungen des englischen Wirtschaftslebens heraus. Die Gewerkvereinsbewegung gleitet, wie wir sahen, mehr und mehr in eine Bewegung über, welche durch Bildung besonderer Betriebsausschüsse oder „Räte" sich nicht mehr mit der Bearbeitung der alten Lohnfragen begnügt, sondern in das ganze Gefüge, das wirtschaftliche und technische Getriebe der Unternehmungen und ganzer Industrien, einzugreifen sucht und generelle Regelungen anstrebt, welche den einzelnen, privaten Unternehmer vielfach nur noch als den Funktionär großer Gemeinschaften von Arbeitern und Arbeitgebern erscheinen lassen würde. Schon regt sich der Gedanke einer Verstaatlichung vieler Industrien und Verkehrszweige, ein Gedanke, der unter der Herrschaft des Bürgertums der Mittelklasse so lange als wirtschaftlich unsinnig gegolten hat, und das Wort „Sozialisierung“ fällt hier und dort. Parallel zu diesen Entwicklungen scheint in der englischen Großindustrie eine Bewegung der Betriebskombination, der Konzentration von Unternehmungen, der Kartellierung oder Vertrustung zu gehen, welche das alte individuale Familiengeschäft auflöst und an seine Stelle die moderne Großunternehmung auf Aktien setzt, die Konzernbildung an die Stelle des Einzelunternehmens pflanzt und die Unternehmer, wollend oder nicht wollend, nicht minder jedenfalls als ihren Arbeitern gegenüber, zu Gliedern von Verbänden und Funktionären gemeinsamer Verabredungen und Verpflichtungen macht. Auch hier löst sich in dem Augenblicke, wo die Preise „kontrolliert“, die Produktion „rayoniert“ und der Absatz gemeinschaftlich festgelegt wird, die alte Wettbewerbswirtschaft auf, wenn auch nicht vermöge staatlicher, sondern infolge privatwirtschaftlicher Organisierung.

Diesen Tendenzen des sozialen Lebens entspricht eine grundlegende Veränderung in der Verwaltung wirtschaftlicher Angelegenheiten. Neue Gesetze und Verordnungen aller Art setzen neue Beamtenkörper voraus, nicht nur eine Vermehrung der bestehenden Posten, sondern ganz neue Stellen, die mit besonders geschulten Kräften zu versehen sind. Dies gilt von den obersten bis zu den tiefsten Stellen. Neue Ministerien sind entstanden, wie das Ministry of Labour, das dem Handelsministerium abgezweigt werden mußte, als die Anforderungen der Arbeitergesetze sich häuften, neue Beamtenstellen werden dauernd geschaffen, wie z. B. die Small Holdings Commissioners, die Poor Law Commissioners oder Insurance Commissioners. Daß diese Anforderungen für ein Land, das bewußt sich vom Beamtenstaat fortentwickelt hatte, besonders schwierige waren, liegt auf der Hand. Eine besondere Kommission, die Civil Service Commission, wurde in dem zweiten Jahrzehnt des neuen Jahrhunderts berufen, um die Mittel der Beamtenvermehrung und die Wege zur Verbesserung des Beamtenstandes zu prüfen.

Diese Verbeamtung des wirtschaftlichen Englands war natürlich ebenso neu wie das Wiederauftauchen von staatlichen oder gemischten Ausschüssen in allen Zweigen des wirtschaftlichen Lebens. Man hat die Regierung Karls I. eine Regierung durch Ausschüsse (Committees) genannt. Die heutige Entwicklung der englischen Wirtschaftsverwaltung gleicht diesem Verwaltungssystem auf das getreueste. Kaum finden wir mehr ein Gebiet der Wirtschaft, in welchem nicht solche

Ausschüsse eine führende Rolle spielten. In der Landwirtschaft haben wir die Small Holding Committees der Grafschaften und Gemeinden, in der Arbeiterfrage die Work Committees, die sich wieder in die verschiedensten Unterausschüsse zergliedern und solche neben sich haben: wie etwa Shop Stewards Committees, Trade Committees, Welfare Committees, Women's Committees usw., wir haben die Insurance Committees, die Local Pension Committees des Gesetzes für Invaliditätsfürsorge, die Poor Law Committees und unzählige andere mehr. Während sich aber einerseits das Bestreben geltend macht, die brennenden Fragen der einzelnen Wirtschaftsgebiete durch eine dezentralisierte Organisation zu lösen, die freilich dem früheren lokalen und selbstherrlichen „Selfgovernment" immer unähnlicher wird, besteht andererseits die Tendenz, eine Stärkung der zentralen Instanzen gegenüber den lokalen herbeizuführen, insbesondere da, wo diese, wie z. B. in der Landwirtschaft, durch ihre Zusammensetzung einen stark passiven oder obstruktiven Charakter gegenüber angestrebten Verwaltungsmaßnahmen zur Schau tragen.

So ist in den Small Holdings-Gesetzen der letzten Zeit die Stellung des früher recht unbedeutsamen Landwirtschaftsministeriums (Board of Agriculture) wesentlich gestärkt worden, so erklärt sich die Bestrebung, den lokalen Behörden die Ausführung der Arbeitslosengesetze zu nehmen und diese „einer nationalen Behörde mit neuen Prinzipien und mit einem neu zu schaffenden Verwaltungsapparat zu übertragen", so auch die Bildung eines Arbeitsministeriums; schon werden weitere Wünsche laut, wie z. B. die Schaffung eines National Works Department, das die Anregungen und Maßnahmen zur besseren Ausnützung bisher ungenutzter oder mangelhaft ausgenutzter Produktivkräfte verwerten soll. Der Krieg und alles, was mit den sogenannten Fragen des Wiederaufbaus zusammenhängt, hat naturgemäß die Sphäre staatlicher Einmischung in das bisher unberührte Gebiet des Wirtschaftslebens noch wesentlich gesteigert, vor allem aber auch die dem Engländer innewohnende Abneigung gegen diese Einmischung abgeschwächt, und das bisher unbedingte Gefühl, daß jede Bürokratisierung des Wirtschaftslebens das größte Übel und eine unausbleibliche Katastrophe bedeute, verringert. Gewiß sind während des Krieges viele staatliche Einrichtungen geschaffen worden, die man lediglich als notwendiges Übel betrachtete und gegen deren Beseitigung man nicht früh genug seitens der Interessenten vorgehen zu müssen glaubte, so z. B. in der Schiffahrt, die ja ganz unter behördliche Kontrolle genommen wurde, in der staatlichen Verwaltung der Mühlen (durch die Flour Mills Order von 1917) oder die Kohlenkontrolle nach Beendigung der Feindseligkeiten. Aber gerade am Beispiel der letzteren und den sich aus ihrer versuchten Beseitigung ergebenden Schwierigkeiten kann man ersehen, daß einzelne Kreise dieses System mindestens so stark zum Schild ihrer gemeinwirtschaftlichen, bürokratisch-organisatorischen Bestrebungen machten, wie andere es als lediglich der Not der Zeit zugeschrieben haben wollten und über das Überhandnehmen des „red Tape" (grünen Tisch)-Systems sich entrüsteten. Von diesen Kriegs-Notmaßnahmen und Organisationen aber ganz abgesehen, gibt es auch Einrichtungen behördlicher Art oder halbbehördlicher Art, die sich als dauernde Folgeerscheinung der Kriegserfahrungen und Friedenserfordernisse erhalten werden.

Dahin gehört z. B. die im Jahre 1917 begründete British Trade Corporation. Hier handelt es sich um eine Institution, die ihrem Statut nach britischen Geschäfts- und Industrieunternehmungen Rat und finanzielle Hilfe erteilen und ganz allgemein die Entwicklung von Handel, Gewerbe und Geschäft fördern soll. Diese Organisation wurde auf privatwirtschaftlicher Grundlage mit einem Kapital von zunächst 10000000 £ gegründet. Die Korporation wird sich vor allem auf die Vermittlung und Finanzierung überseeischer Geschäfte erstrecken, ohne selbst als Wettbewerber aufzutreten. Die größten englischen Banken haben sich mit Kapital an ihr beteiligt. Neben den rein geschäftlichen Funktionen wird die British Trade Corporation aber auch eine Tätigkeit ausbilden, die bisher in England nicht systematisch organisiert war. Sie wird in weitestem Umfange Nachrichten, Erfindungen und Anregungen aller Art ihren Mitgliedern und der Geschäftswelt übermitteln. „Es gibt bisher", so schrieb der Prospekt der Korporation im Jahre 1917, „keine große britische Finanzinstitution, die eine Abteilung oder überhaupt eine Organisation besäße, in welcher die neuen Ideen oder Erfindungen studiert und untersucht werden können, besonders solche Pläne oder Entwicklungen, die zunächst auf ihre geschäftliche Verwertungsmöglichkeit und Reife hinsichtlich ihrer öffentlichen Rentabilität geprüft werden müssen. Die Korporation will diese Tätigkeit zu einem besonderen Zweige ihrer Aufgaben machen und ein vermittelndes Glied zwischen der britischen Industrie und den britischen Kapitalisten werden. Sie will die Führung bei der Bildung von Syndikaten übernehmen, soweit sie sich mit vielversprechenden und wichtigen Geschäften befassen, und sie will sich mit anderen Bank- und Finanzunternehmungen verbinden, soweit diese an solchen Unternehmungen sich beteiligen wollen." In dem amtlichen Bericht, welcher der Gründung dieser Institution voranging, wurde ausdrücklich als Richtlinie festgestellt: „daß die Einrichtung, ohne unmittelbar der Kontrolle der Regierung zu unterstehen, so viel behördliche Anerkennung wie irgend möglich empfangen sollte."

Man erkennt, daß auch auf dem Gebiete der geschäftlichen Initiative und des kaufmännischen Wagemuts, das bisher in England stets als eine besondere Domäne der freien Entschlußkraft und der persönlichen Qualität des Unternehmers angesehen wurde, ein organisatorischer Hilfsapparat eingestellt worden ist, der auf halbbehördlichem Wege zustandebringen soll, was früher dem Einzelnen überlassen blieb. Auch diese Entwicklung ist — wenn man von dem besonderen Ansporn imperialer Ideen, wie sie der Weltkrieg mit sich brachte, absieht — eine Folgeerscheinung der gewaltigen Steigerung des Kapitalbedürfnisses der einzelnen Unternehmung und der Notwendigkeit, großkapitalistische Transaktionen über See sofort mit einem Aufwand von Geldmitteln durchzuführen, die der Einzelne oder die einzelne Bank oder Unternehmung für sich allein nicht zu leisten vermag. Auch hier tritt also an die Stelle des Einzelvorgehens das organisierte mit staatlicher Hilfe. Auch hier ist Konzentration und Organisation der Interessen auf einer breiten gemeinsamen Basis an die Stelle der Einzelunternehmung gerückt, die „auf eigene Faust", im kleinen, aber unabhängig, arbeitet; auch hier hat sich das Gesicht des britischen „Geschäfts" geändert, nicht zuletzt angeregt durch die Entwicklung des großbankmäßigen Kreditsystems in Deutschland, das vielfach in den Erörterungen über die Bank oder Trade Corporation als Beispiel herangezogen wurde.

Noch ein letztes Gebiet sei genannt, um zu zeigen, wie sehr der Wirtschaftsstaat des zersplitterten Wettbewerbs einem organisatorisch-systematisch aufgebauten Wirtschaftsstaate zu weichen beginnt. Das Nachrichtenwesen war gewiß bisher überall, besonders in England, eine, wenn wirtschaftlich betrachtet, private Angelegenheit des einzelnen Geschäftsmannes, eng behütet vor den Blicken seiner Konkurrenz. Ein Nachrichtendienst, der nicht den Charakter der „diskreten", eben nur für den einzelnen bestimmten Vermittlung wichtiger Ereignisse der Geschäftswelt enthielt, würde für völlig überflüssig gehalten worden sein. Soweit er seine Kenntnisse nicht aus den in England ja sehr zahlreichen Fachblättern schöpfte, glaubte der englische Geschäftsmann keine anderen Nachrichten zu benötigen, als diejenigen, welche ihm im geschlossenen Brief auf den Schreibtisch flogen oder ihm durch seinen vertrauten Agenten zugingen. Erst neuerdings hat sich der Ruf nach einer behördlichen Förderung des Nachrichtenwesens Bahn gebrochen. Ein eigens dafür geschaffenes Amt hat diese Aufgabe übernommen, das Board of Trade Department of Commercial Intelligence. Auch hier ist die besondere organisatorische Arbeit schon im Jahre 1900 einem Ausschuß, dem Advisory Committee dieser Abteilung, übertragen worden, dessen Funktionen heute sogar zum Teil über die reine Beratung des Handelsministeriums hinausgehen. Die

Nachrichtenbeschaffung selbst erfolgt durch besondere Trade Commissioners (Handelskommissare), Handelskorrespondenten und die Konsuln. Die Nachrichten beziehen sich auf Geschäftsmöglichkeiten für britische Unternehmer und Kaufleute, Zolltarife, Submissionen fremder Staaten oder Kolonien usw. Regelmäßige Nachrichtenübermittlungen werden unterschieden von besonders vertraulichen Mitteilungen an einzelne Interessenten. So wurden z. B. im Jahre 1913 als Reflektanten für solche Nachrichten 1500 Firmen auf einem besonderen Register vermerkt, deren Zahl bis 1915 schon auf 3000 gewachsen war. Anfragen schriftlicher oder persönlicher Art wurden in einer Höhe von 16488 im Jahre 1912 beantwortet, im Jahre 1915 hatte diese Ziffer sich bereits mehr als verdreifacht. Es kann also dieser Einrichtung sicherlich nicht das Bedürfnis abgesprochen werden. Auch hier ist eine Organisation im Werden, die noch vor zwei Jahrzehnten den Trägern des britischen Geschäftsmanchestertums ebenso zwecklos, ja lächerlich erschienen wäre, wie die systematische Vorbildung der Geschäftsleute in Handelshochschulen oder sonstigen Wirtschaftsakademien.

Man fasse alle hier geschilderten Tendenzen der „Organisation" einer bisher auf den ausschließlichen Wettbewerb aller gegen alle ausgerichteten Wirtschaft zusammen, ob nun diese Organisation als staatlich oder gewerkvereinsmäßig oder als Ausfluß der Konzern- und Trustbildungen im einzelnen anzusehen ist, — es bleibt das Bild einer sich neu gestaltenden englischen Volkswirtschaft, eines sich neu gestaltenden sozialen Staates. Ein Staat, der immer stärker zur Verbeamtung und Bürokratisierung gedrängt wird, der die großen allgemeinen Fragen der Wirtschaft durch zentrale Verwaltungsorgane zu regeln sucht, deren Vertreter wieder in unzähligen Ausschüssen und Unterausschüssen in die bisher sich selbstregierenden Lokalinstanzen eindringen, ein Staat, in welchem die Arbeiterfrage auf Grund eines großen organisatorischen Ausschuß- oder Räteapparates gelöst wird, dessen Bestimmungen und Beschlüsse die Funktionen des Unternehmers als Fabrikleiters immer stärker begrenzen, ein Staat der Zwangsversicherung und der Arbeitslosenfürsorge auf Grund öffentlicher Zuschüsse, ein Staat, der Minimallöhne festsetzt, der in das Grundeigentum mit starker Hand eingreift und Enteignung und Zwangspacht dekretiert, ein Staat, der in schützend-fördernder Weise Kredit- und geschäftliches Nachrichtenwesen durch eigene öffentliche oder halböffentliche Instanzen zu beeinflussen sucht, ein Staat, in welchem, ohne Widerstand zu finden, große industrielle Monopolorganisationen erwachsen und die Preise und Produktionen unter Ausschaltung des Wettbewerbsprinzips zu regulieren suchen, ein solcher Staat scheint weit von demjenigen sich entfernt zu haben, dessen Ursprung einst

Cromwell legte, und der durch mehr als zwei Jahrhunderte des ökonomischen Liberalismus die besondere Eigenart der britischen Wirtschaft zu kennzeichnen schien.

Naturgemäß spiegeln sich diese Veränderungen fundamentaler Art in einer Umgestaltung der wirtschaftspolitischen Parteiprogramme, denen sie ja zum Teil wiederum ihre Fortentwicklung und Beschleunigung verdanken. Der alte manchesterliche Liberalismus hat abgewirtschaftet. An die Stelle der Altliberalen im englischen Parlamente sind die Radikalen (Radicals) getreten, die — an ihrer Spitze Lloyd George — für eine Umformung des Wirtschaftslebens nach Gesichtspunkten sozialer Art, den Beamtenstaat, die behördliche Kontrolle des Wirtschaftslebens usw. eintraten und deren Grundsätze — vor dem Weltkriege — nur noch das Freihandelsprinzip von den alten Parteigängern, wie etwa John Bright oder Gladstone es gewesen waren, mitnahmen. Die Konservativen dagegen (Unionists) sind es heute, die an den liberaeln Ideen festhalten, deren Entstehung ihre Vorfahren, vielfach bis in die 70er und 80er Jahre hinein bekämpften. Von ihnen wird der Fortbestand des Wettbewerbsystems gefordert, freier Spielraum für den Einzelnen verlangt, die Staatseinmischung abgelehnt. So sind in dem für die innere englische Wirtschaftspolitik so entscheidenden Budgetjahre 1909/10 viele hervorragende Altliberale in das Lager der Konservativen abgewandert, weil sie dort — übrigens trotz des Schutzzollprogramms! — die alten Grundanschauungen besser vertreten zu sehen glaubten als im „Sozialismus" der Linken. „Dieses Budget", so schrieb im Jahre 1909 Lord Rosebery, „nennt sich eine liberale Maßnahme. Wenn dem so ist, so kann ich nur sagen, daß es ein neuer Liberalismus ist und nicht derjenige, welchen ich unter höheren Auspizien kennengelernt habe und betätigen konnte, unter demjenigen, der nicht nur der größte Liberale Englands war, sondern auch sein größter Finanzmann: ich meine Gladstone. Was nach meinen Grundsätzen an ihm das Schädlichste ist, das ist der Angriff auf die Freiheit. Wir Antisozialisten glauben an den Aufbau des Staates durch das Individuum." Wie im allgemeinen die Prinzipien der Konservativen oder der Tory Free Traders, wie sich die Altliberal-Konservativen auch nannten, von dem neuen Sozialliberalismus abwichen, so auch auf den einzelnen Gebieten. Lord Hugh Cecil z. B. bekämpfte im Jahre 1912 in seiner Schrift „Conservativism" die neuen Ideen der Armen- und Arbeitslosenfürsorge, wie wir sie oben schilderten. Es sei wohl möglich und bedauerlich, so führte er aus, daß Leute „ohne ihr Verschulden" in Armut und Not gerieten, aber hieraus dürfe nicht vom Standpunkt der „Gerechtigkeit" die Forderung erhoben werden, daß der Staat für sie zu sorgen habe. „Der grausame Staat, der jemanden verhungern lasse, habe ihm nichts Schlimmes zugefügt.

Der Staat habe sich niemals dazu verpflichtet, Leute vor dem Verhungern zu bewahren." Es mag richtig sein, daß vom Standpunkte desjenigen Staatsbegriffs, den Lord Hugh Cecil im Sinne hat, die Sozialfürsorge in der Tat „nur eine Angelegenheit der nationalen Liebestätigkeit, Dankbarkeit oder bloßer Schicklichkeit" sein kann. Es fragt sich nur eben, ob jener Staatsbegriff sich nicht im Laufe der Zeit grundlegend geändert hat. Ja, es ist gerade das Bedeutsame, daß die neuen wirtschaftspolitischen Gegensätze im tiefsten Kerne auch auf eine völlig andere Einstellung gegenüber den staatspolitischen und staatsphilosophischen Auffassungen und Fragestellungen hinauslaufen.

Dieselben wirtschaftspolitischen Umgestaltungen haben nun auch zu bedeutsamen ideellen Tendenzen geführt. Der Dissent scheint die alten individualistischen Wirtschaftsideale völlig aufgegeben zu haben. Die beste Einführung zur Kenntnis der heutigen nonkonformistischen Ideen ist auch hier die Schrift von Lloyd George „Bessere Zeiten", in der als einer Sammlung von Reden aus allen Gebieten des neuen Liberalismus auch die kirchliche Frage erörtert wird (Free Churchmen and the House of Lords. London 1910). Der Dissent, einst der Begründer nicht nur des geistlichen, sondern auch des weltlichen Independentismus, steht jedenfalls heute als Vorkämpfer der neuen sozialen Organisation da. Aber auch in der englischen Staatskirche ist eine breite Strömung vorhanden, welche energisch den sozialen Staat vertritt. Interessant ist in dieser Hinsicht alles, was der bekannte Bischof von Oxford, Dr. Gore, seinerzeit in den Ausschußberichten der Konvokation von Canterbury sagte, Berichte, die sich mit „der moralischen Auffassung der Kirche über wirtschaftliche Angelegenheiten" befaßten. Da heißt es z. B.: „Kaum jemand kann eine Rückkehr zu dem System des Laissez-Faire befürworten, das den Fabrikgesetzen voranging. Der einzelne Christ ist auch Bürger. Als Bürger muß er sich auch mit volkswirtschaftlichen Dingen befassen und seinen Anteil am öffentlichen Leben suchen. Deshalb muß er das bestehende Gesetz in seinen Bemühungen, die tatsächlichen Methoden der Reichtumsgewinnung zu unterbinden, unterstützen." Hier und in weiteren Ausführungen des Bischofs haben wir einen Sozialismus von der Kanzel, der den alteingebürgerten Ideen des Engländers von den rein privatwirtschaftlichen (neben rein karitativen) Aufgaben des Einzelnen zu Leibe geht und ein öffentliches Betätigen des Einzelnen mit deutlichem Hinweis auf die Entwicklung des Beamtenstaates fordert. Zwar ist nicht zu verkennen, daß sich innerhalb der Church of England auch Bedenken gegen diese Auffassung geltend machen. So meinte bald darauf Archdeacon Cunningham (der bekannte Historiker und Professor) in einem Protestbrief, daß man als gläubiger Christ sehr verschieden über die Art der sozialen

Reform denken könne, und „daß der Glaube an die Überlegenheit des Beamtentums gegenüber dem Privateigentum unter staatlicher Aufsicht" keineswegs ein Teil des christlichen Glaubens sei. Aber auch er betont, daß heute die große individualistische Bewegung des Puritanismus sich ihrem Ende nahe und daß damit die anglikanische Kirche wieder die Möglichkeit erhalte, diejenigen ihrer Einflüsse geltend zu machen, in denen sie der Puritanismus gelähmt habe. Charakteristisch für die soziale Auffassung des erwähnten Berichtes von Canterbury ist der Ausspruch: „Wir haben zu viel vom Rechte des Eigentums gehört," ein Satz, gegen den sich im 17. und 18. Jahrhundert die Dissenters mit den Waffen des Geistes und des Schwertes gewandt hätten, und der noch vor Jahrzehnten bei der Mehrzahl der englischen Politiker Erstaunen und Entrüstung erregt haben würde. Es wird natürlich viel darauf ankommen, ob die staatskirchliche Geistlichkeit ihren neuentdeckten Sozialismus auch in die Tat umzusetzen gewillt sind, oder ob sie auf die ihnen besonders nahestehenden Kreise des Hoch- und Landadels und überhaupt der ländlichen Gesellschaft Rücksichten walten lassen muß; denn hier würde sie mit einer Annäherung an die sozialen Wirtschaftsideale der radikalen Politiker und des Staatssozialismus natürlich auf heftigen Widerstand stoßen.

Auch auf dem Gebiet des Bildungswesens scheint das Ideal einer völlig schrankenlosen Erziehung mit möglichst großer Erweckung des individuellen Selbstverantwortlichkeitsgefühls und der praktischen Lebensführung zu verblassen. Hatte noch Matthew Arnold das englische System des praktischen Unterrichts (neben den verknöchert-humanistischen Institutionen eines Eton, Cambridge oder Oxford) gegeißelt und es als „mentale Gymnastik" bezeichnet, „die deshalb als so wertvoll gilt, weil sie nichts Bestimmtes lehrt", so dringt heute in England mehr und mehr die Auffassung durch, daß die systematische, grundsätzlich festgelegte Lern- und Lehrmethode, die gerade eine Ausbildung „ad hoc", eine Zurichtung des Schülers auf bestimmte praktische Lebenszwecke ablehnt und einer Verbreiterung der Allgemeinbildung zustrebt, das Wünschenswerteste sei. Man hat anerkennen müssen, daß der Kaufmann nicht nur durch bloße Kurse der Handelstechnik und Handelsbetriebslehre zu unterrichten ist und den Schwerpunkt seiner Tüchtigkeit erst durch die individuell-empirische Praxis gewinnt, sondern daß Bildungsstätten, wie die Handelshochschulen, einen allgemeinen Fonds des Wissens und der Kenntnisse legen, der gerade dem tüchtigsten Geschäftsmanne später seine Stellung in jedweder Lage zu erleichtern vermag. So sind zahlreiche solcher Institute in den englischen Großstädten (London, Manchester, Leeds, Liverpool, Birmingham) entstanden. Man hat erkannt, welchen Wert die technische Hochschule gegenüber der bloß experimentativen Ausbildung in technischen Betrieben oder untergeordneten Anstalten hat, man erkannte den Einfluß der wissenschaftlichen Forschung in Deutschland auf die Entwicklung ganzer Industrien, wie in der chemischen und elektrischen Industrie. Kurzsichtig wäre es, das Bedürfnis nach systematisch-akademischer Ausbildung als etwas spezifisch „Deutsches", das Prinzip der experimentativen Ausbildung als etwas speziell Englisches hinzustellen. Man wird vielmehr begreifen müssen, daß die zunächst auf bloße Entfaltungstendenzen ausgerichtete Entwicklung des modernen Kapitalismus in dem individualistisch geschulten britischen Unternehmertum und dem empirischen Erfindergeist die bestmöglichen Stützen fand, und daß erst seit dem Ende des 19. Jahrhunderts, als die Grundlagen gelegt waren und der Ausbau und die Verbreiterung der vorhandenen Kräfte zur Losung wurden, als gewissermaßen das Zeitalter der großkapitalistischen „Organisation" begann, Eigenschaften der Methodik und Systematik, der Verwaltungskunde und des wissenschaftlichen Geistes vermißt wurden, für die Deutschland dank früher Traditionen das erforderliche Rüstzeug mitbrachte. Mit den wechselnden Vorbedingungen der wirtschaftlichen Entwicklung mußten die Anforderungen an Bildung und Fortbildung der Wirtschaftssubjekte wechseln, und sicherlich wäre viel Pionierarbeit über See ebensowenig ohne den wagemutigen Charakter des individualistischen Geschäftsmannes oder Kolonisten geleistet worden, wie später die organisatorische Ausnützung vieler Gelegenheiten und die Eroberung von Märkten im Nebeneinander mit anderen Wettbewerbern dem erlernten Geschick und der sprachlichen Bildung der Deutschen leichter wurde als dem Briten.

Auch die kirchlichen Kreise in England unterstützten die Versuche, neue soziale Ziele in das Bildungswesen hineinzutragen. „Es gab eine Zeit," so schreibt wiederum Cunningham, „als Individualismus Mode war und man blind an den Wettbewerb glaubte. Damals war Zweck aller Erziehung, Jungen und Mädchen heranzubilden, welche imstande sein sollten, „vorwärts zu kommen" und ihre Wettbewerber hinter sich zu lassen. In der neuen Reaktion gegen Individualismus und Wettbewerb hat sich eine andere Anschauung offenbart. Man hat befürwortet, daß das Kind nicht nur erzogen werden soll, seinen eigenen Weg zu machen, sondern daß ein Pflichtgefühl nicht minder in ihm zu erwecken sei." Auch im Erziehungswesen erscheint also das „Faustkampf"-Prinzip gegenüber dem Prinzip der Ertüchtigung im Sinne gemeinschaftlich-sozialer Aufgaben zurückzutreten.

Haben so die Entwicklungstendenzen des neu entstehenden „sozialen Staates" zu einer parteipolitischen Umformung und zu neuen wirtschafts- und kulturideologischen Richtungen geführt, so bleibt die große Frage noch offen, welchen Einfluß sie auf die soziologische Struktur des Inselreiches ausüben werden. Der soziologische Ausdruck des politischen und ökonomischen Liberalismus ist die „Mittelklasse" gewesen. Sie hat diesen Liberalismus im 17. Jahrhundert geschaffen, sowie der einmal geschaffene ihr wiederum eine immer breitere Basis im Laufe der Jahrhunderte gegeben hat. Noch heute gilt von der englischen Mittelklasse, was einst Matthew Arnold so treffend zusammenfaßte: „Unsere Mittelklasse, der große Vertreter von Handel und Dissent, mit seinen Maximen: Jeder für sich im Geschäft, jeder für sich in der Religion, haßt eine mächtige Verwaltung, welche mit diesen Maximen in Konflikt geraten könnte."

Da die Arbeitermasse bisher mehr oder weniger unpolitisch war, liberal wählte und ihre großen Kämpfe stets mit Nachdruck als rein wirtschaftliche ausgefochten hat, so sah sich die Mittelklasse seit dem Zusammenbruch der ländlichen Vorherrschaft durch die Reformbill im Jahre 1832 und den Sturz der Getreidezölle im Jahre 1846 kaum durch eine wirklich gefährliche politische Klasse bedroht. Erst die neuen sozialistischen Tendenzen, die tief in die Interessen gerade des Mittelstandes eingreifen — und zwar sowohl, wenn man sie als Steuerzahler, wie wenn man ihre wirtschaftspolitischen Prinzipien betrachtet —, schaffen einen scharfen Gegensatz zwischen Mittelklasse und Arbeiterklasse auch im politischen Sinne. Es wird sich zeigen müssen, inwieweit diese moderne englische Arbeiterbewegung der Works Committees auch eine politische Neuorientierung der englischen Arbeiter mit sich zieht und die Arbeiterfrage aus dem rein wirtschaftlich-gewerkvereinsmäßigen Fahrwasser in die weit unruhigere Strömung des politischen Lebens hinüberzieht. Entsteht dann der neue soziale Staat, der sich auf Beamtentum und Staatsverwaltung einerseits, auf eine politisch einflußreiche, ja maßgebende Arbeiterklasse andererseits aufbaut, dann wird die politische Stellung der Mittelklasse ebensosehr erschüttert werden wie das wirtschaftliche System, das sie vertrat und dem sie ihre Machtstellung zwei Jahrhunderte lang verdankte. Vielleicht wird ein Teil derselben Anschluß an die Bewegung „von unten" finden, wie sich ja schon die Ansichten des Dissents seit den Zeiten Matthew Arnolds wesentlich modifiziert haben, vielleicht wird der andere Teil Anschluß an die Tory-Liberalen suchen und so die Mittelklasse als politischer Einheitsbegriff zerfallen. Hier ist noch allles im Werden.

14. Das Wiedererwachen des Schutzzollgedankens und englischer Freihandel 1906.

Literatur: Vor allem: v. Schulze-Gaevernitz, Britischer Imperialismus. — Hermann Levy, Die treibenden Kräfte der englischen Schutzzollbewegung. 1911. — Meyer, Hettner s. S. 1. — Report of The Dominions Royal Commission. 1918. — Final Report of the Committee on Commercial and Industrial Policy after the War. 1918. — Kirkaldy s. S. 98. — Hermann Levy, Die neue Kontinentalsperre. 1915 und Der Sinn des U-Bootkrieges nach einem Jahr der Seesperre. 1918. — Die Berichte der Tariff Commission. 1906. — Report on the Supply of Food and Raw Material in Time of War. 1906. — Brougham Villiers s. S. 116. — Dazu verschiedene Nummern der Labour Gazette für 1920 21.

Ein wesentliches Merkmal in dem Gesamtbilde der neubritischen Wirtschaftstendenzen haben wir bisher unberücksichtigt gelassen, weil es einer besonders eingehenden Schilderung bedarf. Es ist der wiedererwachende Schutzzollgedanke.

Es ist sicherlich kein Zufall, daß in einer Entwicklung der Wirtschaftspolitik, welche so bewußt und auf den mannigfachsten Gebieten von dem System des Wettbewerbes und der freien Verfügung des Einzelnen abrückt und einem System der Organisierung, der Staatseinmischung und behördlichen Fürsorge Platz macht, auch die Handelspolitik einen Richtungsumschwung erlebt, der wieder von der Freihandelsidee fortführt und sich auf moderner Grundlage altmerkantilistischen Zielen und Methoden nähert. Freilich, hiermit soll nicht gesagt sein, daß dieser Gedanke irgendwie in positiver Gestalt in der englischen Schutzzollbewegung eine Rolle spielt oder gespielt hat, daß der Bruch mit dem Freihandel etwa als Forderung des neuen Wirtschaftsstaates der Organisation verlangt worden wäre. Im Gegenteil! Die Befürworter des modernen Sozialstaates — etwa Lloyd George — sind ja zunächst die stärksten Anhänger des Freihandels geblieben, während es die Konservativen waren, die den Schutzzollgedanken nährten. Aber man wird sagen dürfen, daß in einer Zeit, die nicht auf so mannigfachen Gebieten zu einer Revision manchesterlicher Ideen und einer Umformung der freien Wirtschaft nach organisatorisch-behördlichen Gesichtspunkten geführt hätte, auch die neumerkantilistische Propaganda für die Wiedereinführung einer tief in jedes Wirtschaftsgebiet eingreifenden staatlichen Handelspolitik von vornherein weit weniger Erfolg versprochen hätte als in einer Zeit der oben geschilderten Revision der liberalen Wirtschaftsprogramme auf anderen Gebieten.

Wenn man also das Wiedererwachen des Schutzzollgedankens in England, wie es seit zwei Jahrzehnten etwa vor dem Weltkriege zu bemerken war, vom Standpunkt epochemäßiger Veränderungen der Wirtschaftsverfassung betrachtet, wird man es sicherlich in das Gesamtbild der neubritischen Wirtschaftspolitik einreihen müssen. Die praktischen Erwägungen und Motive dieser Bewegung sind freilich so mannigfach und so wechselnd gewesen, daß dieser Allgemeingedanke bei der tatsächlichen Schilderung derselben ganz zurückzutreten hat. Hier handelt es sich um Strömungen, welche mit der prinzipiellen Umformung der englischen Wirtschaftsverfassung nichts zu tun haben, sondern aus Teilgebieten und Sonderbestrebungen derselben hervorgegangen sind. Drei solche Gebiete sind zu unterscheiden, je nachdem der Schutzzollgedanke sich als Ausfluß neuer kolonialpolitisch-imperialistischer Wirtschaftswünsche ergeben hat oder als eine Agitation rein englischer Schutzzollinteressenten oder als ein Mittel der Vorsorge in Kriegszeiten.

a) Die kolonialpolitisch-imperialistische Seite des Schutzzollgedankens.

Auch die kolonialpolitische Triebfeder des englischen Schutzzollgedankens, d. h. der Ruf nach einem britischen Zollverein oder einem handelspolitischen System, das die Kolonien auf dem Markte Englands, England auf dem kolonialen Markte bevorzugt, hängt auf das engste damit zusammen, daß England im letzten Drittel des 19. Jahrhunderts von dem beherrschenden Faktor auf dem Weltmarkt zu einem der beherrschenden Faktoren wurde. Es schien vielen der einflußreichsten und klügsten Politiker Englands, wie dem eigentlichen Begründer der neuen Schutzzollbewegung, Joseph Chamberlain, später Männern wie Arthur Balfour und Bonar Law, kein wirksameres Mittel denkbar, um Großbritanniens Einfluß gegenüber seinen neuen Konkurrenten Deutschland, Amerika und Japan auf dem Weltmarkte zu stärken, als eine innigere Wirtschaftsgemeinschaft zwischen Mutterland und Kolonien anzubahnen. Hier scheinen sich unermeßliche Grenzen für das britische Wirtschaftsimperium aufzutun. Wie sehr diese ziffernmäßigen Lockungen auch noch heute eine Rolle in dieser Frage spielen, zeigt die Tatsache, daß der unlängst erschienene Endbericht eines unter Lord D'Albernon tagenden Ausschusses, der sogenannten Royal Dominions Commission, die Größenverhältnisse eines geeinten großbritischen Wirtschaftsgebietes mit dem Reiche des alten Roms vergleicht und feststellt, daß das neue britische Weltreich in seiner Flächenausdehnung dieses um das Fünffache übertreffen würde.

Bis zum Beginn der Freihandelsära im Jahre 1846 hatte ein handelspolitisches Band zwischen England und seinen Kolonien bestanden. Der Freihandel bedeutete naturgemäß den Fortfall der bisher in England bestehenden zolltariflichen Bevorzugung der Kolonien, während diesen selbst als Ausgleich die völlige handelspolitische Autonomie gewährt wurde. Sie wurde von den Kolonien dahin genützt, daß man die jungen kolonialen Gewerbe durch Schutzzölle vor der Konkurrenz der alten Industrieländer zu sichern suchte. In dem Maße jedoch, wie der britische Markt, gerade in der zweiten Hälfte des 19. Jahrhunderts, an Ausdehnung gewann, machte sich in den Kolonien der Wunsch geltend, Vorzugszölle auf dem englischen Markte zu genießen, ein Gedanke, der zum ersten Male auf der ersten britischen Kolonialkonferenz im Jahre 1887 von dem bekannten Afrikaner Hofmeyer geltend gemacht wurde, indem er einen Reichszuschlagszoll von 2% des Wertes auf alle Waren anregte. Derartige Vorschläge ließen sich aber angesichts des englischen Freihandelssystems und seiner Zolltechnik, soweit eine solche überhaupt gegeben war, gar nicht diskutieren, wenn man nicht eine grundsätzliche Beseitigung des Freihandelssystems ins Auge faßte, von der damals noch keine Rede sein konnte. Es erscheint daher als ein geschickter Ausweg, wenn Chamberlain in einer berühmt gewordenen Rede im Canada-Club im Jahre 1896 die Idee des britischen Zollvereins, also Freihandel im Innern des geeinten Reiches, gemeinsame Zollpolitik nach außen, vorschlug. Damit war der Gedanke des britischen Wirtschaftsimperialismus, der Imperial Federation, in die Debatte geworfen, um nicht wieder aus den handelspolitischen Erwägungen der nächsten zwanzig Jahre zu verschwinden.

Die Kolonien stellten sich freilich diesem Gedanken entgegen, weil ihnen an der Aufrechterhaltung ihrer Zölle gegenüber ihrem stärksten Konkurrenten auf industriellem Gebiete gelegen sein mußte, und beharrten auf der Schaffung eines Vorzugszollsystems zwischen Mutterland und Kolonien. Sie setzten die Idee in die Tat um. Schon im Jahre 1897 schuf Kanada einen Zolltarif, der britische Waren tarifmäßig begünstigte. Die anderen Kolonien folgten dem Beispiel, so Barbados, Neuseeland, Australien und Südafrika. Man muß bei Beurteilung dieser von den Kolonien als ein Zeichen besonderen Patriotismus gekennzeichneten Vorzugszölle beachten, daß häufig mit der Differenzierung des Auslandes gegenüber dem Mutterlande eine starke absolute Erhöhung der Zölle (vor allem in Australien) einherging, oder daß die Bevorzugung als ein handelspolitischer Schachzug gegenüber anderen Ländern benutzt wurde, wie es z. B. bei dem kanadischen Vorzugszoll im Jahre 1897 der Fall war, der sich gegen die Vereinigten Staaten richtete. Immerhin lag das differenzierende Zollsystem der Kolonien auf der Linie der größerbritischen Idee. Gegen den Zollverband dagegen, der einen Freihandel innerhalb des britischen Reiches bedeutet haben würde, regten sich schwere koloniale Bedenken.

Sicherlich wäre den Kolonien, soweit sie Nahrungsmittel und Rohstoffe ausführen, die auch andere überseeische Länder an das Mutterland liefern, mit einer Bevorzugung auf dem englischen Markte sehr gedient, wie etwa dem Weizen Kanadas, der Wolle und der Fleischproduktion Australiens, der Baumwolle Indiens, Australiens und Südafrikas usw. Aber diese Ausfuhr ist nur eine Seite der geschäftlichen Entwicklung der Kolonien. Sie stehen dem Mutterlande auch als Erzeuger fertiger Waren gegenüber, deren Produktion sie durch Erziehungs- und Schutzzölle zu fördern suchen. Würden diese Zollschranken fallen, so wären sie in den meisten Fällen einer weit stärkeren Konkurrenz ausgesetzt als unter dem System der zwar differenzierten, aber dennoch absolut hohen Schutzzölle. In überaus eingehender und beachtenswerter Darstellung hat diese Zusammenhänge schon G. v. Schulze-Gaevernitz in seinem Buche über den „Englischen Freihandel und britischen Imperialismus" dargetan. Besonders das Schutzzollinteresse Kanadas und Australiens richtet sich gegen das Mutterland. Indien aber, das noch keine Handelsautonomie besitzt und eines der großen Freihandelsgebiete der Welt ist, strebt seit langem nach einer Weiterentwicklung seiner baumwollverarbeitenden Industrien, und zwar durch Einführung von Schutzzöllen, die sich naturgemäß, ob differenziert oder nicht, gegen das größte Textil-Konkurrenzland der Welt, das Land von Manchester, Birmingham und Leeds, richten würde. Schon im Jahre 1912 stand Indien mit 6,3 Millionen Baumwollspindeln an sechster Stelle der Welterzeugungsländer; während des Krieges hat sich die Position der indischen Textilindustrie dadurch befestigen können, daß England infolge des Frachtraummangels und der notwendigen kriegsmäßigen Verschiebung der Produktion in seiner Textilausfuhr ganz wesentlich gehindert wurde (und Britisch-Indien hatte im Jahre 1913 allein ca. 36% der Ausfuhr englischer Baumwollwaren aufgenommen), was wie ein Schutzzoll auf die indische Textilbranche wirkte. In der Tat hatte auch die Spindelzahl schon bis 1916 sich um weitere 300000 gesteigert, und die indische Garnerzeugung war von 625000 Pfund im Jahre 1912 auf 722000 in diesen vier Jahren gestiegen. Indien hat also sicherlich kein Interesse an einem freihändlerischen Verkehr mit dem Mutterland, sondern lediglich das entgegengesetzte an einem Zollabschluß zum Schutze seiner jungen Industrie.

Ein Land, für welches jenes Moment des eigenen Industrieschutzes fortfällt, ist Südafrika. Hier besteht noch kaum ein eigenes Industrieinteresse. Andererseits hat aber auch Südafrika keine wesentlichen Vorteile von einer Vorzugsstellung im Mutterlande zu erwarten. Denn es führt in erster Linie Gold und Diamanten aus, die einer besonderen Bevorzugung nicht bedürfen, um absatzfähig zu sein. Sollten in baldiger Zeit die enorm hoch veranschlagten Kohlenschätze des Kaps und Natals verwendet werden (man spricht von einer Gesamtmenge von 56 Milliarden Tonnen Kohlenvorkommen in Südafrika), dann wird ebenfalls eine Bevorzugung der Einfuhr in England, das ja selbst Kohlenexporteur großen Stils ist und zunächst bleiben wird, nicht in Frage kommen.

In Australien wendet sich das Industrieinteresse dagegen wieder auf das lebhafteste gegen die britische Konkurrenz, wenn man auch die Hochschutzzölle durch die Einfügung von Vorzugstarifen mit einem „Pflästerchen" patriotischer Art zu verschönern sucht. Schulze-Gaevernitz zitiert folgenden Kommentar der Schutzzölle aus einem leitenden australischen Blatte: „Ein Vorzugsabkommen zwischen Großbritannien und den Kolonien bedeutet einen steigenden Schutzzoll in Australien. Die Schutzzöllner werden mit der Erhöhung der Zölle einverstanden sein, niemals mit der Herabsetzung. Der bestehende Tarif ist tatsächlich gegen den britischen Erzeuger gerichtet, und die Schutzzöllner wenden alles auf, ihn noch zu erhöhen."

Man erkennt, daß sich von den imperialistischen Bestrebungen, soweit sie sich auf wirtschaftliche Dinge beziehen, wohl sagen läßt, daß die Gedanken „nahe beieinander wohnen", daß sich aber „hart im Raume die Sachen stoßen". Es ist deshalb auch zu bemerken, daß die großen Kolonialkonferenzen, die in den letzten Jahren vor dem Kriege in London stattfanden, wohl meist so verliefen, daß man in gewissen Postulaten ideeller Art, stärkere Gemeinschaft zwischen Mutterland und Kolonien und dergleichen, eine laut verkündete Übereinstimmung erzielte, während alle praktischen Regelungen auf einem toten Punkte verharrten. Auch der Schlußbericht des schon erwähnten „Ausschusses über die Handels- und Industriepolitik nach dem Kriege" drückt sich äußerst vorsichtig um eine eingehendere Erörterung des Problems der Imperial Federation herum, besonders dort, wo die Frage der englischen Handelspolitik gestreift wird. Demgegenüber legt er in einem besonderen Paragraphen Nachdruck auf „Maßnahmen der Reichs-Bevorzugung durch andere Mittel wie differentielle Zolltarife" und schlägt besonders vor, daß England für eine Reihe von Jahren einzelne wichtige koloniale Erzeugnisse zu einem garantierten Minimalpreise aufkaufen solle (wie es z. B. im Falle verschiedener australischer Metalle schon geschehen ist), oder daß man, wie im Falle der kanadischen Nickelgewinnung, der Entwicklung kolonialer Hilfsquellen besondere finanzielle Unterstützung gewähren möge. Auch der im Jahre 1918 veröffentlichte Schlußbericht der Dominions Royal Commission läßt das eigentliche Problem des Zollvereins unberührt, beschäftigt sich dagegen mit Vorschlägen zur Verbesserung der wissenschaftlichen Forschungen auf Gebieten, die in den Kolonien von Interesse sind, ferner mit der Frage der Auswanderung, der Erleichterung der Verkehrsmittel, insbesondere einer Vervollkommnung der Häfen, Erweiterung der telegraphischen Verbindungen usw., endlich mit dem Problem der Geschäftsmethoden, des Nachrichtendienstes und der Schaffung eines Reichs-Förderungsamtes (Imperial Development Board).

Bei allen diesen Versuchen, den Handel zwischen Mutterland und Kolonien zu fördern, um nicht zu sagen, zu forcieren, darf nun aber nicht vergessen bleiben, daß dieser Handel auch ohne besonderen Zollverein ein durchaus erfreuliches Bild für England zeigt, ganz besonders, wenn man nicht mit den so trügerischen und den Sachverhalt häufig trübenden Prozentziffern arbeitet, sondern sich die absoluten Zahlen vor Augen führt. Denn es ist ohne weiteres klar, daß ein so selbständig entwickeltes Handelsgebiet wie das der britischen Dominions sowohl als Käufer wie als Verkäufer auch ein Interesse an den Beziehungen zu den neben England erwachsenden jüngeren Industrie- und Handelsstaaten des europäischen und amerikanischen Kontinentes haben mußte, und daß, wenn z. B. sich der Handel mit irgendeinem Wirtschaftszweige dieser Länder, sagen wir von 100 auf 300 steigerte, der Handel aber mit dem entsprechenden englischen Zweige von, sagen wir, 600 auf 650 stieg, es durchaus unangebracht wäre, zu folgern, daß mit dieser 200%igen Steigerung nunmehr der englisch-koloniale Handel dieses Zweiges bedroht sei! Das sind Beweisführungen, die sich feuilletonistische Zeitungsschreiber und tendenziöse Propagandisten erlauben mögen, die aber einer einwandfreien Beurteilung der Sachlage widersprechen, es sei denn, daß man jede Zunahme eines nicht britischen Handels in der Welt, ganz gleichgültig, wie dieser selbst sich gestalte, als ein Moment der Schwächung Englands betrachten wolle.

Dies vorausgeschickt, ist festzustellen, daß die englische Einfuhr in den letzten zehn Jahren vor Beginn des Weltkrieges, also von 1904 bis 1913, sich im ganzen von 551 Millionen £ auf 786 Millionen £ hob. An der ersten Ziffer war der Wert der Einfuhr aus den britischen Besitzungen mit 120,7 Millionen, an der letzteren mit 191,5 Millionen £ beteiligt. Man kann also sagen, daß die britischen Besitzungen mit ca. dem vierten Teile an der Gesamteinfuhr Großbritanniens beteiligt waren. Bei der Ausfuhr aus dem Vereinigten Königreiche sind die Ziffern für 1904 für die Gesamtausfuhr 300 Millionen £ und 525 Millionen £ gewesen. An der ersteren Ziffer waren die britischen Besitzungen mit 112 Millionen £ beteiligt, an der letztgenannten mit 195 Millionen £. Machte also der koloniale Anteil am Gesamtwerte der Ausfuhr Englands im Jahre 1904 ein wenig über ein Drittel aus, so näherte sich im Jahre 1913 doch schon der Anteil einer fast 40%igen Beteiligung. Aus den genannten Ziffern ergibt sich, daß sowohl absolut wie im Laufe der letzten Entwicklung der koloniale Absatzmarkt für England und der mutterländische Absatzmarkt für die britischen Kolonien und

Protektorate von überaus großer Bedeutung gewesen ist. Auch von den Kolonien aus gesehen ergibt sich das gleiche Bild. Nach den amtlichen Angaben des genannten Berichts der Royal Dominions Commission betrug die Ausfuhr der sogenannten Selfgoverning-Dominions, also Kanadas, Australiens, Neuseelands, der afrikanischen Union und Neufundlands im Jahre 1913 nach dem Mutterlande 58,9% der Gesamtausfuhr, nach anderen Teilen des britischen Reiches außerdem 3,3%, so daß die Ausfuhr nach nicht britischen Gebieten nur mit 33,7% an der Gesamtausfuhr dieser Gebiete beteiligt war. Und umgekehrt: die genannten Kolonien bezogen 37,6% ihres Einfuhrwertes aus dem Mutterlande, 46,5% aus dem gesamten Reiche und 53,5% aus nicht britischen Gebieten. Man kann also, von welcher Seite man das Problem statistisch betrachtet, nur sagen, daß die Entwicklung und der Status der Handelsbeziehungen zwischen England und seinen Kolonien keinen Grund zu einem britischen Pessimismus zu geben vermochte. Vielleicht ist denn auch an diesen grundlegenden Tatsachen die Verwirklichung der imperialistischen Wirtschaftsidee gescheitert, soweit es sich hierbei um tatsächlich ökonomische Erwägungen handelte.

Um so mehr schien denjenigen, die aus politischen und machtpolitischen Gründen die Idee des Greater Britain befürworteten, der Hebel zu ihrer Verwirklichung dort anzusetzen zu sein, wo der Widerstand zunächst am stärksten fühlbar war, nämlich in England selbst. Das Freihandelssystem Englands war es ja letzten Endes, das die den Kolonien sympathische Form der neuen Wirtschaftsgemeinschaft, nämlich die Vorzugszölle, unmöglich machte. Gelang es, dieses System prinzipiell, und wenn nur durch Einführung zunächst sehr niedriger Zollsätze, zu beseitigen, so ergab sich die koloniale Präferenzierung ohne weiteres. So fingen die imperialistischen Handelspolitiker an, die zunächst rein kolonialpolitische Forderung, bei welcher man englische Zölle nur als Mittel zum Zwecke, gewissermaßen als ein notwendiges Opfer an die koloniale Idee, betrachtet hatte, in eine unmittelbare Schutzzollbewegung überzuleiten.

b) Die innerwirtschaftlichen Gründe für den Schutzzoll.

Auch für die Allgemeinzahlen der englischen Handelsbilanz in dem letzten Jahrzehnt der Vorkriegszeit gilt das oben von den Ziffern des Kolonialhandels Gesagte. Auch hier zeigt sich, wie unsere früheren Zahlenangaben verdeutlichen, ein unbedingtes, in den letzten Jahren von 1914 sogar sehr ausgeprägtes Ansteigen, wenn man die absoluten Ziffern betrachtet, dagegen läßt sich natürlich, wenn man die Ziffern für die Steigerung des englischen Exports prozentual mit denen jüngerer Industrieländer oder mit der prozentualen Steigerung früherer

Jahrzehnte in England vergleicht, manches sagen, was für die Bewegung des englischen Außenhandels weniger günstig lauten würde. Das haben denn auch die englischen Tarifreformer reichlich getan. Trotzdem und trotz der gewaltigen Agitation, welche sie in der von ihnen gegründeten Tariff Reform League entfalteten, und obschon eine besondere von ihnen geleitete Tarifkommission, die eine Notwendigkeit von Zöllen beweisen sollte, in den Jahren 1905/6 ihre Materialien veröffentlichte, konnte von irgendeinem positiven „Erfolge" der neuen englischen Schutzzollbewegung vor dem Kriege nicht gesprochen werden.

Die Ursache hierfür war augenscheinlich, daß die großen und ausschlaggebenden Industrien des Inselreiches entweder kein oder sogar ein feindliches Interesse an der Einführung von Zöllen zeigten. Da war zunächst der Kohlenbergbau, der als Exporteur größten Formates gar kein Interesse an Schutzzöllen hat, zumal da die Grubenbesitzer in ihrer Mehrzahl nicht wie in anderen Ländern durch eine Betriebskombination mit weiterverarbeitenden Zweigen und durch etwaige Schutzzollbedürfnisse dieser Branchen gegen den Freihandel gestimmt sind. Die Eisen- und Stahlindustrie wiederum hat geteilte Interessen. Während der früher erwähnte Import von Halbzeug, Knüppeln, Platinen, Grobblechen usw. manchen Erzeugern unangenehm sein mochte und sie schutzzöllnerisch stimmte, war er für andere Interessenten dieser Branche, welche jene Materialien weiterverarbeiteten, von erheblichem, stets eingestandenem Nutzen. Auch hier handelt es sich ferner um eine Industrie, die weit höhere Werte im Jahre aus- als einführt. Deshalb war man vor der Chamberlainschen Tarifkommission auch sehr zaghaft, als es galt, positive Vorschläge zu machen. „Über die genauen Zollsätze, die eingeführt werden sollen, und die Art ihres Aufbaus will die Majorität der Firmen, die uns antworteten, keine endgültige Ansicht hören lassen," schrieb der Bericht. Man weiß aber, daß im allgemeinen, da, wo ein klarer Wunsch nach Protektion besteht, die Interessenten recht genau in der Lage zu sein pflegen, ihre Wünsche zu formulieren. Der Schiffsbau war bisher in England maßgeblich an der Einfuhr billigen ausländischen Materials interessiert. „Als Verkäufer und Benutzer billiger Schiffe sind Schiffsbauer natürlich abgeneigt, ohne Unterschied einen Zoll auf billiges und gutes Auslandsmaterial zu legen," so schrieb im Jahre 1905 Pollock in seinem Buche „The Shipbuilding Industry". Die Textilindustrie hatte, als Englands wichtigster Ausfuhrzweig auf dem Gebiete der Fertigfabrikation, in den meisten ihrer Zweige kein Interesse an Zöllen. Mr. Archibald Coates, der Generaldirektor und Mitbegründer des oben erwähnten Nähfadentrusts, hat seinen freihändlerischen Standpunkt ebenso wie mancher seiner

Kollegen oft erklärt. Der amtliche Bericht von 1918 über die Handelspolitik nach dem Kriege meinte ebenfalls: „Es gibt große Produktionsgebiete, für welche die Hauptzweige der Baumwollindustrie deutliche Beispiele liefern, in denen keine Forderung nach irgendeiner protektionistischen Maßnahme erhoben wird."

Neben diesen großen Gruppen stehen dann Industriezweige zweiter und dritter Größe, die teils Schutzzölle verlangen, teils unbedingt an dem Freihandelssystem festhalten wollten. Zu den letzteren gehörten z. B. die Zucker verarbeitenden Industrien, wie die Schokoladen- und Marmeladenindustrie, die sich gegen den Anti-dumping-Zoll auf Zucker und die Brüsseler Zuckerkonvention wandten, zu den ersteren die Teppichfabrikation, Teile der Glasindustrie, die Seidenindustrie, Teile der Papierindustrie und andere mehr. Daß die Tarifreformer diese einzelnen kleineren Industrien besonders bearbeiteten und mit Schlagworten wie „eine ruinierte englische Industrie" oder dergleichen in Reden und Broschüren als Beispiele für die schädlichen Folgen der Auslandskonkurrenz hinstellten, ist begreiflich. Sie mußten sich um so mehr auf eine Stimmungsmache in diesen Kreisen beschränken, als nicht nur die Hauptzweige der Großindustrie, sondern vor allem auch die Landwirtschaft ihnen zu einem erheblichen Teile die Gefolgschaft versagte.

Auf die Landwirtschaft als den Nährboden schutzzöllnerischer Bestrebungen hatten die unionistischen Führer der Schutzzollbewegung stark gerechnet. Sicherlich wäre auch in den torystischen Großgrundbesitzern und in den großen Pächtern ein lebhafter Wunsch vorhanden gewesen, durch Zölle auf Brotgetreide die sinkende Rentabilität des Getreidebaues wieder zu steigern. Allein, man wußte hier von vornherein, daß die Zollerhöhungen, die man gegenüber dem heftigen Widerstande der Konsumenten hätte durchsetzen können — zunächst 1 bis 2 sh pro Quarter, ca. 5—10 ℳ pro Tonne —, viel zu gering waren, um einen nachhaltigen Einfluß auf die Erhaltung oder Steigerung der dem Körnerbau dienenden Ackerbaufläche zu üben. Es wäre ein gefährliches politisches Spiel gewesen, sich wegen eines Zolles von dieser Niedrigkeit in neue Feindschaft mit dem städtischen und industriellen Konsuminteresse zu setzen und den antikonservativen Parteien Agitationsmaterial populärster Art zu liefern. Für die Viehzüchter, die eine Verteuerung der Futtermittel fürchteten, und die Kleinlandwirte, welche am Getreidebau gar nicht interessiert waren, sondern zumeist Produkte verkauften, in denen ihnen die Auslandskonkurrenz wenig anhaben konnte, häufig sogar Getreide zukauften, fiel das Interesse an Schutzzöllen ganz fort. So kam es auch hier, daß der Chamberlainsche Tarifkommissionsbericht von eigentlichen Getreidezöllen, die er „als unpraktisch und nicht wünschenswert für das vereinigte Königreich" bezeichnete, kaum zu sprechen wagte und sich darauf beschränkte, einen niedrigen Zoll gegenüber dem Ausland lediglich für Zwecke der Einfuhr aus den Kolonien zu befürworten.

Während sich also in den großen Massen des englischen Volkes, deren Gefühle von den verschiedenen liberalen Organisationen, wie z. B. auch dem Cobden Club, ebenso rege für den Freihandel gehalten wurden, wie man sie von der Chamberlain-Balfourschen Agitation für den Schutzzoll bearbeitete, keine sonderliche Sympathie, zum Teil sogar eine heftige Abneigung gegen die neue Bewegung geltend machte, fanden sich nicht einmal auf seiten deren, denen die neue Handelspolitik den unmittelbarsten Vorteil bringen sollte, geschlossene Reihen und übereinstimmende Befürworter. So kam es, daß die Bewegung selbst mehr und mehr von einer realwirtschaftlichen Basis sich entfernte und auf dem Wege der Stimmungspolitik sowie unter Heranziehung von Fragen, die an sich wenig mit dem Handel zu tun hatten, den Kampf weiterführte.

Ein solches Stimmungsmoment blieb das kolonial-imperialistische. Es wurde hinzugenommen das finanzpolitische. Man pries die guten Eigenschaften der Schutzzölle, indem sie ein Mittel seien, die Anspannung der Finanzen zu erleichtern, und zwar so, daß man weit weniger auf die „sozialistischen" Mittel der direkten Besteuerung des Einkommens und Grundbesitzes angewiesen sei als unter dem Fortbestande des Freihandels. „Tarifreform oder Sozialismus?" wurde das Schlagwort, durch das man große Kreise, besonders unter den Begüterten, vom Freihandel zu den Schutzzöllen hinüberzuziehen hoffte. Dieses Schlagwort beherrschte geradezu die Januarwahlen von 1910. Nicht ungeschickt vom Standpunkt der Parteipolitik wußte der damals noch in den Anfängen seiner politischen Laufbahn steckende Mr. Bonar Law die „sozialreformerische" Seite der Schutzzölle zu konstruieren, wenn er erklärte: „Geld für Sozialreformen muß durch Erweiterung der Besteuerungsbasis geschaffen werden. Tarifreform ist daher die beste und größte Sozialreform." Immerhin blieb es ein erfolgloses Unterfangen, den englischen Arbeiter durch solche Wendungen zu überzeugen, daß seine zolltarifliche Belastung durch die vorgeschlagenen Nahrungsmittelzölle eine sozialreformerische Notwendigkeit sei, ebenso wie sein englischer Sinn sich ungern davon überzeugen ließ, daß die britische Wohlfahrt dieses Opfer an die Kolonien erheische. Was ferner die Behauptung der Schutzzöllner anging, daß man durch die Mehrbeschäftigung zollgeschützter Industrien im Inlande die Arbeitslosenfrage einer Lösung näher bringen werde, so konnten die Freihändler darauf verweisen, daß durch eine Einführung von Zöllen auf Halbfabrikate (von einer Verteuerung der Rohstoffe sahen auch die Schutzzöllner ab) die

Wettbewerbsfähigkeit Englands auf dem Weltmarkte in Mitleidenschaft gezogen werden könne. Auch der Bericht vom Jahre 1918, der das neue Schutzzollprogramm der jetzigen englischen Regierung enthält, schrieb: „Man muß unbedingt Rücksicht auf den sehr wichtigen Punkt der Erhaltung der britischen Wettbewerbsfähigkeit auf neutralen Märkten nehmen. Der Wettbewerb auf solchen Märkten, besonders im fernen Osten, wird nach dem Kriege sicherlich stark sein. Die Vertreter dieses Handels gaben freilich der Ansicht Ausdruck, daß der britische Handel nach Beseitigung der jetzigen Beschränkungen seine Stellung sich erhalten werde, vorausgesetzt, daß die Herstellungskosten bei uns nicht in unangemessener Weise gegenüber den Konkurrenzländern gesteigert würden, und sie legten Gewicht auf den Wunsch, daß, soweit wie irgend möglich, die Ausfuhrpreise englischer Produkte nicht durch irgendeine Maßnahme der Regierung gesteigert würden."

Wenn nun heute trotz aller Widerstände, welche die neue englische Schutzzollbewegung in einer mehr als 20 jährigen, zuerst schwachen, dann überaus verschwenderisch geführten Propaganda gefunden hat, doch die Entscheidung zu ihren Gunsten zu fallen scheint — mag man nun die Zölle oder das Zollsystem nennen, mit welchen Beinamen oder erklärenden Bezeichnungen man will —, so ist diese Entwicklung unbedingt auf die mittelbar oder unmittelbar durch die kriegerischen Ereignisse geschaffenen Verhältnisse und ihren Rückschlag auf das handelspolitische Denken zurückzuführen. Mehr als das kolonial-imperialistische Argument, stärker und energischer als alle Stimmungsmache an Hand gewisser notleidender Industrien, heftiger als der Ruf nach einer Abwehr sozialistischer Finanzmittel durch eine Tarifreform beeinflußte die unerwartete Lage, in welche die englische Wirtschaft während des Krieges geriet, die Hinneigung zu einer Änderung der bisher so stark scheinenden Freihandelspolitik und eine Rückkehr zum System der Schutzzölle.

c) Das Kriegsargument.

Das Argument, daß England für den Fall eines Krieges und einer Abschneidungsgefahr eine Selbstversorgung nicht noch stärker als bisher beschränken dürfe, hatte selbstverständlich schon vor 1914 in den schutzzöllnerischen Debatten eine erhebliche Rolle gespielt. Auf die Anregungen von dieser Seite her geschah wohl die Berufung eines parlamentarischen Ausschusses, dessen Untersuchungsergebnisse im Jahre 1906 unter dem Titel „Bericht über die Versorgung mit Nahrungsmitteln und Rohstoffen" herausgegeben wurde. Dieser Bericht hat die öffentliche Meinung Englands wenig bewegt, obschon eine große Anzahl von Sachverständigen aus den Kreisen des Handels, der Schiffahrt, des Völkerrechts und der Kriegsmarine als Sachverständige vernommen wurde. Denn das Ergebnis der Auffassungen war in seiner Allgemeinheit so, daß die Einführung von Schutzzöllen zum Zwecke der Selbstversorgung wenig Aussicht auf Erfolg haben konnte.

Der Bericht stellte sich im großen ganzen auf den Standpunkt, daß das Inselreich im Falle eines Seekrieges wirtschaftlich immun sei. Hierfür wurden drei Gesichtspunkte geltend gemacht: erstens der militärische, daß die Großkampfflotte Englands ohne weiteres in der Lage sein werde, das Inselreich selbst vor Angriffen zu schützen und die regelrechte Versorgung aufrechtzuerhalten. Es hieß dort am Schlusse der Ausführungen: „In allem, was oben gesagt worden ist, haben wir angenommen, daß unsere Machtstellung zur See nicht verloren gegangen, daß die Entwicklung der Dinge nicht einen Punkt erreicht, bei welchem unsere Marine etwa außerstande wäre, einen organisierten Angriff auf unseren Handel abzuschlagen. Denn, wenn dies einträte, dann könnte man nicht länger annehmen, daß wir unsere Zufuhren ohne eine bedeutende Verringerung erhalten könnten, und es würde dann tatsächlich die Gefahr der Aushungerung bestehen." Der zweite Gesichtspunkt der Beruhigung wurde in der völkerrechtlichen Lage gesucht. An Hand zahlreicher Gutachten und Beweise aus den Erfahrungen der letzten Kriege versuchte der Bericht nachzuweisen, daß eine Abschneidung von Nahrungsmitteln nach den Bestimmungen und Handhabungen des Völkerrechtes unmöglich sei. Insbesondere wurde auf die Stellungnahme Englands in dieser Frage verwiesen, besonders in den kriegerischen Verwicklungen Frankreichs mit China im Jahre 1885 und im russisch-japanischen Kriege von 1904. Endlich sah man den stärksten Rückhalt des Landes im Falle des Krieges in der Eigenart seiner weltwirtschaftlichen Versorgung, ihrer Vielseitigkeit und Regelmäßigkeit. Es wurde zwar festgestellt, daß Großbritannien jährlich allein an Weizen ca. 28 Millionen Quarters konsumiere, wovon es nur 6—7 Millionen selbst erzeuge, daß die vorhandenen Weizenvorräte im besten Falle für 17 Wochen, dagegen häufig nur für 6½ Wochen zu reichen pflegten, daß ferner England erhebliche Prozentsätze seiner Versorgung an Futtermitteln, Fleisch, Butter, Eiern, Obst usw. vom Ausland beziehe, daß ein großer Teil seiner Eisenerzverarbeitung auf der Einfuhr beruhe und anderes mehr, aber diesen Gesichtspunkten wurde entgegengehalten — da man an eine allgemeine Umklammerung der Zufuhren nicht zu denken wagte —, daß eine große Fülle von Ländern an der Versorgung beteiligt sei, so daß der Ausfall des eigenen Landes keine generellen Schwierigkeiten bereiten werde.

Dies wurde besonders von der so wichtigen Getreideversorgung geltend gemacht. Hier wurde ausdrücklich darauf hingewiesen, daß England seinen Weizen aus einer Fülle von Ländern in einem, wie es wörtlich hieß, „uninterrupted stream" beziehe, je nach den Ernteterminen jener Länder nämlich, aus den Vereinigten Staaten, Kanada, Australien, Rußland, Argentinien usw. Man wollte nicht annehmen, daß kriegerische Verwicklungen einen solchen Umfang annehmen könnten, daß auf diesem Gebiete eine Entblößung von der Zufuhr stattfinden könne. Während man sich in dieser Weise einem ausgesprochenen Optimismus hingab, war man sich andererseits darüber klar, daß der gegenteilige Fall schwere Folgen für ein in einen Krieg verwickeltes England haben würde. Man warnte in dem genannten Bericht vor der Annahme, daß das englische Volk etwa eine Teuerung, wie diejenige der napoleonischen Zeiten gewesen war, werde lange aushalten können; denn „obschon die arbeitenden Klassen damals im allgemeinen weniger wohlhabend gewesen seien als heute, so wären sie doch besser in der Lage gewesen, die hohen Nahrungsmittelpreise zu überwinden, als es in heutiger Zeit der Fall sein würde. Ein verhältnismäßig größerer Teil der Bevölkerung sei in der Landwirtschaft beschäftigt gewesen, ein bedeutender Teil ihrer Löhne sei in Naturalien bezahlt worden, andere Arbeiter wieder hätten bei ihren Arbeitsherren gewohnt und Nahrung erhalten; außerdem sei es wahrscheinlich, soweit die übrige Arbeiterbevölkerung in Frage komme, daß seit Beginn des letzten Jahrhunderts die Ausgaben für die Wohnung gewachsen seien. In jedem Falle könne man kaum annehmen, daß die arbeitenden Klassen sozusagen automatisch zu der Lebensweise jener Zeit oder selbst zu Bedingungen, wie sie während des Krimkrieges geherrscht hätten, zurückkehren könnten." Am Schlusse des Berichtes wurde dann gesagt: wenn in einem Kriege eine Verminderung der Zufuhren vom Auslande stattfinden würde, und zwar diese Verringerung zu einer Zeit im Jahre einsetzte, wo die Bestände des heimischen Weizens (eigener Ernte) verbraucht seien, so würde „nicht nur eine bedenkliche Preissteigerung" die Folge sein, die auf das mangelnde Angebot zurückzuführen sein würde, und die ihrerseits eine gefährliche Panik hervorrufen könne, sondern es könnte noch eine so starke Not des Landes hinzukommen, daß dieses den Krieg nicht weiterführen könne". Allein, diese Schlußfolgerungen schienen mehr theoretischer Natur, da die Gesamtgedankengänge des Berichtes in der von uns geschilderten „Immunität" der englischen Wirtschaft im Kriegsfall ihren Schwerpunkt fanden.

Ganz anders war dann freilich die tatsächliche Entwicklung der Ereignisse nach 1914. Die Vormachtstellung der englischen Kriegsmarine zeigte sich vom Beginn des Krieges, vor allem seit dem Einsetzen des deutschen U-Bootkrieges, in seinen verschiedenen Formen nicht als jene von dem Bericht angenommene beherrschende Macht, um die zunächst geringeren, später stärkeren und allgemeineren Angriffe auf die Versorgung des Inselreiches mit Lebensmitteln und Rohstoffen wirksam und ausnahmslos abzuwehren. Die völkerrechtlichen Grundlagen, auf die man gerechnet hatte, erwiesen sich — wo hier Recht oder Unrecht lag, bleibe völlig außer Betracht — als völlig belanglos. Sie wurden von den Kriegführenden, sei es in Form von Umgehungen und unter Anwendung besonderer Interpretationen, sei es als Maßnahme der Wiedervergeltung, einfach außer Kraft gesetzt oder so verändert, daß sie sich selber in nichts mehr glichen. Dazu kam die Erfahrung, daß man die wirtschaftlichen Konstellationen eines Weltkrieges entweder gar nicht oder völlig falsch eingeschätzt hatte.

Auf dem wichtigsten Versorgungsgebiete, der Weizeneinfuhr, zeigte sich dies sehr bald nach Kriegsausbruch. Von den vielen Versorgungsländern wurde eines nach dem andern ausgeschaltet, zunächst Rußland durch die Dardanellensperre, ebenso wie die Donauländer, später, als der Frachtraummangel infolge des U-Bootkrieges einsetzte, mußte man notgedrungen die Verschiffungen auf die nächstgelegenen Gebiete beschränken, so daß der Weizen Australiens und Indiens, das Brotgetreide und der Mais Argentiniens nur in geringem Maßstab zur Versorgung herangezogen werden konnten und England mehr oder weniger in eine völlige Abhängigkeit von dem Ernteausfall Nordamerikas geriet. Es stellten sich im Laufe des Krieges Preissteigerungen ein, die als fortlaufender Preisstand ihresgleichen nicht mehr in den Krimkriegen, sondern in den Zeiten der Kontinentalsperre Napoleons suchen konnten. Sie betrugen bei den wichtigsten Waren 100—300%. An die Stelle einer vor dem Kriege angenommenen eventuellen Erhöhung der Frachtraten um das Doppelte oder Dreifache setzte eine Steigerung ein, die vielfach die Frachtpreise um 1000—2000% in die Höhe trieb (z. B. Reisfracht Birma—England im Juli 1914: 16—20 sh, Ende Juni 1917: 480 sh). Es ist hier nicht der Ort, zu schildern, auf welchen einzelnen Gebieten der Nahrungsmittel- und Rohstoffversorgung und in welchem Maße und Tempo sich Versorgungsnot, Knappheit und Preissteigerung fühlbar machten. Nur so viel kann gesagt werden, daß England auf allen Gebieten seiner Versorgung während des Krieges Nöte erlebte, deren Überwindung man in den geruhigen Zeiten des Friedens für völlig ausgeschlossen gehalten haben würde. Die umfangreichen Maßnahmen zur Behebung dieser Nöte, wie die Verbrauchsbeschränkungen an Nahrungsmitteln, die teilweise durchgeführte Rationierung derselben, die Rationierung bzw. Beschlagnahme einzelner Rohstoffe (Baumwolle, Jute, Wolle, Metalle, Öle, Holz usw.), die Maßnahmen zur Verlängerung der verfügbaren Vorräte (z. B. Ausmahlungs- und Mischvorschriften bei Mühlen und Bäckereien), die staatliche Zwangsorganisation des

Schiffsraums und viele andere Verfügungen und Gesetze ergeben das Bild einer wirtschaftlichen Kriegsnot, wie man sie in England nie befürchtet hatte und deren absolute Beurteilung dadurch nicht gemildert werden kann, daß man etwa auf noch schlimmere Kriegszustände in anderen Ländern verweist.

Die Folgen lassen sich zum Teil ziffernmäßig belegen. Die Notwendigkeit der sparsamsten Verwendung des verknappten Schiffsraumes ergaben die staatlichen Einfuhrbeschränkungen, während gleichzeitig die Ausfuhr durch die allgemeinen Verhältnisse des Krieges wie ebenfalls auf Grund der Frachtraumnot, die schließlich zu einer fast völligen Beschränkung des Verkehrs auf weite Entfernungen (ferner Osten) führte, eine wesentliche Reduzierung erfuhr. Man mußte dazu schreiten, den für die Zivilbedürfnisse noch verfügbaren Schiffsraum auf die Zufuhr der wichtigsten Waren zu beschränken, wie vor allem Getreide, Fleisch und Fette, Eisenerze (aus Spanien) und Grubenholz (aus Skandinavien und Westfrankreich). Unter diesen Umständen verschlechterte sich die Handelsbilanz dermaßen, daß sie schließlich in einzelnen Monaten eine Höhe erreichte, die, auf das Jahr berechnet, das 4—5fache der Friedensbilanz erreichte. Die Überpassivität der Handelsbilanz betrug zeitweilig 10—12 Milliarden Mark. Aber vielleicht war jenes, in erster Linie finanzielle Problem weniger beunruhigend für das reichste Land der Welt als die tatsächliche Knappheit und Teuerung, welche zu beunruhigenden Bewegungen in der Arbeiterschaft — genannt „industrial unrest" — führten, indem sich die Löhne nicht rasch genug den steigenden Preisen anzupassen vermochten, die Höchstpreisgesetze häufig versagten oder die versprochenen Rationen nicht gewährleistet werden konnten.

Zu diesen Wirkungen des sogenannten „Wirtschaftskrieges" kamen solche, die zunächst angesichts der stärkeren Bedrohung durch andere Momente weniger allgemein beachtet wurden, die aber doch, besonders in der Nachkriegszeit, höchst bedeutsam für die englische Volkswirtschaft geworden sind. Dahin gehört, daß die Frachtraumknappheit und die staatliche Beschränkung der englischen Ausfuhr den Wettbewerb der von den Folgen des Krieges unberührten überseeischen Konkurrenten Englands ganz wesentlich stärkte. Beispiele dieser Art haben wir bereits kennen gelernt, als wir von der Entwicklung der indischen Textilindustrie und dem Aufschwung der japanischen Industrie während des Krieges sprachen. Ebenso war es eine Folge der kriegerischen Verhältnisse, wenn die Vereinigten Staaten ihre Handelsflotte zu einer der ersten der Welt machten und damit die Vormachtstellung Englands im Frachtengeschäft und in der Reederei durchbrachen.

Alle diese Momente sind bedeutsam genug gewesen, um in England heute die Beziehungen des Wirtschaftslebens zu kriegerischen Verwicklungen in einem völlig anderen Lichte erscheinen zu lassen, als vor 1914 oder etwa zur Zeit der Abfassung des parlamentarischen Berichtes von 1905. Man kennt nunmehr die Zufälligkeiten und Unvorhersehbarkeiten eines Krieges, der auf das wirtschaftliche Leben übergreift, eine Erfahrung, die während des ganzen 19. Jahrhunderts gefehlt hatte; man hat erkennen müssen, wie gänzlich anders als zu Napoleons Zeiten die Wirkungen heute auf das Wirtschaftsleben Englands in jedem Falle sein müssen, ob nun die Versorgungsschwierigkeiten zu einer militärischen und politischen Katastrophe führen, oder ob diese selbst, wie im Weltkriege, abgewandt zu werden vermag. Die Einbeziehung Englands in das Gefüge der Weltwirtschaft, die Verbundenheit eines jeden Zweiges seiner wirtschaftlichen Betätigung mit den Märkten und Produktionsstätten des Auslandes lassen eine jede Unterbrechung, Erschwerung oder Behinderung von Zufuhren sofort als einen Umstand von großer Tragweite nicht nur für den einzelnen in Frage kommenden Wirtschaftszweig, sondern für ein ganzes Netz anderer mit einem solchen Zweige wiederum zusammenhängender wirtschaftlicher Komplexe erscheinen. Diese rein wirtschaftliche Erwägung bleibt bestehen, obschon England den Krieg gegen Deutschland dank der ungeheueren Anpassungsfähigkeit und Opferwilligkeit seiner Bürger, der unerschütterlichen Energie und Beharrlichkeit seiner Handelsmarine und der Unbeirrbarkeit seiner politischen Führer im Hinblick auf die einmal gesteckten Ziele ihrer Politik gewinnen konnte.

Aber es bleibt noch eine weitere, sehr gewichtige und für die kommende Wirtschaftspolitik Englands folgenschwere Erfahrung zu erwähnen. Während man vor 1914 in England eine Bedrohung der Zufuhren zumeist auf Gebieten suchte, die so lebenswichtig erschienen, daß eine auch nur partielle Behinderung derselben katastrophale Wirkungen auszulösen schien — wie vor allem die Zufuhr von Getreide, Petroleum und Eisenerz —, stellte es sich während des Krieges sehr bald heraus, daß eine Abhängigkeit im Bezuge von im Frieden minderwesentlichen Gütern, ganz besonders, wenn diese Abhängigkeit sich auf e i n Land oder wenige Länder beschränkte, sehr gefährlich werden konnte. Hatte man im Frieden derartige Abhängigkeiten höchstens unter dem Gesichtspunkt der Preisfrage betrachtet, so mußte man jetzt im Kriege erkennen, wie diese hinter der Vorratsfrage zurücktrat. Die Gefährdung des Bezuges oder der Bereitstellung solcher Waren, ganz besonders für die speziellen Zwecke der Kriegführung, konnte sich auf einzelne Rohstoffe wie auf gewisse, zumeist durch ein Erfinderpatent geschützte Erzeugnisse einer bestimmten ausländischen Industrie beziehen. Hier mußten alle Versuche etwa der Streckung des Verbrauchs oder der Konsumbeschränkungen machtlos sein, wenn sich ein Mangel am Vorrat ergab, den man für kriegstechnische Zwecke unbedingt benötigte. Der schon häufig von uns genannte Bericht von 1918 zitierte in diesem Zusammenhange die verschiedensten Einfuhrwaren, wie vor allem: Farbstoffe, Zink, Wolfram, optische und chemische Instrumente, Thorium Nitrat, Magnetzünder usw. Für diese und andere Waren, „deren Produktionszweige zwar nicht von so überragender Größe zu sein brauchten, die aber für die nationale Sicherheit unbedingt wesentlich seien, und die vor dem Kriege fast ausschließlich von feindlichen Ländern oder von diesen jetzt beherrschten Gebieten bezogen worden wären", schien, vom Standpunkte der Versorgung im Kriege, keine andere Möglichkeit zu bestehen, als sie entweder in England selbst oder zumindest innerhalb des britischen Imperiums zu erzeugen. Hierbei ist natürlich stets zu bedenken, daß eine absolute Sicherheit der Versorgung nur die Erzeugung auf dem Inselreiche selbst bedeuten kann, während die Erzeugung in den Kolonien oder die Kontrolle der Erzeugung dortselbst immer erst eine Gewähr dafür bedeutet, daß im Kriegsfalle nicht Verbote oder Erschwerungen der Ausfuhr solche Erzeugnisse dem englischen Bedarf vorenthalten können, nicht aber Garantien für ungefährdetes Eintreffen bietet.

Jedenfalls ist es ohne weiteres verständlich, wenn diese für England ganz neue Seite der Versorgungsfrage und der Bedarfsdeckung zu Maßnahmen und Erwägungen führte, die vor dem Kriege ein rein platonisches Interesse erweckt hatten. Es galt und gilt für England, nachdem einmal die Sicherheit seiner Versorgung im Kriege als möglicherweise in Frage gestellt angesehen wird, eine Vorratswirtschaft zu treiben, die sich auf die verschiedensten Maßnahmen, mittelbarer und unmittelbarer Art, erstreckt. Einzelne Anregungen haben wir schon erwähnt. Dazu gehört vor allem das Streben nach Selbstversorgung innerhalb des britischen Reiches, deren Möglichkeiten in dem Bericht der Dominions Royal Commission ausführlich dargelegt worden sind. Auch hier wieder sind zwei Gesichtspunkte zu unterscheiden: erstens das Bestreben, durch besondere Maßnahmen innerhalb des britischen Weltreiches die notwendigen Erzeugnisse selbst herzustellen, sei es nun durch spezielle Förderung oder Erziehung der dortigen Produktionen, sei es durch zolltarifliche Maßnahmen. Als Beispiele seien genannt: die Förderung der Petroleumgewinnung, wie man sie schon vor dem Kriege in Trinidad und Neuseeland begonnen hatte, um die Versorgung, besonders der englischen Marine, von Amerika und Rumänien unabhängig zu machen, die Überleitung der Holzversorgung von den skandinavischen Gebieten auf britisch-koloniale Erzeugerstätten oder die Gewinnung von Kali — zwar nicht bergmännisch, denn hierfür ist bisher das Monopol der Lager in Mitteldeutschland und im Elsaß noch nicht durchbrochen —, durch verschiedene Ersatzverfahren (zum Teil alter Technik). Zweitens besteht seit dem Kriege das Bestreben, auf die vorhandenen Erzeugungen die Hand zu legen, um ihre Ausnutzung in anderem als britischem Interesse zu verhindern. Dabei wurde in England an die Fälle der Zink- und Wolframversorgung angeknüpft. Hier lagen vor dem Kriege die hauptsächlichen Rohschätze in britischen Gebieten, aber die australische Zinkerzeugung (von ca. 500000 Tonnen im Jahre) wurde in Deutschland und Belgien, die Erzeugung von Britisch-Columbia in den Vereinigten Staaten von Amerika verhüttet. Ebenso wurden die Wolframerze Australiens und Neuseelands fast ganz von Deutschland gekauft und in weiterverarbeitetem Zustande nach England exportiert. In beiden Fällen ist die britische Regierung, teils während des Krieges, teils mit Wirksamkeit der Verträge auch für nachkriegerische Zeiten, dazu übergegangen, die ganze Produktion oder Teile derselben auf die Rechnung des Staates zu übernehmen und den Erzeugern entsprechende Minimalpreise zu garantieren, während gleichzeitig in Kanada auf Grund eines besonderen Gesetzes von 1916 (Dominion Zinc Bounties Act) die Errichtung von Raffinerien entwickelt wurde.

Aber das Hauptmittel ist mit diesen Möglichkeiten noch nicht genannt. Alle Schwierigkeiten in der Versorgung Englands im Kriege, die Abhängigkeit vieler Produktionen vom Auslande in Hilfsstoffen und Hilfsmitteln, der Wunsch, alle kriegsnotwendigen Waren im Lande selbst oder seinen überseeischen Dependenzen zu erzeugen, drängt ohne weiteres in die Sphäre des Schutzzolls. Mag man diesen als kriegswirtschaftlich oder als Mittel der Vorsorgewirtschaft bezeichnen — die Triebkräfte sind jedenfalls in diesem Falle stärker gewesen als alle bisherigen Agitationsargumente, die wir früher besprachen. Dazu kam, daß nach Abschluß des Krieges die Gefahr des „Dumping" deutscher und österreichischer Waren durch die Desorganisation der Valuta, den niedrigen Stand der Mark und der Krone, verschärft schien, so daß auch von dieser Seite die Schutzzollbewegung neue Nahrung erhielt. So zerfallen denn heute die handelspolitischen Maßnahmen Englands, die von der bisherigen Freihandelspolitik abweichen, in zwei Gruppen: diejenige der Anti-Dumping-Zölle und diejenigen der, nennen wir sie „Sicherheitszölle", deren Entstehungsgründe wir soeben klarlegten. Nach dem in erster Lesung vom 10. Mai 1921 mit großer Majorität, aber relativer Geräuschlosigkeit angenommenen Gesetze wurde der Regierung die Ausarbeitung von Zöllen von $33^1/_3$ % zum Schutz der Schlüsselindustrien bewilligt.

Sehr maßgeblich war für die ganze Bewertung und Behandlung der

Frage das Programm, welches der Bericht von 1918 im Kapitel IX, unter Ziffer 213, aufstellte, und auf das sicherlich in den maßgebenden Regierungsstellen immer wieder zurückgegriffen werden wird. Die Schlußfolgerungen und Forderungen, die sich aus der sorgfältig ausgearbeiteten Denkschrift ergaben, sind die folgenden gewesen: 1. Die englischen Produzenten seien berechtigt, einen Schutz vor dem Dumping zu verlangen, sowie Zölle gegen die Einfuhr sogenannter „sweated goods", d. h. unter solchen Lohnbedingungen hergestellter Waren, die nicht einem gewerkvereinsmäßigen Lohnniveau in dem betreffenden Lande entsprächen. Es wurde vorgeschlagen, das kanadische Anti-Dumping-System der Zuschlagzölle in England nachzubilden. 2. Unter allen Umständen und unter noch so hohen Kosten seien die sogenannten „Schlüssel"-Industrien (key oder pivotal industries) zu erhalten und durch Zölle zu schützen. Hierzu gehören unter anderem der Schiffsbau, die elektrische Industrie, die chemische Industrie usw. neben den soeben erörterten anderen, besonders kriegswichtigen Zweigen und Einzelproduktionen. 3. Bei den übrigen Industrien müsse man sorgsam unterscheiden, ob sie wirklich von Bedeutung für die nationale Sicherheit seien oder nicht. 4. Für den Fall der Einführung von Zöllen müsse man die britischen Kolonien bevorzugen. 5. Es sei empfehlenswert, mit den Verbündeten Englands und den Neutralen besondere Vereinbarungen tariflicher Art bei der Festsetzung der Zölle zu treffen.

Es muß bemerkt werden, daß dieser einschlägige Bericht sich sowohl der Schwierigkeiten wie der möglicherweise nicht zu vermeidenden wirtschaftlichen Gefahren der von ihm befürworteten neuen Handelspolitik bewußt war und sie mit Offenheit zum Ausdruck brachte. Schon früher haben wir seine Darlegungen über eine eventuelle, die englische Konkurrenz auf dem Weltmarkte bedrohende Verteuerung von Rohstoffen und Halbfabrikaten zitiert, wie sie sich aus den Gutachten der gehörten Sachverständigen ergaben. Ebenso warnte der Bericht, Luxusindustrien mit Schutzzöllen zu bedenken; hier genüge ein rein fiskalischer Zolltarif. Dann wieder hieß es an anderer Stelle: „Unter den Industrien, die einen Zollschutz verlangen, sind solche, welche anerkanntermaßen einen Fehler an technischem Können aufweisen und hinsichtlich der Ausrüstung, Verwaltung und Organisation Mängel zeigen. In solchen Fällen besteht die Gefahr, daß der gewünschte Zollschutz dahin führen kann, unwirksame Methoden in der Wirtschaft festzuhalten." Dann wiederum wurde auf die Schwierigkeit verwiesen, zwischen Waren zu unterscheiden, die als „Schleuderexport" anzusehen seien und solchen, bei denen dies nicht der Fall sei. Auch bezüglich dieser Frage nahm der Bericht einen durchaus objektiven Standpunkt ein. Die häufig gemachte Behauptung, daß Deutschland sein rasches Emporkommen gegenüber England dem Schleuderexport, sei es nach England selbst, sei es auf den Weltmarkt, verdanke, fand in dem Bericht keine Unterstützung.

In einem besonderen Abschnitt (vgl. Kapitel I, Ziffer 95—97) wurden die Ursachen des deutschen Emporkommens in Wirtschaft und Weltwirtschaft behandelt. Es hieß dort unter anderem: „Der Erfolg des ausländischen Wettbewerbs beruhte auf einer Reihe von Ursachen; in einzelnen Fällen auf gewissen natürlichen Vorteilen hinsichtlich der Rohstoffe, in anderen Fällen auf der Billigkeit der Arbeit, besonders bei Erzeugnissen der Heimarbeit, oder auch auf den niedrigen Produktionskosten pro Einheit der erzeugten Ware, was wiederum das Ergebnis der Produktion im großen, der Spezialisierung und Standardisierung gewesen ist, oder sie beruhte auf der erfinderischen Schaffung neuer Bedürfnisse auf den konsumierenden Märkten." Hinsichtlich des überseeischen Geschäftes wurde mit Nachdruck darauf verwiesen, „daß die ausländischen Kaufleute und Fabrikanten Methoden der Organisation und Verteilung angewendet hätten, die anders gewesen seien wie die britischen, und zwar in vielen Fällen bedeutend wirksamer." Und darauffolgend findet sich eine interessante Darlegung, in welcher darauf hingewiesen wird, daß Deutschland seine Industrie seit den 70er Jahren neu aufbauen konnte und mit allen modernen Errungenschaften ausrüstete, daß es gerade, um mit England zu wetteifern, beständig auf Neuerungen und Erfindungen aller Art bedacht blieb, während man sich in England selbst so sehr an den traditionellen Erfolg gewöhnt hatte, daß „der Notwendigkeit einer dauernden Wachsamkeit und Anpassungsfähigkeit an die wechselnden Bedürfnisse der Märkte nur wenig Beachtung geschenkt wurde". Es wird weiter auf die frühzeitige Erkenntnis wissenschaftlicher Durchdringung von Wirtschaft und Technik in Deutschland verwiesen, „während unter den britischen Fabrikanten, von einigen markanten Ausnahmen abgesehen, keine solche Erkenntnis bestand". Es wird ferner an die Sprachkenntnisse der Deutschen erinnert und ihre organisatorischen Fähigkeiten. Alle diese Momente wurden zuerst genannt, die Frage des „Dumping" in diesem Zusammenhange gar nicht erwähnt, und von den häufig als „wirtschaftlich ungesund und moralisch verwerflich" bezeichneten „Geschäftsmethoden" der Deutschen wird nur bemerkt, daß hier eine Kritik wohl möglich sei, daß aber andererseits „diese Methoden nach vielen Richtungen einen sichtlichen Erfolg aufgewiesen hätten".

Man kann also wohl sagen, daß dieser amtliche Bericht von den Phrasen der Agitatoren und Zeitungen, welche die deutsche Konkurrenz als den Ausfluß von Preisunterbietungen, Schleuderexport und erschlichenen Praktiken hinzustellen pflegten, keinen Gebrauch machte. Es ist, wenn man die hier zitierten Gesichtspunkte verfolgt, wohl auch kaum anzunehmen, daß die Unterzeichner dieses Gutachtens so blinde Vertreter der neuen Handelspolitik waren, daß sie sich über die Grenzen der Wirksamkeit derselben hinwegtäuschten. Denn schließlich weder die natürlichen Vorsprünge noch die Anpassungsgabe an die Bedürfnisse des Weltmarktes und deren Wechsel, noch die Begierde zur Erlernung fremder Sprachen, noch das Talent zu planmäßiger Organisation, zu Erfindungen und neuen Verfahren sind Dinge, die man durch Schutzzölle einem Lande vermitteln kann, ja man kann ihre schließlichen Erfolge in der Welt nicht einmal durch Schutzzölle auf die Dauer fernhalten, ohne den Rückschritt der ganzen Welt und damit auch wieder des eigenen Landes herbeizuführen. Auf dieser Grundanschauung müssen sich wohl auch die Gedankengänge der Verfasser des so einflußreichen Berichts bewegt haben, sonst hätten sie nicht in der Behandlung der Schutzzollfrage jene anerkennenswerte Vorsicht und Voreingenommenheit walten lassen, sonst hätten sie nicht immer wieder warnend darauf verwiesen, „daß in dem Wettbewerb nach dem Kriege neben der Frage der Organisation, der Kredithilfe und der wirksamen Verwaltung der Unternehmungen, der Hauptfaktor die Exportfähigkeit sein werde, und zwar die Billigkeit derselben". Und am Schlusse der Erörterung über die fiskalischen Maßnahmen, die vorgeschlagen wurden, hieß es noch einmal: „Aus allen diesen Gründen haben wir das bestimmte Empfinden, daß keiner unserer Vorschläge auch nur irgendwie das Wachstum unseres Ausfuhrhandels hindern oder gefährden darf, der für unser Land so überragend wichtig ist."

Mit dem Abbruch des Freihandels wird der letzte Rest des „alten" England, wie es ein Cobden, Bright oder Gladstone, aber auch ein Disraeli, Palmerston und Salisbury gesehen hatte, zu Grabe getragen. In den neuen Sozialstaat hinein wächst ein neomerkantiler Handelsstaat, ausgerichtet auf Schutzzölle, die man Sicherheitszölle oder sonstwie nennen mag, auf quasimonopolistische Beziehungen zu den Kolonien, die als Vorzugspolitik bezeichnet werden und außerdem in der Regulierung des Rohstoffabsatzes zum Ausdruck kommen, auf staatlichen Entwicklungsmaßnahmen in den Dependenzen mit Prämiengewährung, Bevorzugung in behördlichen Aufträgen usw. Alles in allem: eine Rückkehr zu den Prinzipien, die Adam Smith bekämpfte, in einer Form und in einem vorläufigen Ausmaße, das den modernen Bedingungen der Weltwirtschaft entspricht, gleichartig aber jedenfalls in den grundsätzlichen Konturen.

Der Weltkrieg hat augensichtlich die Entwicklung Englands zum Sozialstaat mit stark behördlichem Einschlag und zum Neomerkantilstaat mit imperialer Färbung beschleunigt. Der Weltkrieg hat andererseits ein wirtschaftlich-weltwirtschaftliches Chaos hinterlassen, das auch heute noch, fast drei Jahre nach Friedensschluß, fortbesteht, und das eine Schlußfolgerung, wie jene Neuerungen des englischen Wirtschaftslebens auf die normale Weiterentwicklung des englischen Reichtums wirken müssen, ausschließt. Ist jene durch den Krieg beschleunigte Entwicklung etwa als ein Fortschreiten in der Richtung der von Schulze-Gaevernitz geprägten Begriffen des „Rentnerstaates" und der „kapitalistischen Erschlaffung" anzusehen? Deutet das Erstarken der Arbeiterbewegung mit feststehenden Minimallöhnen, der betriebsrätlichen Organisation und dem „Rechte auf Arbeit" auf eine Tendenz immer stärkerer Belastung der Herstellungskosten ohne Rücksicht auf die internationale Wettbewerbsfähigkeit? Bedeutet die starke imperial-koloniale Bewegung den notgedrungenen Ausweg gegenüber der schwächer und unproduktiver werdenden englischen Innenwirtschaft? Oder läßt sich aus eben jenen Tendenzen, im Zusammenhang mit den politischen Erfolgen des Kriegsausganges für England, seinem Zuwachs an Erdfläche, Untertanen, Rohstoffgebieten und Prestige, der Schluß ziehen, daß eine gesündere, volkswirtschaftlich wertvollere Struktur der inneren und weltwirtschaftlichen Organisation des Inselreiches an die Stelle der früheren getreten ist? Fragestellungen von ungeheurer Tragweite, — denen aber die gegenwärtige Geschichte jede Antwort versagt, solange versagen muß, wie die völlige Desorganisation der früheren Weltwirtschaft andauert. Denn eines ist klar. Gemessen an den Verhältnissen von 1914 ist die heutige wirtschaftliche Lage Englands nicht sonderlich günstig, wobei der Hinweis auf die Lage anderer Länder — wie alle relativen Tröstungen — wenig ändert.

Wenn der oft genannte Bericht von 1918 immer wieder an die Notwendigkeit der Belebung der englischen Ausfuhr erinnert, so ist gerade vom Standpunkt eines Landes wie England, das sich mehr als irgendein anderes Land auf die Ausfuhr eingerichtet hatte, zu sagen, daß — unter Zugrundelegung vorkriegerischer Verhältnisse — die Aussichten für die Steigerung des Exports recht beunruhigend sind. Gerade aus den kenntnisreichen Bankkreisen haben sich im Frühjahr 1921 warnende Stimmen erhoben. Auf die Entwicklung überseeischer Eigenproduktionen nichtbritischer oder kolonialbritischer Länder während des Weltkrieges — jedenfalls zum Nachteil der englischen Industrie — haben wir im Laufe unserer Darlegungen oft verwiesen, so besonders auf die Ausgestaltung der Industriewirtschaft in den Vereinigten Staaten und der Länder des fernen Ostens. Hinzu kommt die Verengung des europäischen Absatzmarktes durch die Verarmung Österreich-Ungarns, die Unterbrechung der Handelsbeziehungen mit

Rußland und dessen schlimme wirtschaftliche Lage und die Schwierigkeiten im wirtschaftlichen Deutschland. Gerade die erneute Entwertung der Mark bildet ein Hemmnis der britischen Einfuhr nach Deutschland. Gute, ja die besten europäischen Kunden Englands — Deutschland und Rußland standen an der Spitze des europäischen Englandexportes — sind mehr oder weniger verkrüppelt. Frankreich, Belgien und Italien können hierfür keinen vollen Ersatz bieten. So ist, wie schon vom Standpunkt des fremden Bedarfes, die Lage des englischen Absatzes nicht günstig. Schwierigkeiten, welche die Kosten betreffen, zu denen der noch ausnutzbare Bedarf befriedigt werden soll, kommen hinzu. Die Frachten, wenn auch beträchtlich gesunken, sind noch immer höher als vor dem Kriege und verteuern den überseeischen Transport. Die Produktionskosten im Lande selbst werden hochgehalten, einmal durch die immer noch hohen Nahrungsmittelpreise (man denke nur, daß der Weizenpreis allein das $2^1/_2$fache der Vorkriegszeit beträgt), die entsprechend oder zumindest durch Regelung annähernd den Lebenskosten gleichgesetzten Löhne, drittens durch die hohen Rohstoffpreise, die sich zum Teil wiederum aus den hohen Frachtkosten erklären, welche infolgedessen immer noch die Weiterfabrikation an den überseeischen Erzeugerstätten begünstigen. Kann von diesem Standpunkt aus die kostspielige Belastung der Volkswirtschaft durch die Verpflichtungen, zu denen sich der moderne englische Sozialstaat bekannt hat — von den schweren Strömungen und Arbeitsverlusten, die zunächst die Neuordnung durch akute Kämpfe mit sich bringt, ganz abgesehen —, kann die von den Arbeitern erstrebte Nivellierung der individuellen Arbeitsleistung zugunsten der Gesamtarbeiterschaft als eine Erleichterung der Ausfuhrschwierigkeiten angesehen werden? Kann als eine solche ein Schutzzollsystem betrachtet werden, daß — ganz gleich wie es sich politisch motiviere — zu einer Verteuerung des Konsums fertiger Waren gegenüber den billigsten Bezugsmöglichkeiten führen muß und damit wiederum den allgemeinen Preisabbau verlangsamt, das ferner durch Bevorzugung kolonialer Rohstoffe und Erzeugnisse sicherlich nicht den Grundsatz der billigsten Bezugsmöglichkeit verwirklicht, mögen auch die imperialen Prinzipien noch so dringlich erscheinen?

Wenn man diese Fragen mit einem „Nein“ beantwortet, dann wird man die Fortentwicklung des britischen Wohlstandes nicht im günstigen Lichte sehen können. Mögen alle jene Belastungen heute, in der Zeit des Übergangs und des noch bestehenden wirtschaftlichen Chaos der Welt, zurücktreten, ihre Wirkungen noch weniger fühlbar erscheinen, weil die Wage, die vor dem Kriege jede geringfügige Belastung anzeigte, heute nur auf die großen Gewichte eingestellt zu sein scheint, bei der Rückkehr normaler Verhältnisse wird automatisch das präzise

Funktionieren der Weltwirtschaft wieder einsetzen, die Preis- und Kostenfragen, die Wettbewerbsfähigkeit des einzelnen Landes, das exportieren will, werden wieder in den Vordergrund, die Vorrats- und Sicherungsfragen zurücktreten, und in diesem neu einsetzenden friedlichen Wirtschaftskampfe wird wie ehedem jeder Penny zu beachten und zu verrechnen sein.

Eine entscheidende Frage wird dann in England der Lösung harren. Nicht umsonst oder aus einer zufälligen Geistesdisposition heraus haben die alten englischen Freihändler das System des zollfreien Warenaustausches mit dem Problem des Weltfriedens verknüpft gesehen. Nicht umsonst trägt heute noch der Cobden Club die Devise: „Free Trade, Peace. Goodwill among Nations." Hinter dieser „pazifistischen" Wendung steckt nicht nur eine bloße Gefühlsmäßigkeit kosmopolitischer Natur, noch ausschließlich der Gedanke, daß die Einzäunung der Einzelvolkswirtschaften den Handelshaß und damit die Kriegslust der Länder untereinander befördern müsse; es steckte noch ein tieferer Gedanke in dieser eigenartig politisch-wirtschaftlichen Gedankenverquickung. Der Freihandel hat sicherlich in England die Eigenschaft erwiesen, das Land für den Fall kriegerischer Entwicklungen zu entblößen. Der Weltkrieg hat diese nationale Gefahr ein für allemal erwiesen — mag man über den Grad dieser Gefährdung denken, wie man will —, und die heutige Schutzzollbewegung ist eine Folge dieser Tatsache gewesen. Der Freihandel mußte zu dieser Gefährdung führen, weil er das Prinzip aufstellte, daß ein jedes Land, ohne irgendwelche sonstigen Rücksichten, alle Waren, vor allem aber Nahrungsmittel und Rohstoffe, dort einkaufen solle, wo sie am billigsten seien. Die Gefährdung, welche hieraus entspringt, kann nur abgewandt werden, wenn Kriege vermieden werden. Der Freihandel setzt daher eine unbedingt friedliebende Politik als Grundlage voraus. Ist diese Grundlage nicht gegeben, so wird sich ein jedes Land gezwungen sehen, wirtschaftliche Interessen den politischen zu opfern und unter hohen, ja höchsten Kosten seine „national safety" zu gewährleisten. England scheint diese Opfer bringen zu wollen. Alle von uns aufgezählten Belastungen der Volkswirtschaft, die künstliche schutzzöllnerische Erhaltung von Industrien, die teurer arbeiten als ausländische, die Bevorzugung der Erzeugnisse aus den Kolonien, soweit sie sich ohne Vorzugsbehandlung auf dem englischen Markte nicht als absatzfähig erweisen, die Ausgaben staatlicher Art zur Entwicklung zunächst relativ kostspieliger Eigenproduktionen im Imperium, die In-Regie-Nahme gewisser kolonialer Urproduktionen sind aus diesen Motiven heraus am stärksten beeinflußt worden. So wird das Mittel der Kriegsbereitschaft teuer bezahlt. Es bleibt, was es immer war: ein Schwergewicht an der freien Entwicklung des Volkswohlstandes. Je stärker England in früheren Zeiten seine Wirtschaft auf den Freihandel eingestellt hat, je abhängiger es auf allen Gebieten notwendigerweise vom ausländischen Bezuge werden mußte, um so schmerzhafter muß die Umstellung sein, um so größer das finanzielle Opfer. Während sich ein Land wie etwa Deutschland mit einer Reserve von $^1/_{10}$ seines Brotgetreidebedarfs einen Vorrat für den Kriegsfall „hinlegen" kann, benötigt England einen solchen in Höhe von $^4/_5$ seines Jahreskonsums, und so ist es in vielen anderen Fällen. Werden die Aufwendungen wirtschaftlicher Unzweckmäßigkeit, die Erhaltung kostspieliger Selbsterzeugungen und Bevorzugungen teils eigener teils überseeisch-kolonialer Produktionen in einem solchen Ausmaß möglich sein, ohne die englische Wirtschaft, die doch schließlich auch ein Bestandteil des nationalen Körpers ist, zu ruinieren oder große Teile ihrer bisherigen Bearbeiter zur Auswanderung zu zwingen? Oder sollte nicht gerade nach den Erfahrungen dieses Krieges und zur Vermeidung oder Milderung wirtschaftlicher Belastungen des Volksreichtums das Ziel des Friedens dem heutigen England am nächsten liegen? Wirtschaftlichkeit einerseits und Machtpolitik andererseits haben wohl seit der Epoche, da der beginnende Kapitalismus mit den politischen Machtfaktoren seiner Zeit die ersten großen Kämpfe hatte, niemals eine schicksalsschwerere Entscheidung gefordert als diese. Von ihr wird in erster Linie die Weiterentwicklung der englischen Volkswirtschaft abhängen.

Grundzüge der Volkswirtschaftslehre. Von Prof. W. Gelesnoff. Nach einer vom Verf. für die deutsche Ausgabe vorgenommenen Neubearb. des russ. Originals übers. von Dr. E. Altschul. 2. Aufl. [U. d. Pr. 1921.]

Das Werk, mehr ein Lese- als Lehrbuch darstellend, will mit den wichtigsten Problemen der Nationalökonomie und ihren Lösungen vertraut machen, zu einer selbständigen Stellungnahme ihnen gegenüber anleiten und zum nationalökonomischen Denken erziehen.

Kapitalismus und Sozialismus. Betrachtungen üb. d. Grundlag. d. gegenwärtigen Wirtschaftsordnung sow. d. Voraussetzungen u. Folgen d. Sozialismus. Von Geh. Reg.-Rat Prof. Dr. L. Pohle. 3. Aufl. Geh. M. 14.—, geb. M. 20.—

Die Schrift bietet mit einer wissenschaftlich-gemeinverständlichen Behandlung des Proalems dem weiteren Kreise der Gebildeten die Möglichkeit, über alle Hauptfragen, die sich bn den Streit zwischen Kapitalismus und Sozialismus knüpfen, sich selbst ein sachlich begründetes Urteil zu bilden und zu den Plänen der Sozialisierung Stellung zu nehmen.

Zeitgemäße Betriebswirtschaft. Von Direktor Dr.-Ing. G. Peiseler. I. Teil: Grundlagen. Geh. M. 30.—, geb. M. 34.—

Das Werk entwickelt ein umfassendes System der deutschen Betriebswirtschaft, indem es von dem wirtschaftlichen Aufbau des Einzelunternehmens ausgehend, alle grundlegenden Fragen, die unsere heutige Wirtschaft beherrschen, in ihrem inneren Zusammenhange behandelt. Die Darstellung ist nach dem Grundsatz „Wahrheit und Klarheit" ohne jede Parteinahme allein auf das Wohl aller Arbeitenden gerichtet, denen sie zu ihrem eigenen Nutzen und zum Wohle der allgemeinen deutschen Sache eine Fülle von Anregungen bieten wird.

Mathematik des Geld- und Zahlungsverkehrs. Von Prof. Dr. A. Loewy. Geh. M. 33.—, geb. M. 39.—

Das Werk bietet, ohne höhere mathematische Kenntnisse vorauszusetzen, Belehrung über die finanziellen Berechnungen, die beim Geldverkehr in der Haus- und Volkswirtschaft von Bedeutung sind, z. B. Zins und Diskont, Kontokorrent, Kauf von Wechseln und Wertpapieren, Arbitrage, Amortisationshypotheken, Erbbaurecht, Abschreibungen, tilgbare Anleihen usw.

Die Bilanzen der privaten und öffentlichen Unternehmungen. Von Prof. Dr. phil. et jur. R. Passow. I. Teil: 3., neu durchges. Aufl. Geh. M. 48.—, geb. M. 60.—. II. Teil: 2. Aufl. Geh. M. 39.—, geb. M. 48.—

I: Allgemeiner Teil. II: Die Besonderheiten in den Bilanzen der Aktiengesellschaften, Gesellschaften mit beschränkter Haftung, Genossenschaften, der bergbaulichen, Bank-, Versicherungs- u. Eisenbahnunternehmungen, der Elektrizitäts-, Gas- und Wasserwerke sowie der staatlichen und kommunalen Erwerbsbetriebe.

Wörterbuch der Warenkunde. Von Prof. Dr. M. Pietsch. (Teubners kleine Fachwörterbücher. Bd. 3.) Geb. M. 25.—

Gibt zuverlässige Auskunft über 2000 Rohstoffe, Ersatzstoffe, Halb- und Ganzerzeugnisse sämtlicher Gewerbe und Industrien nach Ursprung, geographischer Herkunft, Eigenschaften, Verarbeitung und Verwendung.

Handelswörterbuch. Von Handelsschuldirektor V. Sittel und Justizrat Dr. M. Strauß. (Teubners kl. Fachwörterbücher. Bd. 9.) Geb. ca. M. 27.—

Gibt rasch und zuverlässig Auskunft über die wirtschaftlichen, technischen und rechtlichen Vorgänge und Zusammenhänge im kaufmännischen Berufsleben.

Russisches Wirtschaftsleben seit der Herrschaft der Bolschewiki. Nach russ. Zeitg. Mit einer Einleitung hrsg. von Dr. Wlad. W. Kaplun-Kogan. (Quellen u. Studien d. Osteur.-Inst., Breslau, 1. Abt. 1. H.), 2. Aufl. Geh. M. 15.—, geb. M. 18.—

„Das Buch ist für alle, die sich für die Wiederanknüpfung der Beziehungen zu Rußland interessieren, wertvoll und dürfte eine gute und eingehende Darstellung der gegenwärtigen Verhältnisse Rußlands geben." (Bayrisches Gewerbeblatt.)

Sibirien und seine wirtschaftliche Zukunft. Ein Rückblick und Ausblick auf Handel und Industrie Sibiriens. Von Prof. Dr. P. Danckwortt. (Quellen und Studien des Osteuropa-Instituts, Breslau. VII. Abt., Heft 2.) M. 36.—, geb. M. 45.—

Auf Grund eines langjährigen Aufenthaltes in Sibirien während des Krieges und unter Benutzung heute nicht mehr beschaffbaren Materiales gibt der erst kürzlich von dort zurückgekehrte Verfasser eine eingehende Darstellung der dortigen wirtschaftlichen Verhältnisse.

VERLAG VON B. G. TEUBNER IN LEIPZIG UND BERLIN

Preisänderung vorbehalten

Levy, Die englische Wirtschaft

GPSR Compliance

The European Union's (EU) General Product Safety Regulation (GPSR) is a set of rules that requires consumer products to be safe and our obligations to ensure this.

If you have any concerns about our products, you can contact us on ProductSafety@springernature.com

In case Publisher is established outside the EU, the EU authorized representative is:

Springer Nature Customer Service Center GmbH
Europaplatz 3
69115 Heidelberg, Germany

Batch number: 10815964

Printed by Printforce, the Netherlands